잔년 殘年

– 우리에게 남은 시간

덕현스님

우리에게 남은 시간

목 차

잔년殘年

페와Fewa의 추억

가이드 김봉욱

달이 일천강에 비치리

게임

떡 한 번 잘못 구웠다가

패자敗者 혹은 진정한 패자覇者의 노래, 아리랑

어디서 무엇이 되어 다시 만나랴

제망제가祭亡弟歌

씨앗과 열매

하린이 소린이

보현이 보원이

모지 사바하 – 바람과 성취, 수행과 깨달음 사이

아침 차담

6

29

51

80

143

160

171

204

226

245

286

299

313

325

잔년殘年

　겨울잠이 밀려왔다.
　이 겨울은 사람의 심신이 결코 거부할 수 없는 잠의 물결을 밀고 왔다. 대부분의 식물들이나 몇몇 부류의 동물들이 추위와 굶주림에 떨며 견디는 대신, 봄이 와서 다시 지구 반쪽이 생기를 찾을 때까지 땅속이나 어디 후미진 곳에 틀어박혀 시간을 건너뛰듯이, 진짜 어디 아무도 모르는 곳으로 잠적해야 할 것 같은 본능에 나는 사로잡혔다.
　감미로운 듯 의식에 엄습해오는 이 잠은 단지 몸의 요구 같기도 하고, 그새 시름시름 지치고 노쇠한 정신 그 자체의 부름 같기도 했다. 단지 사람들이 찾아오기 힘든 머나먼 곳으로 도피하고픈 충동이기보다는, 나도 없고 나 아닌 것도 없고, 물리적인 것이든 심리적인 것이든 공간 자체가 깨끗이 사라지고, 더불어 그동안의 온갖 소란과 겪어온 세상만사와 중구난방의 말들이 깨끗이 잦아든, 그 절대의 적요 속으로 돌아가고 싶은 존재의 나른함.

이것은 마치 애벌레가 자신의 몸이 바야흐로 번데기가 되려 한다는 것을 직감하며 서둘러 고치를 만들어 그 속에서 잠들고 싶어 하는 것과 같은 충동이었다.

많은 순간 누구에게나, 자신으로서 살아간다는 것은 그 자체가 짐이요, 형벌 같은 것이다. 지나온 아득한 자취도 가뭇하지만 또 걸어가야 할 막막하고 까마득한 앞길을 보면 어찌 어느 순간 그만 다 내려놓고 쉬고 싶지 않겠는가?

길은 결국 자신에게로 돌아오는데, 어찌 그렇게 허둥댔을까?

충분한 세월을 지나왔다. 정말 많은 일이 일어났지만 다 지나가버렸고, 사실은 별것 아니기도 했다. 다 가버린 것만은 아니라 해도 상관없었다. 과거의 흔적이나 상처, 흉터 따위가 있다 해도 그마저 지워져 갈 것이므로. 남은 사람들의 가슴속에 응어리진 한이나 야속함이 있다 한들, 그들이 언제까지 머물러 있을 것인가? 멈추지 않는 지금의 흐름이 또 우리를 싣고 미래의 어디로 간다 해도, 슬금슬금 잠의 마력에 빠져드는 나는 더는 개의치 않고 싶었다. 두어라.

돌이켜보니, 세월이란 그 흐름에 휘말린 사람이 결코 멈추게 할 수 없기에 그 일방적 흐름이나 속도가 너무 정신없다고 느껴지면 가끔, 아니 자주, 자기 스스로 내면에서 멈춰서는, 다 접고 포기하는 휴식이 필요했다. 매일 밤 어둠과 함께 취하던 망각보다 훨씬 더 큰 뭉텅이의 겨울잠 같은 것이 필요했던 것이다.

우리는 저마다 어디서 떠나왔던 것일까? 왜 이렇게들 확신 없이 서툴게 살아왔을까? 특히, 젊은 날의 우리는 혼돈 그 자체였다. 대답 없는 질문이었다. 안에서 구할 수 없는 답을 세상을 향해 소리쳐 물어도 대답 대신 들려오는 것은 빈 메아리였다. 다른 사람들 역시 한시도 온전히 떨쳐버릴 수 없는 이 의문을 끌고 터덜터덜 어딘가로 마냥 가고 있는 것처럼만 보였다. 우리는 각자, 속으로 울고 있었다.

가끔, 길을 안다는 현인들에게서 길은 도道요, 길 가는 것은 도 닦는 일이라고 듣기도 했다. 앞사람 지난 자취가 눈앞의 길로 펼쳐져 지금의 나를 이끌어가듯, 내 발자국에 더 다져진 만큼 지금 나의 행보는 다시 뒷사람에게 지침이 되는 것이라고. 더러는 우리를 조건 지우고 얽매는 옛길을 원망하고 탓할 때도 있지만, 분명 우리는 옛사람에게 진 빚을 뒷사람에게 갚는 그런 길을 가고 있다고. 그리고 그런 길의 의미를 알고 가는 길은 좋은 것이라고. 그러나 근본적인 무상성無常性을 이기지 못하는, 답습踏襲에 대한 밑도 끝도 없는 그들의 그 긍정은 도대체가 멍청해 보였다.

그래, 인정한다. 사람이 산다는 것은 굳이 도 닦는 일이라고 거창하게 말하지 않아도, 길 가는 일보다 더 적절하게 비길 데가 없기는 했다. 그러나, 많은 우리에게 그것은 멈춰서지 못하는 나그넷길이었다. 제발 좀 정지해 있고 싶어도 방법을 몰랐다. 그것을 배우지 못한 채 우리는 길 위에 버려진 것이다. 누가 버렸을까? 그것도 진짜 몰랐다. 아무튼 우리는 다 그 길 위에서 피었다 지고, 서성이다 무너질 것이었다. 우리는 다 이유 없이 객사客死할 것이었다. 제기랄.

우리가 다 어디서 왔는지, 왜 왔는지, 왜 가는지는 모른다 치고, 대관절 우리 인생길의 목적지는 그럼 어디였을까? 우리는 무엇을 찾고 있었던 것일까? 죽음일까? 물론 다 죽기는 죽는다. 그러나, 막다른 곳에 이르러 이제는 나아갈 수 없게 되는 것이나, 더 걸을 수 없어 고꾸라지는 것이 우리가 종국에 바라는 바는 아니지 않았던가? 그 지점이 어찌, 고개 들어 바라보던 곳, 끝내 이르러 쉬고자 하는 곳과 어찌 같을 수 있으랴. 모든 생존이 결국엔 죽음으로 귀결된다 해서 죽음이 우리가 마침내 이르고자 하는 목적지라 여길 수는 도무지 없는 것이다. 우리가 이렇게 삶의 길에서 고군분투하는 것이 최소한 죽기 위해서는 아니지 않은가? 오히려 그 반대지. 누구나 살기 위해서 몸부림치고 살아남기 위해서 살아간다. 살려고 하다가 죽지, 죽으려고 살지는 않는다. '사람'이라는 말과 '삶'이라는 말은 기분 나쁘게도 애초에 그 뿌리가 같았다. 삶의 목적을 몰라도 사람은 거의 무작정 살려고 들고, 버티다 버티다 살 의지가 제로가 될 때 마침내 죽어서 곧 사람이 아니게 된다.

아무리 생각해도, 그 시말을 알 수 없는 이 삶의 길은 모든 사람에게 허무하고도 고달픈 여정이었다. 울면서 태어나고, 울고 불며 가다가 통곡 속에서 떠나가는 이 여행은.

차라리 이 길 위의 떠돎과 헤맴이 언젠가, 아니면 지금 당장이라도 아주 끝난다면 좋겠다고 느끼는 사람들도 있었다. 한 번 죽어 없어져서 이 고뇌와 만신창이의 아픔과 풀 길 없는 억울함을 다 잊고 송두리째 끝낼 수 있다면, 간단하지 않은가?

그런데, 문제의 가혹함은 이것이 끝낸다고 정말 아주 끝장날 것 같지 않다는 데 있었다. 끝이었다고 생각한 지점이 영원한 종결이 아니라 또 다른 시작일 때가 얼마나 많던가. 도처의 온갖 의미 없는 반복과 되풀이는 얼마나 잔인하고 지긋지긋하고 부조리해 보였던가. 복잡한 길은 막힌 듯 서로 통하고, 게다가 하염없이 이어진다. 차라리 돌고 돈다고 말하는 편이 낫다. 하루하루 순간순간이 새롭다는 것의 의미란 고작 이 반복이 도무지 몇 을 줄을 모른다는 것이다. 밤낮과 봄여름가을겨울과, 싹트고 잎지는 것들, 움직이고 변화하는 땅과 허공중의 온갖 천체들이 깡그리 다 무량무변의 톱니바퀴들처럼 맞물려, 온통 보이는 동그라미, 안 보이는 동그라미를 그려대고 있었다. 해고 달이고 은하계고 우주고, 도대체 왜 세상 모든 것과 우리 인생길이 다 작당이나 한 듯, 모조리 이런 뺑뺑이를 돌고 있단 말인가. 진저리나게 어지러웠다.

이렇게 그야말로 정신 나가서 도는 우주적이고 숙명적인 순환의 궤도들은, 우리가 생각하는 '길'이라는 것이 저 지평 너머로 아스라이 이어진 신비가 아니라, 애쓰고 애써 걷다 보면 번번이 제자리이고 결국 속았다는 느낌만 드는, 영원한 듯하지만 결국 틀에 갇혀 맴도는 쳇바퀴 놀음이라는 것을 폭로하는 듯했다. 세상 모든 것들의 무수한 운동과 변화의 방향이 결국 어이없는 이 결론, 즉 '제자리로의 회귀'라니…….

더 뼈저리도록 기가 막히는 것은, 그럼에도, 도무지 우리 안에서 이 삶을 부정하거나 거기서 벗어날 마음 내기가 참으로 어렵다는, 인정하지 않을 수 없는 사실이었다. 이 눈먼 생존의지는 우리의 일부가 아니라 결코 분리할 수 없는 우리의 존재 자체였고, 우리가 가지고 있는 것이 아니라 이미 우리를 이루고 있으며, 우리를 가지고 놀고 있었다. 어떤 악이나 누군가의 실수가 우리를 이렇게 옭아매고 있다기보다는, 우리의 존재 자체가 악으로 보였다.

 무엇에 떠밀리는지, 목적지가 어디인지조차 모르지만 이미 우리 발은 언제나처럼 비굴한 걸음을 옮기고 있었다. 하여, 이 여행길은 아주 복잡하게 뒤엉켜 있거나 거기서 빠져나올 출구를 찾기가 몹시 힘들어서 뿐만 아니라, 길 위 어느 지점에서도 안주할 수 없어 앞뒤도 알 수 없는 걸음을 무작정 가야 한다는 이유에서 근본적으로 미로나 다름없어 보였다. 울타리 없는 감옥에 갇힌 기분이었다.

 아무리 견고해도 울타리가 분명한 감옥이라면 오히려 한결 단순하고 희망이 있는 설정이었을 것이다. 아무리 벽이 단단하고 감시가 사나워도 원천적으로 출옥이나 탈옥이 가능하다면 확실한 답은 바로 그 감옥을 벗어난다는 데에 있을 테니까. 어떻게 갇혔든, 결국 감옥을 벗어나기만 하면 되고 다시 붙들려 재수감되지만 않으면 될 터이므로. 그런데, 시베리아의 감옥처럼 우리를 둘러싸고 있는 그 무형의 속박에는 울타리가 없었다. 시베리아 감옥에서는 감시에서 벗어난다 해도 가능성은 오직 두 가지뿐이므로 울타리가 아예 필요 없다고 한다. 죽거나, 추위나 굶주림에 지쳐 되돌아오거나…….

 아, 우리에게는 이 생존의 길이 곧 감옥이었다. 우리는 '길'이라는 이름의 올가미에 걸려든 것이다. 길 위에서 이미 길을 잃어버렸다. 미로에 갇히는 것보다 더 두려운 감옥이 어디 있단 말인가? 우리는 탈옥이 원천적으로 불가능한 이 울타리 없는 모진 감옥에 갇혀 하염없이 미로 속에서 헤매는 고문을 당하고 있는 꼴이었다.

ㅈ스님은 출가하기 전, 카레이서였다고 한다. 전직이 암시하듯이 그의 사람됨은 너무 단순하고 지나치게 직선적이었다. 언제나 언행이 거침없이 드러나는 그의 기질을 대하고 보면 항상 전투적이고 그저 앞만 보고 돌진하는 멧돼지 같아서 그저 저돌적猪突的이라는 수사가 딱 걸맞을 듯했다. 그러나, 그의 체구는 멧돼지보다는 훨씬 말랐고, 잘 보면 그의 눈빛엔 엷지 않은 총기와 수행자가 되기에 결코 모자라지 않는 천성의 선량함도 서려 있었다.

백양사 뒤 산내 암자인 운문선원에서 안거하고 있을 때 방부들인 새 대중 가운데 그가 있었다.

거기 조실로 계시던 서옹 큰스님은 자비로운 친할아버지 같은 인상이셨는데 이미 아흔을 넘긴 세납이셔서, 이런 분까지 가시고 나면 우리 같은 젊은 선객禪客들의 앞길이 무척이나 외로울 것 같았을 뿐만 아니라, 예로부터 호남의 3대 선방 가운데 하나라는 그 도량의 빼어나게 맑은 기운에 끌려, 나는 그곳에서 몇 번째 해를 넘기며 지냈었다.

결제하고 정식으로 좌선정진을 시작하기 전부터 이미 ㅈ스님이 나타난 뒤로, 선방에는 전과 아주 다른 기류가 흐르고 있었다. 백암산의 고즈넉하던 분위기는 눈에 띌 만큼 달라져 산중의 선방 같지 않았다. 어쩐지 다들 속내가 까슬까슬하게 메말라지거나 어둑해져 있는 것 같았고, 알고 보니 다들 슬슬 ㅈ스님을 피해 다니는 눈치였다. 심심치 않게 여기저기서 고성이 터지고, 또 누군가 하고 보면 그때마다 ㅈ스님이 유발한 사태였다. ㅈ스님은 초지일관, 내키는 대로 행동하고 아무도 공경하거나 털끝만치도 배려하는 법이 없을뿐더러, 자기 기준에 조금이라도 벗어나는 것이 보이면 위아래 없이 들추어 지적하고 시비하고 사람의 속을 가시처럼 찔러댔다.

외나무다리에서 누군가를 만나듯, 큰방에서 20명 가까운 대중이 안거 기간 내내 좌정하고 공양하고 취침할 각자의 자리를 정하는 날 보니, 하필 그는 내 옆자리에 앉게 되었다. 그가 앉은 자리는 줄의 맨 가장자리여서 왼쪽은 선방의 흰 벽이고 그 바로 오른쪽에 내가 앉게 된 것이다. 지금 와서 뒤집어 생각해보면, 그런 자리 배치로 나보다는 그 성격에 ㅈ스님이 훨씬, 어쩌면 속이 뒤집힐 만큼 갑갑한 노릇이라고 느꼈을지 모른다. 움직임도 적고 거의 묵언默言하다시피 지내고 있어 속조차 알기 어려운 거북한 스님과 그 흰 벽 사이에 끼어, 누워 자는 시간 4시간과 좌선 끝에 10분씩 경행하는 시간, 밖에 다니며 일보는 시간 빼고는 진종일 면벽만 하고 앉아있어야만 했을 테니 말이다.

내가 그따위로 지냈던 것을, 지금은 없는 그 스님을 어느 생에서든 다시 만나면 꼭 돌이켜 참회하고 싶다. 저 불보살이나 현인들처럼 '나'를 비워버리고 살 수 있다면 모를까, 내가 나 되어 산다는 일이 그런 것이었다. 어떤 때는 누군가에게 단지 내가 나로서 곁에 있어야 한다는 사실이 죄송하기 이를 데 없게 되어버린다.

결제에 들어가 죽비소리에 맞춰 본격적인 정진이 시작되자,

그 첫 번째 시간에 나는 그 좌석 배정이라는 되돌릴 수 없는 상황을 십분 파악하고, 최대한 빨리 혼자 속으로 대처하는 작전을 하나 구상했다. 내 왼쪽에 저 스님은 없고 차라리 벽이 있다고 생각하자. ㅈ스님의 거동은 최대한 보지 말 것이며, 가능하면 온전히 관심을 거두어 철회하기다. 만일 이 작전에 실패한다면 한 철의 보람되고 순조로운 정진은 이미 물 건너간 것이나 다름없고, 무엇보다 순간순간 내 속이 시끄러워져 지옥 같아질 텐데 무엇보다 그것을 감당할 자신이 내겐 전혀 서 있지 않았다.

그도 그럴 것이, 그 스님에게서 쉼 없이 방사되는 그 거칠고 난폭한 에너지는 차치하고라도, 선방에 한 철 좌선하겠다고 온 사람이 입선시간 한 시간은커녕, 단 1분도 결코 가만히 있지를 않았던 것이다. 습관처럼 등허리나 목뼈에서 으드득 으드득 소리가 나게 몸을 뒤틀고, 수시로 다섯 손가락을 눌러 꺾어 따르륵 따르륵 소리를 냈으며, 어깨를 으쓱으쓱, 고개를 갸웃갸웃, 팔짱을 끼거나 목 뒤에 팔을 깍지 끼고 왼쪽으로 한 번 오른쪽으로 한 번, 갑자기 하품을 하, 푸……. 정말이지 그런 작전이 먹히지 않으면 틀림없이 나는 한 철 내내, '아, 사람이 선방에 가부좌하고 앉은 자세에서 저렇게 다양하게 몸을 움직일 수가 있구나.' 하며 울며 겨자 먹기 식의 구경만 하염없이 계속하게 될 지경이었다.

한 철은 길었다. 그는 방선죽비만 치면 여기저기 들쑤시고 다니면서 이 사람 저 사람과 언쟁과 갈등을 일으켰고, 어쩌면 그에게 있어 입선入禪시간은 직전 방선放禪시간에 해치우지 못한 적들을 공략할 새로운 전략을 구상하고 전열을 가다듬는 매우 소중한 여백의 시간인지 모르겠다는 생각도 들었다. 그 긴 겨울에 대중 가운데 결과적으로 ㅈ스님과 말다툼이나 실랑이가 한번 하지 않은 스님은 그리 많지 않은 것 같았다.

그 소수 가운데는 놀랍게 나도 들어있었다. 그 성공은 전적으로 그 스님과 나 사이에 친 마음의 견고한 벽 덕분이었다. '이런 방식으로 등잔 밑이 어두울 수도 있구나.' ㅈ스님 바로 옆에서 한겨울을 배겨낸 나는 그 동안거도 여느 철처럼 별 탈 없이 났고, 또 한 번 수행자들의 무리에 섞여 인생에서 가장 행복한 한때를 보냈다는 감회에 흡족하게 젖었다. 반면 다른 대중들은 대개, 기다리던 해제가 다가와 마침내 그가 운문암에 더 살지 않고 다른 데로 떠나기로 한 것을 알고 깊이 안도하는 눈치였다.

누군가 ㅈ스님이 석 달 한 철을 도중에 제 발로 떠나거나 퇴방당하지 않고 안거를 성만한 것은 그때가 처음이었다는 말을 하기도 했다. 수긍은 가지만 ㅈ스님을 보내고 나서 생각하니 퍽 쓸쓸한 얘기였다.

출가한다는 것은 평생 집 떠난 나그네가 된다는 뜻이다. 도가 무엇인지, 그놈의 것을 위하여 사람 구실하기를 아예 포기하고 얻어먹고 얻어 입고 얻어 자는, 한참 모양 빠지는 신세가 된다는 의미이며, 출가 사문이 왜 그런 길을 가는지 헤아리지 못하는 사람들로부터는 한 끼 동냥을 얻어보려다가 쪽박까지 깨지는 수모를 당할 수도 있는 충분한 가능성을 안고 하루하루 연명하는 것이다. 세세생생을 거쳐 누구나 언젠가는 구도의 길을 가고 결국은 도를 얻어 무량한 생사의 고통을 끊는 것이라지만, 앞서 길 떠난 사문의 비장한 마음을 십분 헤아리게 되는 것은 누구나 이 세상 어디에서도 길을 찾지 못하여 결국은 막다른 선택으로 스스로

가 출가하게 될 때이다. 그러기에 외로운 출가자들에게 같은 길을 가는 사람끼리의 정은 더 깊고 각별하지 않을 수 없다. 사문의 마음을 제대로 아는 것은 곧 사문이기 때문이다.

만일, 이교도들이나 속된 사람들이 아니라, 저마다 집 떠나온 처지로서 한때나마 같이 지내게 된 동료들로부터 괄시나 외면을 당하게 된다면 그 쓸쓸함은 어떠할지……. 그 입장에 서보면 마음이 아려왔다. 생각해보니, 출가 이후로 심심찮게 그런 사람들을 만났었다.

그 후, ㅈ스님의 소식도 몰랐지만 거의 생각해본 적도 없이, 몇 해인가의 시간이 흘렀다.

어느 산철에 나는 은사스님께서 머무시던 암자에서 지내다가 다시 하안거에 들어가기 전에 삼척에 있는 어느 절에 가서 초파일을 쇠기로 했다. 그곳에 있는 도반스님께 그 말을 하려고 전화를 했다. 도반은 언제나처럼 반가워했다.

그런데 통화하는 도중에 예상치 않았던 변수가 끼어들었다. 도반스님 곁에 ㅈ스님이 함께 있었는데, 전화로 오가는 말을 듣고 있던 그 스님이 수화기 건너편의 사람이 나라는 것을 알고는 그만 떠나겠다고 한다는 말이었다. 당황스러웠다. 그 이유가 알고 싶었다.

ㅈ스님이 한사코,

'그 스님, 저 싫어할 건데요.' 하며 곧장 떠날 기세라고 도반스님이 전했다.

당황스러워하며 나는 변명했다.

"제가 ㅈ스님을 싫어할 까닭이 있습니까? 운문암에서 한 철 같이 잘 살기도 했는데요."

"그럼 그렇게 전달해볼게요."

"네. ㅈ스님이 굳이 떠나시겠다고 하면 제가 거기 안 가겠다고 전해주세요."

그다음 대화는 수화기에 대고 건성으로 하며, ㅈ스님에 대해 곰곰이 생각해보았다. 왜 ㅈ스님은 내가 자기를 싫어한다고 생각하게 되었을까? 정말 내가 ㅈ스님을 싫어했던 걸까? 아무리 솔직하게 자문해봐도 그것만은 전혀 아니었다. 정진한다는 구실로, 따뜻한 말 한마디 건네거나 좋은 낯으로 대면한 기억도 없었지만, 분명코 싫은 내색을 한 일은 없었기 때문이었다.

아! 그러고 보니……, 그래도 90일 남짓을 한 공간에서 지냈는데 사람한테 눈길 한번 준 기억이 없다니……. 어떻게 그럴 수가 있었을까? 전화를 끊고 나니 갑자기 자괴감이 밀려왔다. 나는 대체 무엇을 바라고 수행하고 있었던 걸까? 그따위 것을 수행이라고나 할 수 있었던 것일까?

모든 것을 떨치고, 알았던 모든 사람과 결별하고 떠나오는 무거운 길이지만 출가의 길은 절대 제 힘으로 나서지지 않는다. 그 많은 은혜를 등지고 나설지라도 그것은 결코 배반의 마음이 아니며, 오히려 갚을 길 없는 그 지중한 부채감을 뼛속 깊이 새기고 새기며 나서는 길이다. 돌아와 반드시 갚으리라는, 돌아갈 고향 집도 없고 돌아가 아무도 만날 수 없을지라도 미래의 어느 생 모퉁이에서라도 조우하거든 뜨겁게 만나 잊지 않고 갚으리라는 다짐으로 나서는, 죽음 같은 길이다. 그것을 어찌 제 힘으로 나서는 길이라 할 수 있으랴. 나서지 않을 수 없게 만드는 그 많은 사람 은혜에 힘입어 한 걸음 한 걸음 떼는 것이다. 세상이나 인생의 고통에 대해 뼈저린 자각을 갖추는 것은 물론이고, 나 하나에게 '우리'라는 것이 무엇인지, 사람에게 '관계'라는 것이 무엇인지를 정말 깊이 고민해보지 않은 사람은 결코 출가할 수 없으리라 단언한다. 정말 그렇게 사문의 길을 나선 사람이라면, 장차 길 위에서 만난 사람을 어떤 눈길로 바라보고, 어떤 거동으로 대하고, 어떤 목소리로 이야기하게 될지 참으로 자명하지 않겠는가? ㅈ스님에게 미안한 마음이 쓰라리게 여울져왔다.

결국, 나는 그 삼척의 절로 가서 초파일을 맞게 되었다. ㅈ스님과의 해후는 겉으로 호들갑스럽지는 않은 것에 비해 속으로는 무척 뜨거웠다. 안으로 반성을 하고 난 터라 내 눈길이나 태도도 자못 곱상하게 변했을 테지만, 그 스님도 결제 중의 냉엄한 분위기를 벗어나 다시 본 내 모습이 의외였는지, 너무 간단하게 나에 대한 예의 그 선입견을 벗어던지는 기색이었다. 나는 차츰, 운문암에서의 석 달 결제 중에는 한 차례도 볼 수 없었던 타인에 대한 그 스님의 호의가 목하에 나를 향하고 있음에 놀랐을 뿐만 아니라, 정말 드물게 투명하고 단순한 한 인간의 마음결을 느끼며 감탄을 연발하였다. 내가 미처 알지 못했던 그 스님의 면모들을, 주변의 모든 사람에게 자비 보살로 통하는 나의 도반스님은 이미 익히 알고 있는 듯했고, 우리 셋은 세 사람의 트라이앵글이 만들어내는 결속력을 몰아 그 절 주지스님의 눈치를 보지 않고 초파일 행사의 일정이나 준비하고 정리하는 절 일거리들을 본체만체하고 밖으로 돌기까지 했다.

그때 우리가 들렀던 곳 가운데 생각나는 데는 '들풀 학교' 라는 이름을 내걸고 어떤 여자가 운영하는 야생화 학교였다. 주인 되는 그 노처녀도 예사로운 사람은 아닌 것 같았다. 손재주나 수완이 좋은 사람 같았고, 수더분한 인상에 조건 없는 선의지가 넘쳐 보였다. 전부터 알고 지내던 도반스님에 대한 존경심 때문인지, 순수한 신심이나 보살심에서 그러는 것인지, 우리에게 손수 만든 차랑 빵, 과자 등을 연거푸 내왔다. 한결같이 손맛이 나는 질 좋은 음식들이었다. 차 같은 걸 팔기도 하는 집이라 해도 도반스님의 태도로 보아 그런 음식값을 계산해줄 것 같지도 않은데, 대접이 끝이 없었다. 나에게는 손수 모시 천을 기워 붙인, 가히 작품이라 할 만한 다포를 주었고, 도반스님께는 장차 좋은 곳에 수행처를 마련해 드리고 싶다고 말하기도 하였다.

　그러다가 문득 일어서서 방으로 들어가더니, 눈부신 금목걸이를 하나 들고 나왔다. 묵직해 보이는 것이, 여성들이 예사로 목에 걸고 다니기에는 퍽 부담스럽겠다는 생각이 들 정도였다. 자랑이나 하려고 가지고 나온 건 아닐 텐데, 그렇다면 의도가 무엇일까?

　"서울에서 여기 가끔 들르시는 노보살님이 한 분 계시는데요, 제가 촌구석에서 이런 일을 하며 사는 게 가상하다고, 슬하에 자식이 없으신데 제가 꼭 딸처럼 느껴진다고 하시며 이걸 주고 가셨어요. 남편으로 모시고 살아오신 분이 결혼하면서 패물로 해주신 건데, 돌아가시고 나니까 혼자 가지고 있자니 쓸데없이 눈물이나 나고 해서 누구한테 줘버려야겠다고 생각하던 참에 마땅한 사람 이제야 찾았다고 하시면서요."

　아, 자랑하시는구나, 생각하고 있자니 다음 말이 이어졌다.

"그런데요. 제가 주제에 이런 걸 받아 가지고 있기도 그렇고 해서 사실은 어떻게 해야 할까 좀 고민하고 있어요."

착한 사람은 저런 고민에 빠질 수도 있구나, 하고 있을 때 ㅈ스님이 불쑥 끼어들었다.

"그래요? 보살님, 그럼 그거 나 주이소!"

"아, …… 예."

지체 없이 ㅈ스님은 이미 그 순금목걸이를 전해 받고 있었다. 무게를 가늠하듯 손바닥에 얹고 두어 번 들어보더니, 그는 갑자기 또 내 손에 건네주며 말하는 것이었다.

"이거 스님 하이소!"

눈 깜짝할 사이에 일어난 화주化主와 시주施主였다. 그 시물施物을 받아들 때, 다행히 금방金房에서 일하는 어떤 지인이 떠올랐다. 그 신도에게 부탁해서 돈으로 바꾼 다음, 수행자들이 안거하는 선원에 다음 철 대중공양으로 올리면 좋겠다는 생각이었다. 어떻든 그 이상한 탁발의 결과, 얼마 동안 나는 관세음보살님께서 나 걸칠 법한 순금목걸이의 정당한 소유자가 되었다. 뿐만 아니라, 도반으로부터 순수한 우정의 표시로 적지 않은 순금을 보시받은 매우 예외적인 중이 된 셈이기도 했다. 그러나 무엇보다, 성깔이 보통을 훨씬 넘어서고 야생의 공격성이 언제 노출될지 불안한 주변의 한 사람으로부터 내가 그 적의의 대상에서 완전히 제외되었음이 확인된 듯한 안도감은 실로 무척 평화로운 것이었다.

물론 지금에 와서 보아도, ㅈ스님에게는 나보다는 나의 도반이 훨씬 더 따뜻한 눈길로 자신을 보아주는 생애의 벗이었고, 그리워 찾던 사람이었으며, 세상이 다 싫어 떠났을지라도 못내 함께하고픈 길벗이었음에 틀림없다. 두 사람 사이에는 그 전 철에 같은 선원에서 함께 지내면서부터 그런 우의가 생긴 것 같았다. 나의 도반은 천성이 선량하고 곧을 뿐만 아니라, 어질고 따뜻한 인간미에 범인이 따라갈 수 없는 예술적 감성까지 있어서, 어찌 보면 두 사람은 극과 극처럼 전혀 서로 어울릴 것 같지 않았다. 그러니까 둘의 신의와 교감은 거의 전적으로 ㅈ스님의 투박하고 다듬어지지 않은 면모들을 도반스님의 따스함과 부드러움이 온전히 흡수하고 녹여낸 결과로 비쳤다. 운문암에서 석 달이나 지켜보고 겪어본 바로 미루어, ㅈ스님이 어려서부터 그 나이가 되도록 세상과 구도의 길에서 얼마나 좌충우돌하며 살아왔을지, 그것 때문에 주변 사람들이 얼마나 표시 나게 그를 기피하고 혐오하고 질타했을지는 익히 짐작이 가고도 남음이 있었다. 이 점은 그가 그만큼 처절하게 외로운 방황, 우군 없는 싸움으로 살아왔음을 의미했다. 그러니까, 그런 그에게 다가갔을 나의 도반의 호의는 결코 그냥 어쩌다 마주치거나 심심풀이로 말동무나 하려는 사람의 접근으로 보였을 리 만무하다. 그야말로 구세주의 손길이요, 불보살의 응화로 여겨지지 않았겠는가.

ㅈ스님을 본 것은 그때가 운문암에서 안거를 함께한 이후 처음이자 마지막이었다. 나의 도반을 통해서만 나는 ㅈ스님에 대하여 그 전후의 이야기를 들었을 뿐이다.

나와 도반은 한 도량에서 같이 지낸 기회도 네댓 차례 있었지만, 긴 정진의 길에서는 훨씬 더 많은 시간을 각기 다른 곳에서 보냈다. 철을 나고 반갑게 재회하면 도반은 흔히 그 철에 만났던 다른 좋은 수행자들 신변에 대해서나, 신심 나게 하던 감동적인 일화들을 얘기하곤 했다. 그에 곁들여 꼭 빠뜨리지 않는 것은 특별하게 재미있었던 스님들이나 해프닝에 대한 객담.

얼마 동안 나는 그중 ㅈ스님에 얽힌 이야기를 제일 많이 킥킥대며 들었다. 마냥 웃을 수만은 없는 한 영혼의 정말 외롭고 시린 이야기들을.

"ㅈ스님이 은사스님께 오랜만에 인사드리러 갔었대요. ㅈ스님 성격에 꼭 인사드리러만 갔겠어요? 여기저기 객으로 떠돌다 지쳐, 스승 계신 절에 가서 좀 쉴까 하고 갔을 수 있겠죠. 그런데 방에서 쉬려고 있다 보니 개 짖는 소리가 영 거슬리더래요. '저 노장이 왜 절에다 개를 키우지?' 당장 은사스님께 쫓아 올라갔대요.

'스님, 개를 뭐 할라꼬 키웁니까?'

'왜, 또?'

'왜 부처님이 하지 말란 짓을 합니까? 수행자가 왜 도량에서 개를 키워요?'

'얀마, 저 개가 너를 물던, 나가라고 하던? 저 개는 주인 보면 반가워 꼬리치며 좋아하고, 절 지키고, 제 할 일만 하는데 네가 웬 성화야?'

'내일까지 저를 내보내시든지, 저 개를 내보내시든지 하이소. 저는 개랑 같이는 몬 삽니다.'

'난 개 못 내보낸다. 이놈아, 네놈이 절을 위해서나 스승을 위해 한 일이 뭐가 있어?'

'스님은 그럼 저를 위해 해주신 게 뭐가 있는데예?'

'이놈 봐라. 그래 내가 너한테 뭘 해주면 좋겠냐?'
'차 한 대 사주이소.'
'뭐?'

그 후로, ㅈ스님한테 정말 차가 생겼어요. 제법 근사한 SUV 신형이더군요. 해제만 하면 그걸 몰고 전국을 뺑뺑 돈대요. 선방에 앉아 면벽만 하다가 도로 위를 질주하면 속이 좀 후련한가 봐요.

근데 한번은 절 보자고 하더니 하소연을 해요. 왜 사람들이 다 자기를 싫어하는지 모르겠다고. 세상에서 살 수가 없어 중이 되었더니 중들도 하나같이 자기를 싫어하고, 도나 닦아야겠다고 선방에 다녔더니 선방 대중들도 자기를 싫어하고, 이제는 선방마다 같이 살기 힘든 사람으로 낙인이 찍혔는지 방부도 받아주는 데가 잘 없다고. 이젠 어디 가서 살아야 할지 모르겠다고.

저는, ㅈ스님이 자라면서 감성이 제대로 길러지지 못했고 따라서 다른 사람들과 조화롭게 소통하고 교감하는 요령을 몰라서인 것 같다고 했어요.

'감성을 길러야 된다고요? 감성을 기를라믄 우에 해야 되는데요?'

생각 끝에 클래식 음악을 좀 들어보면 어떻겠냐고 제안했죠.

'클래식 음악요? 그걸 어떻게 들어요?'
'제가 음반을 드릴 테니 스님 차 오디오로 그냥 좀 들어보세요.'
'그라지예, 머.'

ㅈ스님은 당장 CD를 꽂고 시동을 걸었어요. 그리고 몇 달 뒤

에 또 전국을 몇 바퀴 돌다 너덜너덜해진 그 CD를 들고 나타났더 군요. 그리고선 뭐라 했는지 아세요?
 '스님, 그런데 클래식 음악을 왜 듣는 거예요?'
 제가 더는 뭐라 할 수가 있었겠어요?

얼마 전엔 세 가지 청을 가지고 저를 다시 보자고 했어요.
 '무슨 청인데요?'
 '스님이 도반으로서 꼭 들어주시겠다고 약속하시면 말씀드리겠습니다.'
 '네, 약속할게요.'
 '제가요, 아무리 생각해도 할 게 이거밖에 없는 거 같아예.'
 '이거 뭐요?'
 '도 닦아서 깨치는 거요.'
 '좋습니다. 스님 도 닦는 걸 위해 제가 뭘 해드릴까요?'
 '말씀드릴게요. 그런데 저는 뭐든 하는 둥 마는 둥 하는 게 성질에 안 맞아요. 무문관無門關에 들어가서 단숨에 해치워야겠어요.'
 '그럴지도 모르겠네요.'
 '그래서 부탁인데요. 첫째, 저랑 같이 다니면서 무문관 할만한 장소를 찾아주십시오.'
 '네, 그럴게요.'
 '둘째, 나를 그 무문관에다 가둬 밖에서 문 못 박아버리고 백일 동안 밥을 넣어 주십시오.'
 '그것도 약속드릴게요.'
 '셋째, 그래서 만일 그 백일 안에 제가 깨치지 못하믄, 마, 저

를 죽이주이소.'
 '세 가지 부탁을 들어드리겠다고 이미 약속했으니, 세 번째도 들어드려야겠네요. 하하.'
 그래서 둘이서 ㅈ스님 차를 타고 여기저기 많이 찾아다녔어요. 그러나 무문관 수행에 들어갈 적당한 장소는 끝내 찾지 못했죠. 몇 군데 괜찮은 데가 없는 것은 아니었지만, 여건이 뭔가 부족하거나 ㅈ스님이 자꾸 핑계를 댔어요. 결국, 첫 번째 약속을 지킬 수가 없었으니까 나머지 두 가지도 무위로 끝나고 말았죠.

 요즘 ㅈ스님은 자꾸 죽고 싶다는군요. 한번은 차를 몰고 동해안을 따라 달리는데, 핸들만 살짝 꺾으면 낭떠러지 아래로 그대로 떨어져 죽겠더라는 거예요. 그래서 즉시 결심을 했대요. 그리고선 가속페달을 부웅 밟는데 퍼뜩 드는 생각이 있었대요.
 '가만! 나는 죽어도 싸지만 이 차가 무슨 죄지?'
 그래서 죽을 수가 없었다는군요."

 아, 그 무렵이었을까? 도반스님으로부터 그 얘기를 듣는 순간, 얼마 전 ㅈ스님으로부터 받았던 갑작스런 전화가 생각났다. 알고 보니, 그 역시 처음이자 마지막 통화였다.
 "스님, ㅈ인데요. 부탁이 있습니다."
 "네, 말씀하십시오."
 "제 차 안 있습니까?"
 "네."
 "이거 스님 하이소."

"무슨 말씀을요? 저는 토굴에 쓰는 차가 이미 한 대 있잖아요? 그 차는 스님이 타셔야죠."

정말 나에게는 이미 160만 원짜리 차가 있었다. 거기에는 폐차한 고급 차에서 뜯어낸 20만 원짜리 오디오도 달려있어 가끔 천상에서 울려오는 듯한 근사한 클래식 음악을 듣는 호사도 누리고 있었다.

"아, 이거 스님 하셔야 되는데……."

말끝을 흐리며 ㅈ스님은 전화를 끊었었다.

그리고 얼마쯤 지나 도반스님을 다시 만났을 때, ㅈ스님이 그냥 그렇게, 정말로, 아주, 세상을 스스로 떠났다는 얘기를 했다. 아무 말도 나오지 않았다.

겨울 산은 적요 그 자체다. 내가 산이요, 산이 나라는 말이 이제는 이상하지 않다. 삶의 목적은 삶 그 안에 있다는 말도……. 간혹 소리 없는 바람만 가만히 풍경을 흔들거나 장송長松의 가지 위 쌓인 눈을 턴다. 나는 쌓여가는 눈 위에 발자국을 내고 싶지 않다.

이제 비로소 산에 들어온 느낌이다.

처음 입산해서 이런 글귀를 보았다. 초발심자初發心者들이 마땅히 거울삼을 만한 옛 수행인의 고구정녕한 당부가 담긴 「자경문自警文」이라는 글에서.

채근목과위기장 菜根木果慰飢腸
송락초의차색신 松落草衣遮色身
야학청운위반려 野鶴靑雲爲伴侶
고잠유곡도잔년 高岑幽谷度殘年

풀뿌리 나무 열매로 주린 배를 달래고
솔 껍질 풀로 엮은 옷가지로 이 한 몸 가리며
들 학과 푸른 구름이나 벗을 삼아
높은 산 깊은 골에서 남은 생을 보내리라

 그때는 그 의미가 가슴에 그리 잘 와닿지 않았었다. 비록 다 버리고 떠나왔지만 아직 팔팔한 청춘인데, 그냥 이렇게 살다가 없어지기엔 너무 아쉽고 억울한 생각에서였을까? 아니 그보다는, 산에 들어온 목적이 그저 한가로이 남은 세월이나 보내자는 것이 아니었고, 금의환향錦衣還鄕하듯 정말 세상을 바꿀 비기秘技 같은 거라도 얻어서 하산해야겠다는 마음이 더 커서였기 때문이었던 듯하다.
 우리 젊은 발걸음엔 너무 힘이 많이 들어가 있었다. 포행包行이나 방랑할 줄을 몰랐었다고 할까? 쉬는 것이 얼마나 중요한지 깨닫지 못했었고, 미처 쉴 줄을 몰랐다. 그래서 우리에게는 외로움의 의미도, 함께하는 기쁨도 우리의 것이 아니었다.
 이 길로 영원히 잠들어버리지 않고 겨울잠에서 나 다시 깬다면, 그래서 저 산 아래 봄길을 걷거나 SUV를 몰고 드라이브한다면, 그 길은 바라건대 내 안에 나가 없는 길이기를……

덧없지만은 않은 우리의 만남, ㅈ스님도 생사의 모퉁이를 돌아 몸을 바꿔 어느결에 봄바람 타고 다시 나를 찾아올지 모른다. "동자야!" 하고 봄의 뜨락에서 산이 울리도록 그를 부르고 싶다.

미로를 헤매듯 누구나 다 뿔뿔이 제 길을 터덜댈 뿐이지만, 삶은 사실은 나를 비워 너에게로 가는 길이었다. 그래서 옛 현인은 말씀하지 않았던가?
"벗이 있어 멀리서 찾아오면 이 또한 기쁘지 아니한가 有朋自遠方來 不亦樂乎?"

하여, 지금부터는 나 죽어, 부디 잔년殘年을 살고 싶은 것이다.

페와Fewa의 추억

　오전에, 작업대가 비끌리면서 탄월거사와 둘이 땅으로 떨어지는 사고가 났다.
　늦장마가 공연히 시비를 걸어온 듯, 연일 비가 오락가락 흩뿌리는 상당히 기분 나쁜 날씨의 행진을 무릅쓰고, 우각당 아래 둑을 파고들어가 반지하 격인 방을 하나 들여 도량에 부족해지는 방사를 개선해보려고 했었다.
　둑 아래쪽에선 생수가 터져 나와 바닥의 흙과 섞여 작업장 바닥은 진칭이었다. 목조건물을 지을 때처럼 나무 따위를 다듬어 척척 짜 맞추는 일과는 달리 작업의 공정 전체가 고슬고슬하지 않고 왠지 이전투구처럼 하는 느낌이 들었었다. 더 성마른 막일꾼이 되어, 굳기를 기다리지 못하고 서둘러 축조하던 측면 블럭벽은 전날 이미 반쯤 무너졌었고, 아침에 다시 쌓아 올린 것도 불안정하게 기울어진 기초에다 너무 높이 쌓았는지 또 한 번 무너졌다.

이것저것 뜻대로 되지 않으면 홧김에 일하게 된다. 이것은 당연히 일의 진척이나 분위기에 좋지 않은 영향을 미친다. 전쟁 같아지고, 목숨이 걸린다.

겨우 그 벽을 쌓아 올려 놓고 나서, 3미터쯤 높이에 둘 감실 천장을 덮는 데 쓰는 아치 모양의 쇠틀을 떼어내 옮기려다 벌어진 일이었다. 불안정한 작업대 위에서 두 사람의 체중과 둘이서 들어낸 육중한 쇠붙이의 무게가 한쪽으로 쏠리면서 작업대가 쓰러지고 다 땅으로 떨어져 내렸다.

예상치 못했던 순간, 몸뚱이가 갑작스레 치명적 위험에 처하는 그 찰나 간의 느낌은 참 묘하다.

'아, 이렇게 허무하게 모든 것이 끝날 것을……'

틀림없이 죽음의 순간에도 그런 느낌에 사로잡힐 것이다.

"스님, 괜찮으세요?"

"음, 괜찮아. 탄월거사는?"

"저는 괜찮은 것 같아요."

'괜찮기는? 땅에 등짝부터 먼저 떨어졌는데……'

하긴 이 정도면 무척 괜찮은 편이다. 쇠붙이들이 몸뚱이 위를 내리치거나 찍어 내렸더라면 정말 처참했을 것 같다. 두 사람 몸뚱이와 무게가 제법 나가는 쇠붙이들이 불안정한 작업대 위에서 무게가 갑자기 너무 한쪽으로 쏠리는 바람에 전체가 기우뚱하면서 무너진 것인데, 정말 다행스럽게도 다 제각각 떨어져 내린 게 신기할 정도다.

나는 무릎이 살짝 찍혔고 허벅지에 타박상, 옆구리, 팔 등에 찰과상을 입었다. 우각당에 올라와 거울을 보다가 다시 내려가서 탄월거사 상태를 확인했다. 바닥이 진창인 게 오히려 다행이었는지, 속은 어떤지 모르지만 외상은 심하지 않았다. 그나마 안심이 되어 방에 돌아와 드러누웠다.

먼 데서 좋은 벗이 찾아와 말없이 차 한 잔 기울이면 좋겠다는 생각이 든다. 그런 생각을 누가 귀신같이 읽고 보내는 것일까? 그 무렵이면 반드시 사람이 온다.

J스님은 나보다 연배가 한참 아래인 스님이지만 풋풋한 수행자의 기상과 맑고 진실한 성정이 느껴지는 사람이다.
오랜만에 대한 모습이 조금 여윈 듯했지만 피부가 가무잡잡하게 햇볕에 그을려 훨씬 건강하고 강인해 보인다.
기쁘게 인사를 나누고, 중도루 다실로 올라가 첩첩 소백산의 장쾌한 선들을 바라보게 한다. 막 긴 여로에서 돌아온 길손의 호흡이 살아있다.
"인도 네팔을 거쳐 성지순례를 다녀왔습니다. 라닥까지 갔었어요. 안나푸르나 트래킹을 하다가 두 달을 걸어서 룸비니까지 가기도 했구요.
다람살라에 도착했을 땐 때마침 예정에도 없었던 달라이 라마 존자님 법문이 있는 거예요. 수천 명 대중에 섞여 감격적으로 들었죠. 법회가 끝나고 존자님이 가운데 열린 통로를 통해 퇴장하시는데, 딱 제 앞에 서시더니 저를 물끄러미 내려다보시며 마치 아신다는 듯이, 'From Korea?' 하고 말을 건네셨어요. 온몸에 전율이 이는 듯했고 저도 모르게 존자님 손을 덥석 움켜쥐고 그 손에 그만 입을 맞추고 말았죠."

장면이 눈앞에 선연히 그려진다. 우린 살면서 몇 번이나 그런 만남을 가질까? 사람의 생애가 단지 누군가를 잠깐 만남으로써 문득 정점에 서는 한 순간이 있다. 긴 배회의 느낌이 갑자기 멈추는 찰나······.

"또 여행에서 제일 극적이었던 장면이 하나 더 있었어요. 트래킹 코스에서 내려와 포카라에 머물 때였죠."

"아, 포카라!"

"거기 페와라는 호수가 있잖아요?"

"페와 호수! 알아요. 참, 거기서 내가 겪었던 일을 먼저 말해 볼까요?"

"네, 좋습니다, 스님."

지구상에서 가장 아름답고 감동적이고 성스럽기까지 한 풍경을 하나 꼽으라면 많은 사람들이 아마 설산 꼭대기가 새벽 태양빛을 받아 빛나는 모습을 떠올릴 것이다. 아직 세상엔 여명이 돌기에도 이른 시간, 만년설에 덮여 속된 범접을 허용치 않는 지고의 봉우리들, 그 이마가 태고의 정적 속에서인 듯 황금빛으로 드러난다.

내가 본 히말라야 영봉들의 성스러움은 신성불가침의 그것은 전혀 아니었다. 그보다는 산의 그 인자하고 고결한 중심에서 발해지는 영감이었고, 그것은 즉각적으로 나의 중심인 가슴을 자각하게 했다.

특히, 신령한 산의 웅자雄姿가 호수 너머로 일어서있을 때 그것은 더는 단순한 풍경이 아니었다. 여래의 현존, 일체의 언설을 끊어버린 선禪! 호수가 담아내는 적요롭고 청정한 평화와, 어둠 속에 거대한 암벽으로 일어서 가장 먼저 고고하게 빛나는 설산이 자아내는 불굴의 웅혼. 그 수평과 수직이 속으로 하나 되는 사건은 우주적이다. 그 순간, 어찌 그 주변에서 어정거리던 인간의 시선이 단순한 관찰자의 시점을 견지할 수 있으랴. 먼지 같은 개체의식은 눈을 드는 순간 감당할 수 없는 소용돌이에 휘말려 태풍의 눈, 그 감동의 침묵 속으로 함몰하고 만다.

설산 아래 몽환 같은 작은 도시의 이름은 포카라였고 호수의 이름은 페와Fewa였다.

우린 안나푸르나 베이스캠프까지 갔다가 돌아오는 트레킹을 마치고 카트만두로 가기 전 하루 이틀을 피로를 풀면서 여유 있게 쉬고 있었다.

몇 사람은 호수에 나가 작은 나룻배를 빌렸다. 사람들 대부분이 가보는 가까이 있는 섬 대신, 나는 이참에 혼자 오래 노 저어 가볼 생각으로 아련히 먼 페와의 끝을 겨냥했다. 갈대 같은 물풀이 자라는지 초록빛이 아스라이 떠 있는 그 언저리는 삶의 노독과 관계의 사슬을 아주 풀어줄 듯싶었다.

삼십 분쯤 삿대로 물살을 가르자, 나는 일행으로부터 멀어져 비로소 작고 외로운, 그리고 자유로운 한 척의 나룻배가 되었다.

그쯤에서 호숫가 마을 아낙네 두엇이 그림처럼 노를 저어가는 통나무배를 만났다. 그녀들은 만면에 산빛, 물빛의 미소를 띠고 있었고 노래를 부르며 지나갔다. 그녀들이 멀어져갈 때 나도 진심으로 화답하기 위해, 한 가락을 지나간 배가 일으킨 물결의 여운 위에 실었다.

> ……
> 너를 두고 간다는
> 아픈 다짐도 없이
> 남기고 가져갈 것 없는
> 저 무욕의 땅을 찾아
> 가는 배여 가는 배여
> 언제 우리 다시 만날까
> 꾸밈없이 꾸밈없이
> 홀로 떠나가는 배
> 바람 소리 파도 소리
> 어둠에 젖어서 밀려올 뿐……
>
> – 정태춘, 떠나가는 배

 다시 홀로, 맑고 잔잔한 물 위를 외로이 미끄러져 가다 나는 신성한 의식을 치르기 위해 알몸이 되는 사람처럼 옷을 하나씩 벗고 물속으로 자맥질했다. 엎드려서, 혹은 드러누워 느리게 팔다리를 움직이며 물과 공기의 경계선을 다녔다. 가닥가닥 몹시 부드러운 결과 체온으로 물은 맨몸을 스쳤다. 체중은 풀어져 없어지고, 나는 평화가 된다.

 알고 보면, 사람이 평화에 대해 떠드는 일은 대부분 도리어 평화를 깨뜨리는 짓이다. 평화는 언설보다 훨씬 깊은 데 있기 때문이다. 많은 경우 느낌이 생각보다 진실에 가깝다 해도, 참된 평화는 오히려 그 느낌보다도 더 심오한 본연의 것이다.

 물이 되어 물에서 놀다 나룻배로 기어오르자니, 꼭 뭍으로 기어오른 거북이가 된 기분이었다. 그러나 나를 어루만지고 스치던 물살의 온화한 느낌은 아직 넉넉히 남아, 덜 마른 물기처럼 살갗에 붙어 물 밖의 하늘거리는 바람을 쐬고 있었다.

 나는 시간을 계산했다. 빌린 나룻배를 반납하고 일행과 저녁 먹으러 가기로 한 시각까지의 시간을 반으로 나누고, 지금 있는 호수 한가운데로부터 그 끝까지 노 저어 갈 시간으로 다시 그 반을 쓰기로 했다. 충분한 여유가 있었다.
 될수록 무심히 체중만을 실어 노를 움직였다. 배가 가는지 산과 호수가 가는지 알 수 없었다.
 바닥이 보일 만큼 물이 얕아졌을 때 갈대숲이 나타나, 나는 왼쪽으로 우회했다. 그리고 작은 만처럼 오목하게 들어간 물을 산이 둘러선 곳에 들어갔다.
 그때 머릿속에 큰 파문이 일었다. 나를 뒤흔든 것은 청각이었다. 난생 처음 들어보는 소리.
 아니, 공간을 가득 메워 울리는 소리에 통째로 빠져들었다고 해야 옳을 것 같다.
 '이게 무슨 소릴까……?'
 물이 받치고 산이 에워싼 원형의 공간을 내 인생 미증유의 소리가 가득 채우고 있었다. 그것은 간헐적으로 일어났다 사라지는 소음이 아니라 마치 침묵의 소리와도 같이 존재계의 바탕을 밀밀히 지탱하고 있는 듯한 단음의 파장이었다.
 별이 부른다는 노래가 이런 것일까? 외계의 메시지일까? 아니면 단지 귓속의 환청일까? 도대체 무엇인가의 정체를 모를 때 일어나는 원시인 같은 호기심과 신비감이 온통 마음을 사로잡았다.
 무심 대신 그 의문이 나룻배 위에 온통 귀가 되어버린 나를 싣고 느리게 여기저기를 기웃거렸으나, 아마도 물 위에서는 영영 그 답을 찾을 수 없을 것 같았다. 호수를 벗어나 땅으로 올라서 보기로 했다. 물에서 배에 올라탄 것보다 단단한 땅을 딛는 느낌은 오히려 좀 생소하고 퍽 싱거웠다. 불길이 되어버린 궁금증만 훨씬 견고하게 나를 둘러싸고 있었다. 물과 땅과 하늘을 차례로 살폈으나 여전히 그 소리의 출처는 알 길이 없다.
 외계의 소리는 진동을 우리가 청각기관을 통해 감지하는 것이다. 물체는 바람이나 에너지와 같은 동인動因에 의해 움직이며 그 물체가 본래 가지고 있던 정지 관성과 부딪칠 때, 매우 복잡하지만 그때그때의 인연에 따라 고유한 파동을 형성한다. 그것이 고체나 액체, 기체의 매체를 거쳐 귀의 기관에 전달되고, 신경을 통해 뇌로, 마음으로 전해져 최종적으로 무슨 소리인지가 식별된다. 일상의 의식이 깨어있는 동안 우리 청각의 레이더에 잡히는 끊임없는 주변 세계의 진동이 별 주의를 끌지 않고 그대로 용인되는 것은, 그 가운데 특별히 위협적인 소리나 그냥 무시해선 안 되는 소리나 정체불명의 소리가 없기 때문일 것이다. 청각이 유용한 것은 빛이 있어야 비로소 쓸모가 있는 시각과는 달리, 어둠 속에서 벌어지는 일이든 시야 밖에서 벌어지는 일이든 20~20,000Hz 사이의 음파가 전달되기만 하면 빛을 들이대며 육안의 카메라를 돌려대지 않아도 가만히 앉아서 어딘가에서 무슨 일이 벌어지고 있는지를 대충 알아차릴 수 있다는 점이다. 그러나 그때 나는 온 허공을 가득 채우고 있음에도 불구하고 전혀 해석할 수 없는 소리 때문에 몹시 당혹스러워하고 있었던 셈이다.
 언덕을 조금씩 걸어 올라가다 자꾸만 멈춰서며 되뇌었다.
 '대체 이게 무슨 소리일까?'
 그러다 어느 순간, 고개를 들어 다시 주변을 훑어보았다. 한 나무를 보았다. 그리고 거기 붙어 울고 있는 몇 마리의 쓰르라미를!
 '아! 네놈들 소리!'
 물론 산에는 나무들 천지였고 온 산에는 수만, 수십만, 혹은 그 이상의 쓰르라미들이 다 같이 날개를 비벼 "쓰르르-----" 하는 소리를 만들고 있었다.

 깨달음이란 마음이 쉬는 것이다. 궁금증으로 타오르던 마음이 일거에 가라앉는 것이다. 그 때문에 큰 깨달음을 '한 소식消息'이라 하기도 한다.
 농담하자면, 그때 나는 크게 한 소식 한 것이다. 온 심신과 허공계를 채우고 있던 의심덩어리가 박살나고, 수십만의 쓰르라미가 수십만의 쓰르라미, 그리고 한 인간의 귀에 대고 부르는 단음의 오케스트라와 하나가 되어있었다.
 산을 내리와 배에 올라 다시 둥근 만의 중심으로 저어갔다. 노를 내려놓고 정좌했다.

 나는 왜 옛사람들이 강에 배를 띄우고 흔쾌해 하고 자적했는지 알 것 같다.
 〈장자〉에는 이런 얘기가 나온다.
 장자의 친구가 어디서 큰 박씨를 얻어 심었더니 어마어마하게 큰 박이 열렸다. 그러나 그 박을 따서 속을 발라내고 보니 그건 어디에도 쓸모가 없는 물건이었다. 뭘 푸거나 물건을 담기엔 터무니없이 커서 그대로도 쓸 수 없고 쪼개서 쓸 수도 없었다는 것이다.
　그러자 장자는 그 친구의 어리석음을 크게 비웃는다.
　"이보게, 그걸 그대로 물에 띄워 놓고 타고 놀 생각을 왜 못 했더란 말인가!"
　삶의 낙과 가치는 돈 몇 푼어치의 계산과 그 실용성에만 있지는 않다. 존재를 그렇게만 보는 것은 사람의 가치를 살 몇 근, 뼈 몇 근으로 따지는 것과 같은 어리석음이다.
　삶의 의미를 모르겠다고 생각될 때, 풀밭에 누워 하늘을 바라보거나 강에 나룻배를 띄우고 그냥 앉아있어 보라. 가슴에 여울져오는 고요한 기쁨이 답해준다. 아니, 의문은 온데간데없고, 거기 답 따위가 필요치 않았음을 알게 된다.

　천인天人들의 눈엔 물이 거울처럼 보인다고 한다. 물거울에 비친 풍경은 비루한 인간의 눈이 바라보기에도 언제나 평화롭다. 그러나 내 생각에 그보다 더 아름다운 것은 물이 반사하는 소리다. 상상해보라, 잔잔한 물결 위를 미끄러져 오는 강상江上의 젓대 소리…….
　나는 지금 둘러싼 수십만 겹의 스테레오 음이 호수 위에 반사해 부드러워질 대로 부드러워진 쓰르라미의 합창과 하나가 되어 있다. 환히롭고 마음은 깊고 유장한 평온에 짖고 녹아든다. 소리는 있으면서 없고, 없으면서 물아物我가 하나인 현재 속에서 선연히 빛나고 있다.

깨어나서 시계를 보니, 딱 돌아가기 좋은 시간이다.

평화롭게 평화와 작별하였다. 그러나 사람이 사라진 평화는 전해진 등불처럼 저편에도, 이편에도 여전히 온전하게 빛나고 있었다.

샘물에서 달을 길어 돌아오는 사람처럼 만을 미끄러져 나오자 큰 호수 위로 물길은 아득히 펼쳐져 있었다. 그러나 서두를 필요는 어디에도 없었다.

뒤쪽 서녘 하늘은 황홀한 희열에 물들고 있다. 그때 누가 만일 저녁놀을 등지고 배 저어 오는 나를 보았다면 아마 세상에서 가장 행복해 보이는 사람이라고 느꼈을지 모른다. 그러나 석양의 고양된 광휘는 하늘에만 머물러 있지 않았다. 나를 지나 맑고 잔잔한 호수 위에 흩뿌려지고 있었다. 한 삿대 한 삿대가 이대로 내 인생이었으면 싶었다.

그때, 그 엑스터시의 호수에서 한 오점을 발견하지 않았더라면 나는 아마 거기서 영영 돌아오지 않았을지도 모른다. 거기서 나머지 인생을 보내고 거기서 그냥 죽었을지도…….

젠장맞을 그 오점이란 빈 플라스틱 음료수병이었다. 왜 저런 것이 이런 땅에도 밀려들어야 할까? 그건 영화 부시맨에서 태고의 원주민의 땅에 떨어진 신의 선물, 콜라병보다 훨씬 어색해 보였다. 저것만은 저 타락한 문명의 땅으로 건져다 반납해야지.

놈을 향해 배를 저었다. 스쳐가면서 삿대 끝으로 끌어다 건져 올릴 셈이었는데, 첫 번째는 보기 좋게 실패하고 말았다. 배를 한 바퀴 돌려 다시 접근하면서 시도했는데 두 번째도 이놈이 따라오지 않았다. 살짝 당혹감이 들면서 의식이 그동안의 황홀경에서 깨어 문득 일상으로 돌아오는 기분이 되었다.
 '아, 씻어내기도 힘드네. 저 더러운 문명이라니…….'
 난 일 삼아 또 한 번 더 그 음료수병을 최대한 정확히 겨냥하며 천천히 배를 몰았다. 옛다 요놈, 하며 이번에는 손으로 들어 올렸는데, 얼른 따라 올라오지 않아 꽉 잡아 올리려 했더니, 오히려 내 몸이 물에 빠질 듯 쏠린다. 아, 그냥 빈 병이 아니었구나. 줄이 묶여 있다. 이건 뭐지? 더 당겨 올려 보고서야 비로소 알 수 있었다. 그것은 누군가 호수 물속에 쳐놓은 그물이 어디쯤 있는지 식별하기 위해 달아놓은 부표 노릇을 하고 있었다. 여기서도 잡아먹고 먹히는 일은 벌어지고 있구나.
 그래, 이 사바의 문명은 그냥 더러운 게 아니라 슬프다!

 행복감만큼 사람을 속이는 것은 없다. 거기 젖어있는 순간에는 절대적이고 진솔하며 영원한 것으로 보이다가, 벗어나서 보면 대개 허탈하고 어이없기 짝이 없다. 세상의 보잘것없는 행복이라도 그 찾아가는 길에는 곳곳에 덫과 함정이 도사리고 있고, 천상락이나 선정의 기쁨이라 해도 알고 보면 무서운 미끼에 불과한 경우가 많다. 그 속엔 마魔나 천天의 낚싯바늘이 숨겨져 있는 것이다.
 우린 기쁨 없이 살 수 없고 아무것도 지속해갈 수 없다. 어떤 때는 낚싯밥이라도 떼어먹어야 산다. 그러나 정신 차리고 조심해야 한다. 어차피 세상의 구조와 설정이 그렇다면 물밖 낚시꾼의 계략을 간파해야 한다. 그가 물고기 좋으라고 밥 주는 것이 아니라면, 그 좋으라고 낚싯밥을 삼킬 이유는 없는 것이다. 조심한다는 것은 속에 감춰진 것을 꿰뚫어 본다는 것이며, 일의 앞뒤를 안다는 것이다. 언제나 쾌락 속에 깃든 고통의 독을 조사해야 하고 쾌락의 끝과 그 뒷맛을 예상하여, 거기 지나치게 탐닉하거나 빠져들어서는 안 된다.

그럴 수만 있다면 쾌락이나 만족감은, 더 크고 완전하며 지속 가능한 행복의 쓸만한 디딤돌이 된다. 그 계단을 밟고 올라 마경魔境과 천상락天上樂을 지나 열반의 궁극적인 기쁨에 도달할 수 있다. 어쩌면, 완성으로 가는 불퇴전不退轉의 길은 그 길밖에 없고, 그 길이 점점 더 큰 행복을 거쳐 마침내 끝나지 않는 행복을 향해 간다는 것은, 이것 참, 다행스럽고도 좋은 일이다. 언제나 물들지 않고 붙들리지 않고 깨어 바라볼 수만 있다면 속된 것도, 마의 것도, 천상의 것도 버릴 것이 하나 없다.

조금씩 노 젓는 속도를 높였다. 불타던 저녁놀은 정점을 지나 사위어 들고 있었다. 생각처럼 배가 빨리 나아가지 않는다. 느낌이 조금 이상했다. 시계를 한번 보고 나서는 삿대에 체중을 실어 한참이나 힘을 써서 저어댔으나 거의 나아가는 느낌이 없다. 호숫물이지만 안에 내가 감지하지 못하는 흐름이 있고, 지금 내가 그것을 거슬러가기 때문일까? 어둑해지면서 멀리서 하나둘 가로등이 켜지고 있었다.

좋다. 그럼 찬찬히 타산을 해보자. 아련히 멀긴 하지만 호수 맞은편, 아마도 저기 내가 목표로 삼아서 가야 하는 등불이 있다. 오른쪽 대각선 방향엔 섬에 밝혀진 또 하나의 등불. 배와 두 등불이 이루는 각은 대략 45도. 지금부터 10분 동안 전력을 다해서 저어보자. 배가 나아간다면 분명 각도는 조금이라도 벌어져 커질 것이다. 시작!

 일어서서 전신의 힘을 실어 노로 물을 찍어 밀었다. 웃통은 벗어젖힌 지 오래였고 온몸이 땀에 젖었다. 자, 10분이 넘어 지났다. 등에는 땀이 줄줄 흐른다.

 각도는? 아, 하나도 벌어지지 않았다! 의미하는 바는? 배가 안 가고 있다는 뜻이다! 이유는? 모른다!

 야, 이런 걸 두고 귀신이 곡할 노릇이라고 하는구나. 왜 귀신이 곡을 하지? 처지가 괴로운데 원인을 모르니 곡이 나오겠지, 제길.

 삿대를 내려놓고 배에 다시 좌정했다. 사방은 칠흑같이 어두웠고 큰 호수는 온통 먹물을 담아놓은 것 같았다. 주위에 소리 질러 사람을 불러본다 해도 아무도 들을만한 거리에 있지 않다. 답은 내 안에서 찾아야 한다.

 모든 것엔 인과관계가 있다. 배가 안 나아가는 이유는? 물론 있을 것이다. 뭐냐고? 무엇이 배를 잡고 있느냐고! ……아, 그랬구나! 걸렸구나. 그물에!

 실소가 나온다. 노를 물속에 집어넣고 배 주위를 한 바퀴 돌려보기로 했다. 과연 밧줄 하나가 배 아래 쪽을 팽팽히 당기고 있었다. 배 밑바닥 이음새 틈에 아까 플라스틱병 건진다고 두어 바퀴 돌고 어쩌고 하는 통에 그 그물에 끼었던 게다.

 마를 퇴치하는 기분으로 노 끝 납작한 부분으로 밀어내자, 툭하고 풀려난다. 참, 잘못된 이유를 알면 해야 될 일은 무척 간단한 것이 많구나.

 야, 신기하다. 이젠 배가 간다. 불빛의 각도도 비로소 조금씩 벌어지는 것 같다. 이제 보니 네가 노를 참 잘 젓는구나. 이 정도 속도면 대중이 모여 저녁 식사하기로 한 약속에 많이 늦지는 않겠다.
 그런데, 그렇게 가던 배가 또 안 간다! 젠장. 줄이 두 개나 걸려 있었나? 새로 걸린 건가? 난데없이 충청도 나무꾼 이야기가 떠오른다.

 충청도 사람 철수 아버지가 아들 데리고 나무하러 갔다가 돌아가신 얘기는 다 알 것이다. 아들이 밟은 돌이 아버지를 향해 위험스럽게 굴러가는데, "아부지, 돌 굴러가유!" 하는 말이 너무 느린 나머지, 말이 채 끝나기 전에 아버지가 맞아 돌아가신 얘기 말이다.
 그 얼마 후, 옆집 영수 아버지도 영수를 데리고 나무를 하러 갔는데 안타깝게도 똑같은 상황이 벌어졌다고 한다. 그러나 원래 영수 아버지는 충청도 지방에선 상당히 예외적인 인물이었다.
 "아부지, 돌 굴러……." 하는 순간,
 "벌써 피했다, 이놈아!" 하고 응수했다. 그 정도로 그는 행동도 말도 날렵한 사람이었다.
 그런데 그런 영수 아버지도 결국 아들이 굴린 돌에 맞아 죽었다는 것이다.
 "두 갠디유!" 하는, 영수의 다음 말이 끝나기 전에.

 나는 무명의 어둠 속에서 두 번째 그물 줄을 찾기 위해 노로 배 주위를 쿡쿡 찌르고 휘휘 저으면서 몇 바퀴 탐색했다. 그러다 어이없는 실수를 저지르고 말았다. 노를 그만 놓쳐버린 것이었다. 정말 황당한 일이었다. 칠흑의 어둠 속. 그리고 그보다 더 검은 물에 빠진 노는 코빼기도 보이지 않았다.

아, 아, 아! 여기서 이제 어쩌라고!

평소보다 훨씬 침착해져야 하는 상황임을 감지하고 나는 애써 마음을 가라앉혔다. 떠 있는 배를 최대한 자극하지 않는 몸놀림으로 하의를 주섬주섬 벗고, 밤의 호수를 진심으로 사랑하는 사람인 양, 참으로 고요하고 경건하게 그날 두 번째로 호숫물에 들어갔다.

그러나 이번엔 한 모금이라도 마시면 속까지 검어질 것 같은 먹물이었고, 기분도 별로였다. 물살을 최대한 일으키지 않으려고 물의 비위를 맞춰가며 눈높이를 새까만 수면에 가능한 한 일치시키고, 나룻배 말고 먹물 위에 떠 있는 것을 찾으려고 눈에 불을 켰다. 천천히 반경을 키우면서 배 주위를 몇 바퀴 돌았다.

천만다행으로 한참 만에 원하는 결과를 얻었다. 늘 물에 들어가 임무를 다하느라 마를 새 없이 무거워진 노는 물속에 수직으로 서 있었고 노의 코빼기만 5cm 정도 물 위에 떠올라, '나 여기 있었는데.' 하고 있었다.

놈을 거머쥔 나는 비로소 마장인지, 그날 일진인지, 내 운명인지에 화를 내며 거칠게 배 위에 던져 올렸다. 이어, 바짝 배 곁을 한 바퀴 도는 동안은 그물을 찾는 데는 실패했지만, 두 번째 세 번째로 돌며 배 옆구리를 잡고 배 아래 쪽으로 발길질을 해보다가, 마침내 바닥 복판에 걸려있는 줄을 하나 발견하곤 신경질적으로 차서 풀어냈다.

그러고 나서 백의종군에서 돌아온 장군처럼 배에 올라서서 함대에게 뭍을 향해 진격할 것을 명령했다. 배는 이제 쾌속으로 돌진해서 싱거울 만큼 빨리 뭍에 상륙했다.
  그러나 자기도취에 빠져 위대한 장군을 흉내 내던 나의 자기명령은 두 가지 실수를 더 낳았다. 하나는, 불빛을 보고 배를 댄 곳이 애초에 배를 빌린 그 보트장이 아니었다는 것이고, 다른 하나는 주인도 없이 야밤 호숫가에 정렬하고 있던 다른 배 사이로 들이밀고 보니 나룻배를 정박시키기 위해 물속에 설치해놓은 나무틀에 덜컥 올라앉고 말았는데, 그것이 잘못된 정박이라는 것을 알고 돌아 나오려고 했을 때는 진퇴양난, 도무지 방법을 찾을 수가 없었다는 것이었다.
  궁여지책으로 다음날 나룻배 주인에게 어제 빌린 배를 잘못 대어놓았다고 알려주기로 하고, 기우뚱거리는 나룻배들을 옮겨 밟으며 차안此岸인지 피안彼岸인지 모르는 땅에 녹초가 된 몸으로 올라서야 했다.
  그때 비로소 멀리서 소리쳐 부르는 소리가 들려왔다.
  "스님!"
  "스니임!"
  일행들이 혹시 물귀신이 되었을지 모를 나를 찾아 나와 호수에 대고 외쳐 부르고 있었다.
  "예! 여기요. 여기 살아있어요!"
  응답하며 걸음을 재촉한다.
  어둠 속이라 별로 조심하지 않아서 발밑에선 아마 페와 호숫가에 많이 자생하던 신경초 미모사가 이리저리 밟히며 잎을 움츠렸을 것이다. 낮에 호숫가에 좌정하고 있다 보면 어설픈 풀밭 평지에서 아이들이 공을 가지고 노는 활기와, 앉아있기 무료해서 잎을 건드려보는 순간, 나란히 나 있는 작은 잎들이 놀라 날개를 접는 곤충처럼 일제히 오므라들곤 하는 미모사의 수줍음이 묘한 대비를 이루고 있곤 했다. 전에 트래킹 코스의 산길에서 떼 지어 내려오는 염소들을 피해 서다, 길가에 난 쐐기풀에 투두둑 쏘이며 놀랐던 기억도 났다.

그러나, 그래서 어떻단 말인가. 갈 길은 가야 하고, 목적지가 어딘지를 굳이 따지지 않아도 우리가 길에서 배우고 얻는 것은 너무나 많다.

또 한 번은 거머리 떼에 당하기도 했었지.

내리막 갈림길에서 길을 잘못 들어선 것을 알고, 일행이 한 지점에서 멈춰 쉬면서 이야기를 나누고 있을 때였다. 그대로 내려갔다가 우회해서 그날 저녁 숙소로 갈 것인지, 길을 되돌아가 본래 정했던 길로 갈 것인지를 풀밭에 앉아 논의하고 있었는데, 문득 어떤 거사님이 다리 위로 올라오는 거머리를 보고 벌떡 일어섰다. 그의 신발과 바지 위로 이미 여러 마리가 기어 다니며 피를 빨 자리를 찾고 있었다. 다들 놀라 각자 자기 몸을 살펴보니 거머리 떼가 달라붙지 않은 사람은 아무도 없었고, 이미 거머리에게 헌혈을 시작한 일행도 있었다. 부랴부랴 그 자리를 피하느라 우린 결론도 없이 무작정 산길을 내려왔지만, 나중에 우리는 뜻밖에도 너무나 신선하고 행복한 보상을 받게 되었다.

그 잘못 든 길 끝에서 거의 꿈결 같아 보이는 한 마을을 찾은 것이었다. 산록에서 나는 연회색 점판암으로 지붕을 얹은, 소박하지만 흉내 내거나 절대 억지로는 만들 수 없는 자연미 넘치는 집들. 그 외진 마을의 모든 것이 외관상 여느 히말라야 마을과 크게 다르진 않았음에도, 사치스런 구경꾼 여행자들은 눈길조차 닿은 적이 없을 듯한 해맑은 순박함을 무방비로 노출해 보이던 산촌.

명절이 며칠 앞으로 다가오고 있어서 그랬는지, 큰 대나무 네 개의 끝을 묶고 밑동을 에펠탑 모양으로 땅에 묻어 세운 뒤 그네를 매어, 하늘 닿게 지치고 있는 마을의 어리고 젊은 여자애들은 그대로 하늘 아씨들의 모습이었다. 낯선 여행자들을 만나 만면에 웃음을 띠고 신기해하며 따르고 편안한 관심을 보이는 동남동녀들. 그 평화로운 아름다움에 완전히 도취된 듯, 우리는 가지고 올라간 짐을 풀어 정말 많은 것들을 그 마을 천진부처님들에게 공양 올렸다.

그리고 나서야 가벼워진 걸망으로 길을 물어 우린 마을을 비껴 돌아 다시 산길을 땀 흘려 한참 올라간 뒤 마차푸차레의 흰 꼬리가 보이는 숙소에 도착했었지.

그런데 그 롯지에서 각자 방을 정하고 물건을 정리하다, 나는 바닥에 붉은 핏방울이 뚝뚝 떨어져 있는 것을 보고 놀랐다. 선홍색의 핏방울은 바로 직전에 누가 흘린 것으로 보였기 때문에, 급하게 핏방울을 따라 방 밖으로 나섰다. 여기저기 따라다녀 봤으나 대관절 누가 흘린 피인지 알 수 없어 난감하기만 했다.

알고 보니, 찾아야 할 그 사람은 바로 나 자신이었다. 왜 사람은 먼저 자기를 보지 못하는 것일까? 티셔츠 배 쪽이 피에 젖어

있는 것을 비로소 발견하고 들어 올리자, 벌써 3분의 2쯤 배꼽 속으로 파고들고 있는 거머리 몸뚱이가 보였다. 놈은 몹시 미끈거려서 맨손으로 잡아 빼기도 힘들었다. 종이티슈로 단단히 잡고 잡아당기자 쭉 늘어지다 겨우 빠져나온다.

그러나 단언컨대, 그때도 길을 잘못 들어선 것이든, 거머리에 뜯긴 일이든, 그 무엇이라 해도 저 산의 장엄한 자태와 우리 여행의 흥겨움을 전혀 훼손하거나 가리지 못하였었다. 도대체 그 무엇이, 설산을 바라보며 돌고 돌아온 우리 긴 행로의 감격과 호수와 산의 만남이 주는 이 성스러움을 과연 털끝만치 인들 빛바래게 할 수 있으랴.

굽이굽이 멋지고 의미 넘치지만 무수한 고난과 역경을 헤치고 가야 한다는 점에서는 순례객의 길이나 인생길이나 하나도 다를 바 없다. 물결을 헤치지 않고 나아가는 항해가 어디 있으랴. 물결 일지 않는 물길이 어디 있으랴. 길 떠나는 일은 어쩌면 그리하여 더 아름다운 것.

그날 일행을 만나 함께하는 만찬은 매우 훌륭했고, 모두가 유쾌해 했다.

이제 J스님이 이야기할 차례다.

"스님, 저희는 포카라에서 나룻배를 타고 건너가야 하는 호수 저쪽 마을에 짐을 풀고 한 달가량 머물렀었어요. 산과 호수의 장엄한 경관이 비길 데 없이 빼어나고, 스님도 아시다시피 번거로운 관광지를 조금 벗어나, 오래 그곳에 터 잡아 살아온 현지 사람들만 있는 마을로 가보면 어디나 외지인들이나 현대 문명에 덜 때 묻은 순수한 사람들이 살고 있으니까요. 볼일이나 필요한 물건을 구할 일이 있을 때는 거룻배를 타고 나오면 한 시간이 채 걸리지 않았죠.

그런데 문제는, 그 평화롭던 호수가 여름철이면 가끔 저 남쪽에서 불어온 센 바람이 히말라야에 부딪혀 돌풍으로 변할 때 무서운 격랑을 일으킨다는 것을 몰랐던 거예요.

도반스님이 앞에 타고 제가 노를 저어 호수 중간쯤에 이르렀을 때 정말 갑자기 짙푸르고 평화롭던 하늘에 먹구름이 끼더니 산도 호수도 분간할 수 없이 장대비가 퍼부으면서 무서운 바람과 파도가 일어나는데, 정말 아무것도 해볼 수가 없었지요.

보니까 도반스님도 얼굴은 이미 새하얗게 질려 있고 배는 폭풍 속의 가랑잎처럼 파도 따라 솟을 대로 솟아 기울어졌다가 가까스로 뒤집히지 않고 다시 물속으로 곤두박질치기를 무수히 반복하고 있었어요.

저는 본능적으로 물결의 요동과 배의 흔들림에 저항하거나 혼비백산하여 우왕좌왕하면 절대 안 되고, 무섭지만 오히려 자연스럽게 파도를 타야 배가 뒤집히지 않을 거란 직감이 들었어요. 느낌대로 최대한 체중을 좌우로 조절해가며 요령껏 서핑을 시작했죠.

물론 금방이라도 이대로 죽을 수 있다는 생각이 들었으니까 아까부터 관세음보살 명호를 일심으로 부르면서 기도를 하고 있었구요.

그때, 기적이 일어났어요. 산 쪽에서 맞바람이 불어오는지 좀처럼 그칠 것으로 보이지 않던 돌풍과 폭우가 갑자기 잦아들면서 멀리서부터 딴 쪽으로 밀려가는 거예요.

불보살님의 가피를 온몸으로 느끼면서 내 인생에도 수행의 기회가 이렇게 허망하게 끝나지 않게 도우시는구나 하며 그 은혜에 진심으로 감읍했습니다.

상황이 끝났을 땐 마치 속은 것처럼 하늘이고 호수고 다시 너무나 청량하고 고요해 보였어요. 우리 행색은 꼭 비에 젖은 쥐꼬락서니로 처참하기 이를 데 없었지만, 마음엔 감사와 환희가 넘치고 있었고, 호수 저 가운데까지 바람에 밀려갔던 자리로부터 밖으로 노 저어 나오는 동안, 동작에 맞춰 신심껏 '관세음보살, 관세음보살!'을 외쳐댔죠. 뭍으로 나오는 데는 얼마 걸리지 않았어요. 그렇게 살아나서 지금 다시 스님을 뵙고 있습니다."

그렇다. 우리가 누군가를 기다려 만난다는 일은 숱한 고초와, 목숨 거는 고비를 지나온 삶의 순례자를 알현하는 일이다. 또, 내가 지금 닥쳐오는 생의 굽이굽이를 돌아가며 다치고 상처 입으면서도 이렇게 나아가는 것은, 저기 어딘가에서 내가 지금 겪고 헤쳐가는 이 영웅의 이야기를 귀 기울여 자애롭게 들어줄 그 누군가를 만나기 위해서이다.

"From Korea?"

가이드 김봉욱

　심야의 중원 하늘을 날아 장사長沙에 내렸다.
　일행들을 만나 리더가 조를 짜는 동안, 최대한 수동적이고 무분별한 심경으로 마음의 모드를 바꾼다.　이런 바보여행을 만끽하기 위해서는 얼마쯤 바보가 되는 것이 필수적 조건이다.　몇 번의 경험을 통해 터득한 바다.　데리고 다니는 데로 따라가고, 보라는 것만 보고, 주는 대로 먹고, 재우는 대로 잘 것.　다만, 정신을 바짝 차려서 사라는 것은 최대한 덜 사고, 일행이나 만나는 사람들과 너무 얽히지 말 것.
　별로 어려울 것은 없다.　필시 동양화 속을 노닐듯 천하의 절경을 유람하는 이번 장가계張家界 여행 또한 대단히 흡족하고 만족스럽기만 한, 많이 남는 장사가 될 것이다.
　습기를 머금은 공항 밖의 후끈한 공기가 잠 못 자고 날아와 비몽사몽인 머리를 더 몽롱하게 했다.
　가이드를 처음 대면한다.　패키지여행에서 가장 중요한 인물이다.

인상이 조금 거친 듯, 덜 다듬어진 듯, 주의를 덜 끄는 듯한 것이 오히려 잘 됐다는 생각이다. 살면서 더러는 별로 의식하지 않아도 되고 조금 편하게 대해도 되는 사람이 더 좋을 때도 있다.

"안녕하십니까? 여러분의 이번 여행을 안내할 가이드 김봉욱입니다. 제가 겉보기엔 이래 심난하게 생겼어도 속마음은는 새하얀 백설 같은 사람이고 정에 많이 약한 남잡니다. 여러분, 집 떠나면 어떻다고 하죠? 집 떠나면?"

"개고생!"

"네. 집 떠나면 고생입니다. 여기 장가계 여행 또한 볼거리나 흥미로운 것도 많지만, 다 보러 다니자면 사람 많은 중국 땅에서 정신없고 고달프다는 생각이 많이 들 것입니다. 첫째가, 일행을 놓치면 큰일 납니다. 수시로 우리 일행이 다 있는지 체크하기 위해서, 또다시 모이게 하기 위해서 제가 암호를 하나 정하겠습니다. 이제부터 우리 암호는 '울랄라' 입니다. 제가 '울랄라!' 하고 외치면 무조건 저를 보시고 달려오셔야 합니다. 암호가 뭐라고요?"

"울랄라!"

"네, 좋습니다. 동포 여러분, 이곳에 오신 것을 진심으로 환영합니다. 제가 며칠간 최선을 다해 모시겠습니다."

허리를 꺾어 정중하게 인사한다.

그는 짧은 스포츠머리를 하고 있었는데, 아주 동글동글해서 각지지 않은 얼굴 형태 덕분에 '깍두기' 같은 인상을 겨우 면하고 있었다. 목소리는 차량용 마이크가 좀 부담스러워할 만큼 심하게 크고, 속에서 일어나는 그 무엇도 숨기지 못할 것 같은 느낌을 주었다.

그는 일행 중 누군가가 교포가 가이드를 해줘서 좋다고 얘기하자, '동포'와 '교포'의 차이에 대해 분명하게 사전적으로 풀이해가며, 자기는 동포지 교포가 아니라고 정정했다.
"가이드님이 참 박학다식하네요."
"네. 가이드가 이 정도는 돼야죠. 그러나 제가 뭐든 다 안다고 생각하진 마세요. 저 나무 이름이 뭐냐, 이 꽃이 뭐냐 이런 거는 물어보지 마세요. 가르쳐드리고 싶어도 못합니다. 가이드는 잡사雜士지 박사博士가 아니거든요. 그러나 어떻든, 오늘부터 제가 할 수 있는 최선을 다해서 우리 형님과 누님들을 3박 4일 동안 잘 모시겠습니다. 그런 의미에서, 여기 이렇게 연세 지긋하신 어르신도 계시지만, 결례를 무릅쓰고 지금부터는 남자는 무조건 형님, 여자분은 무조건 누님, 저는 이렇게 부르겠습니다. 여기서 여러분들이 묵을 숙소까지는……"
장사 시내의 한 호텔에 짐을 풀고 겨우 세 시간가량 눈을 붙였다.

자다 말고 일찌감치 모닝콜이 울리자 일어나 서둘러서 짐을 챙기고 내려왔으나, 식당 층은 가이드가 일러준 것과는 달리 2층이 아니라 3층이었다. 아침도 기진맥진한 머릿속처럼 그저 그랬다. 그래도 즉석에서 말아주는 쌀국수가 기분 좋은 생기를 주고 여행길의 열정을 깨어나게 했다. 399,000원짜리 패키지여행에, 따지고 보면 횡재가 한둘이 아니다. 이 먼 땅에 날갯짓도 안 하고 날아오고, 썩 좋은 호텔에서 묵고, 끼니마다 배불리 먹고, 신경 쓰고 걱정 하나 할 것 없이 근사한 일정이 척척 진행된다. 배가 이미 든든해서 잠시 망설이다가 쌀국수를 한 그릇 더 비우고, 일행 중 제일 마지막으로 버스에 올랐다.

"울랄라! 우리 형님, 누님들, 어떻게 좀 쉬시고 식사랑 잘 하셨습니까?"

"네!"

"저는 어젯밤 한숨도 못 잤습니다. 어떻게 하면 우리 형님, 누님들을 이번 여행 동안 잘 모실까 연구하고 기도하느라요. 여행에선 날씨가 제일 중요한데, 여기 장가계 지역은 요맘때쯤엔 한 달에 20일은 비가 옵니다. 우중에 여기저기 다니자면 고생이 이만저만 아니죠. 그래서 제가 날씨 좀 좋으라고 잠도 못 자고 기도했습니다. 다행히 오늘 내일 모레는 비 소식이 없다고 합니다.

그런데 제가 식당 층을 잘못 알려 드렸더라구요. 3층인데 2층이라고. 죄송합니다.

여기 우리 큰 형님, 작은 형님도 계시지만 누님들이 훨씬 많으시네요. 누님들으는 여행 나와서 식구들 밥 챙기고 빨래 할 일 없는 것만 해도 많이 홀가분하시겠어요. 그런데 여기 중국에선 그런 가사 일을 부인이 아니라 남편이 하는 경우가 훨씬 많습니다. 우리 형님들으는 혹시라도 여권 같은 걸 잃어버리고 여기 남아 사시게 된다면, 그야말로 신세 조집니다. 중국 여자하고 결혼해서 살라면 밖에서 뼈 빠지게 일해서 돈 벌어와야지, 그렇다고 집에 오면 마누라가 밥 해놓고 기다릴 줄 아십니까? 빨리 밥 해서 마누라 자식들 멕여 살려야죠. 밤늦게까지 빨래하고 집구석 청소해야죠······. 우리 형님들으는 여기서 여권 잃어버리는 날에는 차라리 그대로 자살하시는 게 낫습니다.

하지만, 우리 누님들으는 모른 척하고 여권 잃어버리고 여기 남으셔도 좋을 겁니다. 책임지는 중국 사람 없으면, 마 제가 책임지죠. 그렇다고 너도나도 일부러 잃어버리고 다 저한테 같이 살자고 하면 제가 쫌 곤란하겠죠. 하지만, 두어 분 정도는 전혀 문제없습니다.

그리고 여기, 꽃다운 김OO 양이랑 어머니가 같이 오셨는데, 두 분이 여권 잃어버리시면 저는 제일 좋겠습니다. 제가 곧 장가라도 들어 볼라고 열심히 돈 모으고 있는데, 혹여 따님을 배필로 주시기만 하면 제가 목숨을 다해 잘 모시죠."

많은 사람들이 가이드의 익살에 환호성을 지르며 박수를 친다. 장가계까지는 버스로 다섯 시간 반을 가야 한다는데, 피로감에도 불구하고 잠을 청하는 사람이 거의 없다.

"우리말에 여자를 높여 부르는 말이 뭐가 있습니까? 여사, 사모님, 이런 말이 있죠.

'사士' 자 들어가는 호칭은 정말 쟁쟁한 것들이 대부분이죠. 판사, 검사, 변호사, 박사……. 그리고 '여사'도 그중 하나입니다. 여사를 잘 모셔야죠.

그런데 여기 중국 사람들으는 여자가 일단 결혼만 하면 굉장한 존칭을 달아줍니다. 뭐냐? '타이타이太太' 입니다. 태太 자는 '태양'이나 '태산'에서와 같이 어마어마하게 큰 뭔가를 수식하는 말 아닙니까? 부인을 달도 아이고 태양과 같이 받들겠다는 뜻이죠. 여러분들으는 아마 창밖으로 강가 같은 데서 빨래하는 남자를 심심치 않게 보실 수 있을 것입니다.

그런데 '기사'는 어떻습니까? 제가 태어난 곳은 여러분들이 소위 말하는 '연변'. 그야말로 두메산골 깡촌이었죠. 우리 할아버지가 원래는 전라도 전주에 살다가 일제 때 두만강 너머로 이주해 오셨다고 합니다. 어머니 아버지는 지금 대한민국에서 열심히 일하면서 살고 계시고, 저는 할아버지 할머니 밑에서 오래 컸습니다. 제가 어려서는 말썽을 피워서 부모님 속을 좀 썩이다가, 지금은 마음잡고 이곳 장가계에서 가이드 일을 열심히 하고 있습니다.

대한민국에서는 별 볼 일 없는 직업일지 모르지만, 제가 어릴 때 고향에서는 차 운전할 줄 아는 기사가 지역의 유지였습니다. 그 깡촌에 도회지에서 공산당 간부나 관료들이라도 오면 누가 모십니까? 당연히 운전기사가 제일 가까이서 모시고 여기저기 태우고 다닌다 아입니까? 그러면 그 두메산골에서는 생전 보도 듣도 못한 담배 한 보루라도 얻게 되는 사람은 당연히 운전기사죠. 자연히 고향 사람들이 제일 부러워하는 사람은 기사였습니다. 저희 부모님은 제가 기사가 되는 것까지는 꿈도 못 꾸고, 그렇다고 한족 말고 소수민족 사람이 공산당원이 되기는 어려우니까, 돈을 좀 써서 저를 군인으로 만들라고 했습니다. 군인들 끗발도 중국에선 막강합니다.

실제로 있었던 일 하나를 말씀드리죠. 한 군 장교가 호텔에 묵었다가 실수로 재떨이를 하나 깨뜨렸습니다. 나오면서 사실을 얘기하고 변상을 해줄라고 했더니 호텔 측에서 터무니없는 돈을 요구하는 거예요. 재떨이 하나 값으론 너무 비싸지 않느냐고 해 봤지만 직원들이 너무 불친절하고 기분 나쁘게 그 장교를 닦아세웠습니다. 장교는 일단 알았다고 달라는 대로 돈을 주고 호텔에서 나왔습니다. 그로부터 몇 시간 후, 버스 세 대에 가득 실은 군인들이 죄다 몽둥이를 들고 호텔에 치고 들어와서는 1층부터 꼭대기 층까지 방이란 방에 있는 모든 집기를 산산조각 내버렸습니다. 그러자 호텔 측에서는 어떻게 했을까요? 아무 일도 못 했어요. 끽소리도 못했습니다. 이게 중국입니다.

집에서 돈은 적잖이 썼지만 돈만 날아가고, 결국 저는 군인이 되지 못했습니다. 아마도 제가 조선족이어서 그랬을 겁니다. 부모님은 다시 돈을 써서 저를 경찰로 만들었습니다. 그런데 경찰이 되고 보니 조선족인 저는 눈에 띄게 차별대우를 받는 것이 견디기 힘들었습니다. 똑같이 출근하고 똑같은 일을 하는데도 한족漢族인 친구들은 착착 승진을 하는 동안 나는 맨 그 자리예요. 사표 쓰고 나왔죠. 공장이나 다녀야겠다고 고향을 떠나 청도로 갔습니다. 섬유공장에 들어갔는데, 아따 그건 정말 더 못하겠더라구요. 똑같은 기계만 1주일 동안 들여다보고 있자니까, 정말 이 짓만은 못하겠다는 생각이 들었습니다. 그때 마침 아는 친구한테서 여기 장가계에 와서 가이드 같이 해보자는 말을 듣고 즉시 그만두고 왔지요.

장가계에는 여러분과 같은 대한민국 관광객늘이 정말 많이 옵니다. 아마 1990년대부터 해서 수십만이 다녀갔을 거예요. 주로 한국인 관광객들을 모시고 이 일을 해오면서 저는 우리 민족에 대해 많은 생각을 하게 됐고, 개인적으로 점점 더 제가 조선사람이라는 사실에 대해 자긍심을 가지게 됐습니다."

"한국에는 자주 오세요?"

"아직 한 번도 못 가봤습니다. 돈도 없고 아직 그럴 형편이 아니어서요. 그러나 부모님은 두 분 다 한국에서 지내고 계십니다. 돈 버느라 같이도 못 살고, 어머님은 인천에, 아버님은 태안에서 일하고 계시지만요.

저는 대한민국이 빠른 시간 안에 이렇게 대단한 나라가 되었다는 것을 어려서부터 어른들에게서 들었고, 제가 중국 땅에서 사는 동안 더욱 피부로 느꼈습니다.

1988년에 대한민국에서 올림픽이 열린다는 소식을 들었을 때, 연변에 살던 저희 고향 어르신들은 처음에 헛소문일 거라고 생각했다고 합니다. 거긴 세 마을을 통틀어야 흑백 TV 한 대가 있을까 말까 한 때였으니까요. 그러다 진짜로 조국 땅에서 세계 만방이 모여 올림픽 경기를 치르는 것을 중계로 보면서 사람들은 눈물을 흘리고 전율을 느꼈다고 합니다.

요즘엔 한류가 중국 사람들에게도 어마어마한 영향을 끼치고 있죠.

중국 사람들 '대장금', '사랑이 뭐길래', '별에서 온 그대' 같은 드라마 진짜 많이 봤습니다. 장삿속 뛰어난 사람들은 거기서 아이디어를 따서 재벌이 된 사람들도 많습니다. 어떤 사람으는 인구가 3천 2백만인 중경 시내에다 치킨집 체인점을 수백 개 내서 떼돈을 허벌나게 쓸어 담았어요. 체인점 이름이 뭐였는지 아세요? '별에서 온 그대'가 아니라 '별에서 온 치킨'이었죠.

여러분들 이렇게 관광 오셨다가 별생각 없이 한국말 아무렇게나 하시면 안 됩니다. 외국 땅에 나오신 이상, 여러분들은 이미 한 개인이 아니라 한 국가의 이미지를 좌우하는 외교적 위치에 있기 때문입니다. 관광지에서 한국 사람 많이 대해 본 중국인들은 간단한 한국말 다 알아듣고 곧잘 따라서 합니다. 그러니까 조심하셔야죠. 마사지 받다 보면 팔다리 주무르던 아가씨나 아줌마가 뭐라고 하는지 아세요? '아파?', '둔너!', '뒤비져!', 이래요. 다 어디서 배웠겠어요?

자, 우리 형님, 누님들, 지금부터 한두 시간 정도는 눈 좀 붙이고 피로를 좀 푸세요."

"울랄라! 자, 지금 여러분은 창밖으로 흐르는 강을 하나 보고 계십니다. 상湘강입니다. 대륙을 가로지르는 황하와 양자강이 아버지와 어머니 강이라면 이 상강은 그 아들 격에 해당하는 강입니다.

곧 우리는 장가계張家界에 도착하게 될 텐데 여러분, 장가계라는 말이 어디서 유래했는지 아세요? 예. 맞습니다. 장가들이 모여 사는 지역이라는 뜻이죠. 언제부터 그랬을까요? 여러분 장량(張良, ?~기원전 189)이라는 사람 아시나요? 예, 한신과 함께 유방劉邦을 도와 한漢나라를 개국하게 한 일등공신이었죠.

그런데 본래 천하를 얻기 위해 도모하는 과정에서는 함께 목숨 걸고 싸운 사람들도 막상 천하를 얻고 나면 천하를 사이좋게 나눠 갖기는 어려운가 봅니다. 토사구팽兎死狗烹, 낭하기 일쑤죠. 그런 도리를 알았는지 장량은 유방이 집권한 뒤에 한신과 자신을 경계하는 것을 보고 일찌감치 건국의 공을 반납하고 조정을 떠나 자취를 감추었다고 합니다. 그렇게 동정호洞庭湖의 남쪽, 호남지역으로 내려와 문명화되지 않았던 원주민들을 교화하면서 살다 죽었는데, 그 후손들이 바로 장가계를 형성한 것입니다.

호남성의 이 지역에 많이 사는 원주민들은 중국의 50여 소수민족 가운데 토가土家족이라 불리는 사람들인데, 성정이 거칠고 기질이 반항적이기로 유명했습니다. 거의가 산적의 후예들이고, 지금 사람들도 자기네 조상이 도둑질하고 약탈하고 무도하게 살았던 것을 조금도 부끄러워하지 않습니다. 지금 여러분들이 창밖으로 보는 집들을 보면 하나같이 쇠창살이 쳐져 있는 것을 알 수 있을 것입니다. 이게 바로 이 지역 사람들의 심성이나 인심이 어떠한지를 단적으로 짐작하게 해준다고 할 수 있습니다. 이 사람들은 대대로 그렇게 살아왔고 그것이 그들의 법이었습니다. 관군이 산적들의 소굴을 소탕하려고 어마어마한 정예 병력을 보내도 열 번에 아홉 번은 패퇴할 정도였으니까요.

장가계가 그 절경 하며 전통적인 생활상이 관광자원으로써 외부에 알려지고 관광객들이 몰려들면서 바로 그 점이 한계나 난제로 드러났습니다. 곳곳에서 사건사고가 벌어졌죠. 이것을 일거에 해결한 것이 바로 중국 공산당의 국가권력이었습니다. 중국의 공권력이 얼마나 무서운지 여러분도 잘 아시잖아요?

그런데 여러분, 세상에서 제일 무서운 게 뭔지 아세요? 뭐라고요? 에이, 아닙니다. 제가 보기에 세상에서 제일 무서운 것은 '정'입니다. 저는 가이드 일을 하면서 우리 대한민국 동포들을 만나 이것을 알았습니다. 이렇게 우리 형님, 누님들과 정을 나누다 며칠 뒤 공항에서 다 떠나보내고 나면 저는 며칠간 밥도 못 먹고 울기만 합니다.

그거는 그렇고, 여러분 아세요? 세상에서 제일 무서운 독약은 무엇입니까? 에이, 정이 아니고요. 그거는 고독입니다. 고독孤獨이 무슨 독약이냐고요? 아니, 농담 아니라, 실제로 고독蠱毒

이라는 독약이 있습니다. 이는 옛날 이 지역의 어느 의원이 이쪽의 독한 여인네들을 위해 남편에게 먹이는 약으로 그 비방을 일러준 것이라고 합니다.

이 지역의 여인들은 특히 남정네들에 비해 대가 세어서, 집 안팎의 모든 일을 남자가 도맡아 하도록 했습니다. 사냥하고 도둑질하고 지쳐서 집에 돌아오면 쉬지도 못하고 밥해 바치고 설거지하고 빨래하고, 거의 한 여자의 노예로 살아야 했죠. 그러다 보니 혹여라도 남자들이 외지에 나가볼 기회만 생기면, 그쪽 여자들의 사근사근하고 남자를 위하고 받드는 마음에 녹아나서, 딴살림을 차리고 도무지 돌아올 생각을 않는 것이었습니다. 독한 이쪽 여인들이 가만있었을 리 없죠. 득달같이 찾아가 의원을 들볶았는지, 협박했는지, 고문해서 토해내게 했는지, 결국 자기 남자를 딴 여자에게 평생 빼앗기지 않게 만드는 고독이라는 독약의 제조비법을 알아낸 것입니다.

그 비방은 이것입니다. 우리 누님들에게 이것을 알려드리는 것이 좋은 일인지 어떤지 저는 잘 모르겠습니다만.

먼저 산에서 나는 향기 있는 나무 열매, 이파리, 뿌리, 풀 따위를 단지에 넣어 숲속에다 놓아둡니다. 그렇게 얼마간 두면 지네, 뱀, 두꺼비 같은 온갖 벌레들이 그 안에 들끓게 됩니다. 그때, 그 단지를 비우고 거기 생긴 독충들만 따로 단지에 모아 한동안 가둬둡니다. 그러면 거기서 서로가 서로를 잡아먹고 잡아먹히다 결국에는 제일 독한 놈들만 몇몇이 남게 되죠. 그다음에는 또 그 놈들만 용기에 넣고 얼마간 충분히 굶겼다가, 여자가 적시에 자기 무명지를 베거나 찔러 생피를 내어 그 굶주린 독충들에게 먹게 합니다. 그리고는 마침내 그 독충을 죽여 갈아 약을 만드는 것입니다. 이게 바로 제대로 만들어진 고독蠱毒이죠. 이 약을 남편 몰래 밥이든 국이든, 음식에 타서 먹이는 것입니다.

한번 고독을 먹은 남자는, 자기 무명지손가락 피를 넣어 그 약을 만든 여자를 떠나서는 평생 어디 가서도 살 수가 없습니다. 오래 떠나 있거나 딴 여자하고 지내다 보면 뼛골에서 일어나는 통증과 가려움을 도저히 견딜 수가 없어 아무것도 할 수 없기 때문입니다. 여자는 남자가 떠날 일이 있으면 내가 당신에게 고독을 먹였다고 말해주기만 하면 됩니다. 그러면 남자는 아무리 멀리 갔다가도, 어떤 년에게 갔다가도, 얼마 안 가 죽기 살기로 자기에게 돌아오지 않을 수 없습니다. 일단 고독에 감염되면 이루 말할 수 없는 그 괴로움을 벗어나는 묘약이 단 하나밖에 없으니까요. 다시 제조자인 그 여자에게 돌아와 무명지에서 낸 피를 마시는 것입니다. 그러면 일단 증상이 씻은 듯이 가라앉습니다. 그러나 효과가 오래 가지는 않습니다. 8내지 10개월이 지나면 증세가 또 도지고, 번번이 다시 같은 피를 마셔야만 하죠. 어떻게든 평생 그렇게 사는 수밖에 없습니다.

근자에도 그런 사례가 종종 있었습니다. 장가계에서 세 시간 정도 떨어진 봉황이라는 곳 강상江上에 사는 묘족苗族이 있는데, 그 사람들은 조상 대대로 거의 벌거벗고 살고 있었고 원시적이고 매우 유별난 생활상이 관광객들에게 고스란히 공개되었습니다. 묘족의 어느 남자가 지나가는 관광객들 앞에서 산 뱀을 통째로 씹어 먹은 일이 있었는데, 그것을 본 사람들이 놀라면서도 호기심에 돈을 주고는 하니까, 그다음부터는 부인이 관광객만 지나

가면 그 앞에서 뱀을 씹어 삼키게 했습니다. 그 남자는 그런 생활이 지겨웠는지 한번은 부인으로부터 도망친 적이 있었답니다. 타지에 나가 정말 착하고 순종적인 여자와 잠시 살았죠. 그러나 고독의 약발에 극도로 시달리다 못해 악처에게 다시 돌아오고 말았습니다. 그는 얼마 전 그런 혐오스런 모습을 여과 없이 외국인들에게 노출하는 것이 적절치 않다고 중국 정부에서 그런 행위를 금지하기 전까지, 골목에 관광객 발소리만 나면 나가서 뱀을 한 마리씩 씹어 먹어야 했습니다.

나는 착하고 예쁜 우리 대한민국 여자와 결혼하고 싶습니다.
자, 우리 형님, 누님, 곧 우리는 장가계에 도착합니다. 그 전에 확정지어야 할 게 하나 있는데 바로 우리들의 관광 일정입니다. ……"

그렇게 일행은 장가계에 도착해서 점심 먹고 호텔에 짐을 풀고 오후에는 천문산에 올랐다.
중원은 넓고 중국을 대표하는 것들은 다 대단하고 어마어마하다. 아니면 납득할 수 없게 기이하거나 희한하다. 각양각색의 것들이 천하에서 다툴 때 어지간하거나 평이한 것들은 전혀 이목을 끌지 못한다. 자금성이나 만리장성처럼 큰 무엇인가를 만들든지, 그렇지 못하면 쌀알에다 반야심경 260자 정도를 새겨야 한다.
천문산(1518m) 정상 가까이에는 산에 구멍이 난 것처럼 '천문天門'이 뚫려 있다. 그렇지 않았더라면 이 산은 전혀 주목받지 못하였을 테고, 천문산이라 불리지도 않았을 것이다. 당나라 때인가 산이 무너지는 굉음이 며칠을 울린 끝에 돌 먼지가 걷히고 이 구멍이 드러났다고 한다.
 잘 기억되지도 않을 정도로 뻔한 전설을 가이드가 얘기했던 것 같다. 언제 어떻게 해서 생겼든, 언젠가부터 누군가에 의해 거창하게 과장된 전설이 지어졌을 테고, 심심한 사람들에 의해 더욱 심하게 부풀려졌으리라는 것은 익히 짐작이 가고도 남는다. 어떻든, 남다르게 구멍이 난 이 산은 과장에 의해 더 유명해지고, 사람들을 끌고, 소문 듣고 찾아온 사람들을 오늘날까지도 감격하게 하고 흥분시킨다. 그리고 다시 일상을 탈출하는 무모한 짓을 하게 한다. 곰들을 불러다 재주 부리게 하고 이재에 밝은 왕서방들에게 미친 듯 돈 벌게 한다. 다들 그렇게 살다 그렇게 죽게 한다.
 세계 각지에서 온 비행사들이 비행기를 몰고 굴을 통과하는 시합을 했다고 한다. 몇몇만이 성공했는데, 그 가운데 우승자는 몇 바퀴를 돌면서 아슬아슬하게 굴을 뚫고 지나간 어느 러시아 여자 비행사였다고 가이드가 말했다. 박쥐 모양의 기구를 타고 절벽 아래로 뛰어내리는 시합도 있었다고 한다. 도전한 열 명 가운데 한 사람은 낙하산을 펴지 못하는 바람에 떨어져 죽어 저 아래 동상으로 서 있다고.
 중원의 너절한 것들은 가도 가도 끝없어 사람들을 무척 무료하게 한다. 일상에 심심해진 사람들은 흥밋거리에 목마르다. 천안문 광장에 쪼그리고 앉아 가래침을 뱉어놓고 보고 있으면 호기심에 하나둘 몰려든 인파에 갇혀 결국은 해명도 못하고 깔려 죽는다던가?
 모두가 존재 이유나 목적의식의 부재에서 기인하는 인간의 병증이다. 일찍이 이것에 대해 듣거나 깨닫지 못하면, 사람은 어디서 무엇을 하다 어떻게 죽어도 개고생이요, 개죽음이다. 우리는 왜 사는가? 무엇을 위해 사는가?

"울랄라! 어젯밤에는 충분히 잘 주무셨습니까? 에어컨 바람이 너무 차서 잘 못 주무셨다고요? 그럼 이렇게 하십시오. 중국 호텔들은 에어컨이 중앙통제식으로 되어있는 경우가 대부분이어서 방에서 온도를 조절 못합니다. 아예 꺼버리면 또 너무 덥고. 방법은 바람 세기를 낮추는 것입니다. 그건 가능하거든요. 그러면 한결 낫습니다.

저는 어젯밤에도 한숨도 못 잤습니다. 더워서도 아니고, 추워서도 아니고, 중국에 오신 우리 누님들께 뭘 해드리면 좋을까 밤새 고민하느라고요. 얼른 떠오르지 않아서 밖에 나갔다가 남의 꽃밭을 보고, 아 저 꽃을 꺾어다가 한 송이씩 드려야겠다 싶어 그만 이 장미를 훔치고 말았습니다. 누님들 수만큼 장미꽃을 따느라고 가시에 찔려 손가락에서 피가 철철 났습니다. 자, 지금부터 한 송이씩 바치겠습니다. 누님들만 받아주세요. 아니요, 형님으는 안 줍니다. 자, 누님. 자, 여기 누님. 여기 큰 누님. ……아, 드디어 왔네요. 제가 지금까지 누님늘한테 꽃 나눠드린 세, 주고 싶어서 준 게 아닙니다. 사실은 여기 장모님이랑, 제 색시 될 사람한테 꽃을 바치고 싶어서, 하하. 장모님, 받으십시오. 그리고, 우리 예쁜 마누라……."

"아, 그런데 가이드에게 머리 아픈 일이 하나 있습니다. 우리 선택관광 일정에 관한 건데요. 제가 우리 두 팀 일정을 아무리 비교하고 뜯어보며 조합해보려고 해도 아까 제가 제시한 것 이상의 방안이 안 나옵니다. 그리고 6조, 9조의 형님들 몇 분은 몇 개 코스에서 빠지고 싶다고 하셨는데 그 코스들이 다 이동경로 중에 포함되어 있기 때문에 빠져서 어디 기다릴 데가 없습니다. 결국에는 같이 가지 않을 수 없다는 말씀입니다. 이 점 양해해서 제가 제안한 대로 다 같이 움직여주시기를 바라고, 돈을 다 내지 않으신 분들으는 잔금을 이따가 다 저에게 주시기 바랍니다. 안 그러면 가이드 머리가 아파서 깨집니다."

노련한 가이드는 결국 모든 일정을 자기가 계획한 대로 정하고 몰고 갔다. 이쯤 되면 말이 선택관광이지 여행자들에게 선택권은 이미 없다. 솔직히 말하면, 이것은 패키지여행을 기획하는 여행사 측의 상술이다. 터무니없을 정도로 싼값에 여행을 할 수 있다고 알려 관광객들을 모집한 후, '선택관광'에 동참하지 않을 수 없게 유도하여 결국은 쓸 만큼 돈을 쓰게 하는 것이다. 따지고 들면 유쾌한 일이 아니지만, 몇 차례 이런 여행에 동참해본 결과로는, 이런 일로 가이드와 실랑이를 벌이거나 기분이 언짢아지기라도 하면 여행의 즐거움은 형편없이 줄어들고 만다. 그냥 그러려니 하는 게 속 편하다. 사람들도 다 그러는 것 같았다. 어떻든 이런 분위기는 전적으로 가이드 김봉욱의 포스와 수완이 빚은 결과로 보였다.

"제가 얼마 전에 곧 장가도 가야겠고 해서 아파트를 하나 샀습니다. 들으시면 그동안 제가 돈을 제법 모은 줄 아실지 모르지만, 사실은 중국 아파트값이 워낙 싸서 살 수 있었던 겁니다. 대신, 중국의 아파트를 사서 처음 입주하면 한국과 달리 전혀 생활할 수 있는 공간이 아닙니다. 벽, 바닥, 천장, 문, 이렇게 뼈대밖에 없으니까요. 입주한 사람이 하나씩 하나씩 다 자기식으로 사다 붙이고 만들어가야 합니다. 그래서 저는 지금 돈을 열심히 모아야 합니다. 욕조도 들여놓고 주방 테이블이라도 사야 하니까요."

또 하나 패키지여행의 난관은 억지로 몇 군데 쇼핑에 끌려다녀야 한다는 것이다. 그러나 이것도 생각하기 나름이다. 현지에 오지 않으면 그 값에는 구경도 못할 물건을 사게도 되고, 돈이 모자라면 최소한 눈요기라도 할 수 있기 때문이다. 이번 여행에선 라텍스 침구나 게르마늄 팔찌 따위를 파는 데서나 중의원들한테 진맥 받는 데서는 사람들이 시큰둥했지만, 대나무 섬유나 토르말린 의료보조기구 파는 가게에서는 모두 열의를 가지고 쇼핑에 몰두했다. 이런 숍을 순례하면서도 우리 가이드는 매우 능란하게 끼어들 때 끼어들고 빠질 때 빠져가며, 판매자와 소비자 양쪽의 비위를 적절히 맞추고 실익을 챙겼다. 아, 우리는 가이드 집 가재도구 장만해주느라고 이렇게 정신없이 끌려다니고 있는지도 모른다.

"울랄라! 잘 주무셨습니까? 저는 어젯밤도 기도하느라 한숨도 못 잤습니다. 오늘도 비 오지 말라고 기도하고, 날이 너무 덥지 말라고 기도했지요. 우리 형님, 누님들으는 정말 덕을 많이 쌓으신 것 같습니다. 요맘때쯤에 이렇게 장가계 날씨가 좋기는 정말 어려운 일입니다. 예전에 어떤 할아버지는 장가계 좋다 해서 세 번을 왔다가 세 번 다, 구름이 한 치 앞이 안 보이게 끼어서 산 한 자락도 못 보고 저녁마다 비에 젖은 신발만 말리다 돌아가셨다고 했습니다. 약이 올라서 도저히 포기하지를 못하고 네 번째 와서야, 구름 사이로 바위가 조금씩만 보여도 와, 와 하셨습니다. 날이 너무 맑고 햇볕이 강해도 더위에 기진맥진할 뿐, 뙤약볕 아래 경치가 너무 노골적으로 드러나면 운치가 별로 없는데, 보십시오, 적당한 구름 속에 오늘 안개가 살짝 낀 저 봉우리들을요.

중국 사람들으는 복을 참 좋아합니다. 집집마다 대개 대문에 복 복福 자를 걸어놓죠. 그런데 가끔 보면 복 복 자가 거꾸로 걸린 집을 볼 수 있습니다. 왜 그럴까요? 글자를 모르는 무식한 사람들이 그러는 것이라고요? 아닙니다. 그거는 '우리는 복도 좋지만 사람의 의리義理를 더 숭상한다'는 뜻입니다.

명나라를 세운 주원장으는 출신이 그리 좋은 사람이 아니었습니다. 그런데 어떤 인연으로 장군이 되었고, 어느 싸움에서 죽음을 무릅쓰고 의리를 지키는 바람에 위아래 사람들에게 신망을 얻어 점차 대군을 이끌게 되고 마침내 대 명제국을 건설하기에 이르렀습니다. 그런데 등극한 후에는 명 태조 주원장 역시 주위 사람들을 믿지 못하여 조그마한 의심만 가도 가차 없이 옛 동지들이나 은인들을 숙청하기 시작했습니다. 공을 다투고 상대를 어떻게 해서라도 제거하고 혼자서 권좌 가까이 나아가려고 하는 사람들이 곳곳에서 서로 모함하는 분위기가 팽배했습니다. 명 태조는 어느 쪽도 온전히 믿을 수 없으니까 그런 상소나 밀고만 있으면 전말을 조사해보지도 않고 자객이나 그런 일을 전담하는 군대를 보내 일족을 도륙하곤 했습니다. 밀고하는 방법도 매우 간단했습니다. 밤사이에 누가 그 집 대문 앞의 복 복 자를 거꾸로 걸어놓기만 하면, 여기저기 감시하고 다니던 암살단이 그 집에

들이닥쳐 사람들을 씨도 안 남기고 죽이곤 했던 것입니다.

 그런데 어느 곳에 매우 덕이 높은 사람이 온 마을 사람들의 존경을 한몸에 받고 있었는데, 어느 날 새벽에 동네 사람이 보니 그 집 대문간의 복 복 자가 거꾸로 걸려있는 것이었습니다. 소문은 삽시간에 동네에 퍼졌고, 그 사람을 너무나 존경하고 따르던 마을 사람들은 하나같이 마음을 모아 집집마다 자기 집 복 복 자를 거꾸로 걸었습니다. 죽어도 그분을 따라 같이 죽겠다는 각오였죠. 자객들이 그 집을 찾아왔으나 집집마다 복 복 자가 거꾸로 걸려 있으니 다 죽일 수도 없고 난감해하며 돌아가고 말았습니다.

 후대의 중국 사람들에게는 우리 집으는 복이나 목숨보다는 의리를 더 중히 여긴다는 뜻으로 복 복 자를 거꾸로 다는 풍습이 생긴 것입니다."

 배를 타고 보봉호寶峰湖 위를 비껴 돌며 바라본 기암절벽이 아름다웠다. 아무리 잘난 사람도 가슴과 눈가에 물기가 없으면 우리를 유혹하지 못한다. 기암 가운데는 고해에 빠진 중생을 건지려는 듯 슬픈 표정으로 물에 몸을 담그고 서 계신 관음상도 있었다.

 "저 호수 위 산속에는 중국인들이 좋아하는 와와곰이 삽니다. 중국 사람들은 특이한 걸 좋아하잖아요? 이 곰이 특이한 게 발가락 수인데, 전에 제가 사람들한테 맞춰보라고 한 적이 있었어요. 선물을 드리겠다고 하고요. 누가 말했습니다.

 '네 개요.'

 '아니, 그럼 이 곰이 각 발에 발가락이 하나씩이라는 말예요?'

'아, 열여섯 개요.'

'아닙니다.'

'20개요.'

'아니요.'

'열두 개요.'

'노우.'

'스물네 개.'

'맞지 않았어요.'

그러자 다 서로 얼굴만 쳐다보고 있었는데 어떤 할머니가 말했어요.

'열여덟 개요.'

저는 깜짝 놀랐어요. 그때까지 여러 번 관광 온 팀들에게 물어봤지만 아무도 맞춘 사람이 없었거든요. 사실 와와곰의 발가락은 열여덟 개입니다. 발가락이 앞발에는 네 개씩, 뒷발에는 다섯 개씩인 거예요. 참 특이하죠? 제가 신기해서 물었습니다.

'할머니, 이걸 어떻게 아셨어요? 장가계 전에 와보신 거 맞죠?'

그랬더니, 갱상도 할매 왈,

'4×4=18 아이가?' 하는 거 있죠."

가이드의 재치와 기지가 고도로 빛을 발하는 순간이 있었다. 어떤 '누님'이 휴대전화를 잃어버렸을 때였다. 그 누님은 전화기와 함께 여러 관광코스를 도는 티켓까지 분실했기 때문에 유리잔도라는 곳을 입장하는 데서부터 문제가 생긴 것이었다. 휴대전화는 몇 군데 전화를 걸어 확인했지만 찾을 방법이 묘연한지,

가이드는 여행보험을 통해 새 휴대전화를 구하시면 되므로 누님은 크게 걱정하실 것 없다고 일단 안심시켰다. 그보다는 그 인파 속에서 일행을 두고 다시 티켓을 사러 되돌아갈 수도 없어 그가 고민하는 것 같았다. 그렇잖아도 지문과 함께 이중으로 체크하는 그 티켓을 잃어버리면 많이 곤란해지므로 잘 챙겨야 한다고 사전에 가이드가 누누이 강조한 바였다. 어마어마한 계곡 위에 하늘길처럼 어마어마한 투명 유리가 바닥에 깔려 발아래로 어마어마한 절경이 내려다보이고, 다리 건너 내려오는 길은 몇백 미터를 투명한 엘리베이터를 타고 하강하는 어마어마한 코스에 입장하려고 어마어마하게 많은 중국 관광객들이 몰려있었고, 그 장사진은 굽이굽이를 철제 파이프로 분리한 가이드라인을 따라 느리게 이동하며 기다리고 기다린 끝에 전자티켓을 제시하고 지문인식까지 거쳐 들어가게 되어있었다. 가이드는 잠시 생각하는 표정이더니 이내 확신에 차서 말했다.

"울랄라! 이렇게 합시다. 제가 짠 작전을 말씀드리겠습니다. 이 작전의 핵심은 표 검사하는 안내원을 헛갈리게 만드는 것입니다. 어떻게 하느냐? 잘 들어보세요.

여러분들에게 이미 나눠드렸던 꽤 비싼 선샤니켓은 이틀간 유효합니다. 어제 쓰고 오늘 여기저기 관광지를 관람하는 데 다시 쓸 수 있는 것이죠. 그런데 왜 지문인식까지 이중으로 검표를 하느냐? 가끔 하루 관람하고 떠나는 사람들이 다른 관광객들에게 표를 팔아먹는 일이 생겨서였습니다.

마침 저에게 시한이 지난 표가 하나 있습니다. 물론 쓸 수 없는 것입니다. 하지만 우리는 이걸 써먹어야 합니다. 먼저 우리

팀을 세 조로 나누겠습니다. 1조는 바람잡이로 앞서 검색기를 통과해 기다리는 사람들입니다. 2조는 표를 잃어버린 우리 누님과 그 가족을 포함한 네 사람입니다. 2조가 할 일은 먼저 표를 서로 뒤바꿔 자기 지문과 다른 표를 가지고 있다가 뒤따라 들어가는 것입니다. 우리 누님은 이 시한이 지난 표를 가지고 계시면 되고요. 아무 문제 없습니다. 겉보기에는 언제 발행된 표인지 표시돼 있지 않으니까요. 당연히 2조가 통과하지 못하고 검색대 앞에서 검표원에게 제지당하겠죠. 그러면 이 가족들이 표를 함께 가지고 있다가 뒤섞인 모양이라고 하면서 제가 표를 서로 바꿔보라고 할 겁니다. 그래도 누님의 무효가 된 표 때문에 안 맞겠죠. 그럼 다시 바꿔보게 하고……. 그럴 때 뒤따라 들어오려고 기다리던 3조가 검표원에게 왜 이렇게 늑장이냐고, '콰이! 콰이!' 하고 소리를 치면서 재촉하시는 겁니다. 그러면 검표원이 당황하겠죠. 이윽고, '에라, 모르겠다. 통과!' 할 거예요. 이해하셨죠? 좋습니다. 작전 개시!"

상당히 기발한 이 작전은 도덕적으로 심하게 문제가 있거나 공범자들이 크게 부담을 느낄 만한 성질의 것이 아니었다. 기본적으로 우리는 표를 분실했을 뿐이지, 처음부터 매표도 안 하고 공짜로 입장하려는 것이 아니므로. 서로 절차상의 편의를 도모할 뿐이다.

나는 지체 장애가 있는 OO 씨와 함께 3조에 속했다. 그는 뇌성마비를 앓은 사람 같아 보였는데, 얼굴이 나이에 비해 많이 젊고 눈매가 선해 보였다. 의외로 빠듯한 일정에다 걸어 다녀야 하는 길도 많고 길어서, 그는 내내 퍽 고전하고 있었다. 아까 케이

블카에 우리와 동승했을 때도 OO 씨는 그 어려운 발음으로, "집 떠나면 고생이라더니……." 하며, 가이드가 첫날 버스에 올랐을 때 했던 말을 되뇌었다.

그는 줄곧 내 손을 잡아 의지해가며 아주 자유롭지는 않은 걸음을 재촉하곤 했다. 많이 풍풍해서 무더위 속에 자기 몸 주체하기도 버거워하는 부인을 따라나선 이 여행길이 그에게는 필생의 도전인 듯했다.

'콰이콰이'는 쾌속으로 뭘 진행하라는 뜻으로, '빨리빨리' 쯤에 해당하는 말일 터이다.

앞으로 갔다 뒤로 갔다 10번 이상 터닝하며 사람들 줄이 나아가는 동안 보니, 많고 많은 중국인 중엔 별별 사람이 다 있었다. 역시 표를 잃어버렸는지, 입장을 못 하고 가족들을 향해 화풀이를 있는 대로 해대는 남자 정도는 주의를 끌지도 않았다. 어떤 아버지는 고등학생쯤 돼 보이는 딸이 휴대폰만 들여다본다고 그러는지, 딸의 손에서 휴대폰을 우악스럽게 뺏으려고 들었다. 더 놀라운 것은 안 뺏기려고 휴대폰을 틀어쥐고 발악을 하는 딸의 얼굴에서 드러나는 심통과 독기였다. 글쎄, 독한 중국년들이 이렇게 해서 생겨난다니까.

드디어 우리 차례가 왔다. 콰이콰이를 속으로 되뇌며 이제나 저제나 하고 있었는데, 2조가 겨우 한두 번 표를 바꿔가며 이렇게 저렇게 하는 동안, 의외로 쉽게 검표원이 그냥 문을 열어 통과시켜주는 바람에, 3조는 장전하고 있던 콰이콰이의 탄환을 발사해보지도 못하고 작전이 끝나버렸다. 검표원은 지금껏 본 중국 여성 가운데 제일 순하고 착해 보이는 젊은 아가씨였다. 일행은 모두 대단한 성취감과 일체감 속에서 유리잔도 앞에 섰다. 나는 꿈속에서 하늘을 나는 느낌으로 동양화 속 하늘길 같은 유리 다리 위를 걸었다.

내 손을 잡고 내려오는 길에서 OO 씨는 돌계단 끝에 노란 페인트로 칠해진 선이 어지러워 보인다고 하더니, 끝내는 발길을 잘 가누지 못하였다. 흐리던 하늘은 곧 비를 뿌릴 듯하고, 인파 속에서 서두르는 일행의 하산 속도는 그가 따라 내려오는 것이 거의 불가능해 보이고 있었다.

보기 안쓰러워하던 탄월거사가 그를 둘러업었다. 거사가 지치면 내가 업고, 또 다른 거사님이랑 셋이 교대로 옷이 땀으로 완전히 젖어가며 그렇게 멀고 먼 협곡을 지나 내려왔다. 도중에 일행 중의 많은 사람들이 우리를 격려하고 치하했다. 그러면서 일행 모두는 동족으로서의 묘한 일체감을 굳게 나누고 있었다.

귀국 비행기를 타기 위해 장사로 돌아오는 길에 가이드는 고무된 표정으로 이야기했다.

"여러분 제가 제일 힘들어하는 게 뭔지 아십니까? 저 이렇게 배가 나왔죠? 그런데 성수기에 가이드 몇 번 하고 나면 배가 홀쭉해집니다. 여러분들이 가시고 나면, 주고 가신 라면 부스러기나 먹고 울면서 날밤을 새우기 때문이죠. 저는 정이 제일 힘듭니다. 대한민국 혈통의 사람이라 어쩔 수 없나 봅니다.

한번은 여행 오신 팀들과 함께 아까 여러분이 엘리베이터 타고 내려서 또 걸어 내려온 그 먼 길을 36도의 열기 속에서 비지땀을 흘리며 내려온 적이 있었습니다. 그런데, 막상 협곡을 다 내려와 빠져나오려 하는데 마을 사람들이 길바닥에 드러누워서 길을 봉쇄하고 있는 거예요. 장가계의 관광지들은 거의 중국 정부에 의해서 보다는 돈 많은 사업가에 의해 투자되고 개발되었는데, 사업을 시작하는 초기에 물론 기존에 산간에 살던 주민들에게 지가나 피해보상이 충분하고 남을 만큼 보상이 이뤄졌죠. 그런데 막상 관광사업이 시작되어 막대한 이윤이 사업가들에게만 돌아가고 자신들에게 떨어지는 게 없다고 생각한 주민들이 작당을 하고 추가 보상을 요구하며 농성하고 있는 중이었어요. 관광객들이 인산인해로 밀고 내려와도 마을 사람들이 죽기 살기로 협곡을 막고 버티니까 별 수가 없었습니다. 몇 시간 만에 막대한 군대 병력이 왔는데도 협곡에 퍼질러 누워있는 이 사람들을 죽이지도 못하고, 도저히 길을 못 뚫어요. 나중에 들어보니까, 결국 이 사람들은 이 협곡 위로 우리가 오다가 본 그 줄 타고 하강하는 집라인 코스 운영권을 차지하고서 농성을 풀었다고 하더군요. 그때 우리는 기다리다 못해 지금까지 내려왔던 길을 완전히 거슬러 되돌아가기로 결정하고, 처음에 들어왔던 곳까지 그 찜통더위 속에서 헉헉대면서 올라가야 했어요. 그러나 그날에도 가이드 김봉욱으는 몸으로 한 고생보다 공항에서 동포들과 헤어지는 정이 더 힘들었습니다. 저는 미래의 어느 날 한국 사람들의 이 '정'이 세계 역사에서 기필코 무엇인가 대단한 것을 해낼 것이라고 믿습니다.

 제가 태어난 두만강 어귀의 산골 마을에는 먹을 것도 없고, 제 부모님은 어려서 대한민국에 돈 벌러 들어가시는 바람에 저는 할아버지 할머니 밑에서 컸습니다. 가끔 친구들이랑 물가에 가서 물고기를 잡아 배를 채웠는데, 우리 동네 가까이 있는 냇물에는 하도 잡아버려서 물고기가 별로 없어요. 어느 날은 친구들 몇이서 두만강을 헤엄쳐 건너가서 거기서 낚시질을 했더니 잘 잡히는 거예요. 다들 고기 낚느라 흥분해서 낚싯대만 보고 있었는데 뭐가 목 뒤를 톡톡 건드려요. 돌아보니까, 북한군 병사들이 총부리를 겨누고 있는 것이었습니다. 우리 중에 한 친구만 풀어줘서 그 친구가 가서 다른 친구 식구들에게 얘기해 가, 쌀을 팔아다 비싼 담배랑 술이랑을 사다 주고서야 겨우 풀려난 적이 있습니다.

우리가 학교에 다니면서 한국말을 배우고 한국말을 읽고 쓰고 하지 않았더라면 아마 우리는 한국 사람이라는 것을 전혀 인식하지 못하고 살았을 것입니다. 중국 땅에서 우리가 조선족이라는 것은 핸디캡일 뿐이지 전혀 득 되는 바가 없으니까요. 우리들에게 조선말을 배우고 쓰게 해준 사람은 저 주우래 총리였습니다."

세월이 흘러 개혁개방 이후 거의 형해화하고 있는 중국 공산주의 혁명사에서 여전히 만인의 뇌리에 남아 칭송받는 지도자는 모택동보다는 주은래인 듯하다. 그의 깔끔하고 강직해 보이는 외모와 다름없이 한결같이 겸손하고 진실하고 따뜻했던 인간미와 그로부터 뿜어져 나오는 위민爲民의 정신이, '문화혁명'이라는 구실로 실패한 자신의 통치철학에 대한 비판을 모면하고 권좌를 지키기에 급급하여 온갖 희생과 탄압과 파괴를 낳은 모택동의 사람됨과는 극명히 대비되는 것이다. 지난번 베트남 패키지여행에서는 호지명의 검소하고 겸허한 생활철학과 그 실천에 숙연해지고, 그것으로 그토록 기나긴 외세의 침략과 농간으로부터 베트남 국민의 마음을 움직이고 의식을 깨워 자유와 독립을 지켜낸 그의 숭고한 성자 같은 리더쉽에 눈물 나도록 감동했었는데, 이번에는 주은래라니.

　나의 영감은 비약하기 시작한다.　돌아보면 상대적으로 우리의 역사가 안타깝고, 남이든 북이든 그간 그런 지도자를 갖지 못한 한반도의 민중과 인민들이 참으로 불행했었다는 아쉬움이 뇌리에서 가시지 않는다.　그런데 가이드의 말대로, 한국의 역사는 어쩌면 한 영웅에 의해서가 아니라 짓밟히고 뭉개지면서도 '서로가 서로에게 몸을 맡겨 더 질기고 튼튼해진' 민초들에 의해, 그들의 인간됨과 서로 나눈 정에 의해 새 장이 바야흐로 열릴지도, 이미 열렸는지도 모른다는 생각이 든다.　주변의 면면들만 떠올려봐도 한국 사람 하나하나는 얼마나 인간적인가?　김치나 된장 같은 발효음식 없이는 못 사는 이 특이한 사람들은 세계 어느 나라를 다녀봐도 만나기가 어렵다.　그들의 낱낱 익은 마음결에 인류의 미래를 걸머보는 것은 실로 가슴 뛰는 일이 아닐 수 없다.

　"남조선에서 올림픽이 열리고 중국이 개방되면서 우리 동네에 남조선 가족에게서 초청장이 왔을 때 처음에는 가려는 사람이 아무도 없었습니다.　이건 필시 무슨 계략일 테고 가면 숙어서 못 돌아올 거라고들 했죠.　어떤 사람이 큰 용기를 내서, 인제는 살 만큼 살았으니 가서 평생 헤어져 산 가족이나 보고 죽어도 좋겠다고 하며 먼저 떠날 때는, 온 집안사람들이랑 이웃들이 모여서 사지로 친지를 보내는 것처럼 울며불며 인사를 했습니다.　그런데, 그 사람이 남조선에 가서 얻어온 것이 무엇인지 아십니까?　엄청난 논밭을 사고 동네에서 제일 좋은 집을 새로 지을 만한 돈이었습니다. 그리고 전기 밥가마! 그때까지도 연변에서는 어느 집이나 밥은 가마솥에다 연기 냄새 맡아가며 지어야 먹는 줄만 알았습니다. 그런데 남조선 갔다 온 사람이 쌀 안쳐놓고 코드만 꽂으면 밥이 되는 신기한 밥가마를 가져온 거라요.

그때부터 너도나도 앞다투어 대한민국에 친척 끄나풀만 있으면 들어가려고 했죠. 가기만 하면 집 지을 돈, 논밭 살 돈을 얻어 가지고 왔습니다. 한 번 간 사람도 또 가고, 또 가고. 점점 중개인도 생기고 사기꾼도 생기고, 가서 실망하고 온 사람도 생기고, 가지도 못하고 패가망신한 사람도 생겼습니다. 그도 그럴 것이 아무리 친척이라도 오랜만에 한 번씩 와야 반갑지, 뻔질나게 와서 뭐 뜯어가려고만 하면 누가 좋아하겠습니까?

어떤 사람들은 그냥 가서 얻어오기만 하기 미안하니까, 웅담이나 사향 같은 고급 약재 같은 것을 구해다 선물로 주기도 했죠. 그게 효과가 있으니까 거간꾼들이 가짜 웅담, 즉 저담猪膽, 그러니까 돼지 쓸개를 웅담이라고 속여서 팔았습니다. 그걸 사 들고 친척들에게 찾아가니, 그때부터 조선족 사람들은 믿을 수가 없고 중국산 한약재는 거의 효과 하나 없는 가짜라는 인식이 대한민국에 퍼졌습니다.

그래도 간 사람마다 최소한 전기 밥가마 하나씩은 들고 왔습니다. 그게 바로 한국 사람의 '정' 때문이 아니었겠습니까?"

그는 그동안 우리 차를 운전해준 버스 기사가 생계에 보태기 위해 파는 것이라면서 대추야자를 한 봉지씩 안겼다. 정 많은 한국 관광객들은 안 사는 사람이 거의 없었다. 여행가방이 이미 가득 찬 나는 대추야자는 사양하고 이건 기사에게가 아니라 당신에게 주는 것이라면서 남은 달러를 그의 호주머니에 넣어주었다.

"우리 형님, 누님들, 부디 편안히 돌아가시고, 인연이 되신다면 꼭 다시 뵙고 싶습니다. 잘 드시고 아프지 마십시오. 제가 여기 작별 선물을 두 가지 준비했습니다. 이쑤시개와 호랑이파스입니다. 둘 다 진짜입니다. 어깨 결리고 팔다리 아플 때 이 파스 붙이고 빨리 나으십시오. 여기 이쑤시개는 한 3년 쓸 분량입니다. 매 끼마다 맛있는 것 드시고 하나씩 쓰시고 3년 뒤에는 저 보러 다시 한번 오십시오.

에, 지금까지 가이드 김봉욱이었습니다. 안녕히 돌아가십시오. 감사합니다."

달이 일천강에 비치리

중원의 남아가 아니었기 때문이었을까. 만리장성을 따라 걷노라니 가슴은 비고 쓸쓸하여 달랠 길 없다.

사람은 원죄를 안고 태어난다기보다는 무명無明에 떠밀려 태어난다. 이 근본의 무지는 바로 일체로부터 분리된 '나'가 따로 있다는 잘못된 인식이다. 그 무명이 없었다면 애초에 생이 비롯되지 않았을 것이다. 스스로 자아를 꿈꾸어내지 않았다면, 꿈꾸는 그 사람이 꿈속의 나비가 되지 않았다면, 그 자아가 몸담고 헤매는 꿈속의 세계도, 온갖 우여곡절의 미로 같은 지난한 인생길도 애초에 시작되지 않았을 것이다. 이 광막한 우주와 구물구물 하는 무량 중생의 온갖 짓들이 온통 무지와 착각에서 비롯된 것이다. 그렇게 홀연히 일어난 무명으로부터 우리 모두의 생과 사, 그 기나긴 비극의 연속이 시작된 것이다.

애초에 그 꿈꾼 자는 누구일까? 울고불고 하는 꿈 밖에서 태연히 잠자고 있는 그 사람은 과연 누구일까?

살아온 과거를 미화해서 떠벌리기 좋아하는 사람도 그런 옛날로, 그 화려했던 시절로 돌아가고 싶은 마음이 있느냐고 물으면 대개 고개를 젓는다. 그만큼 한 생명에게 삶의 기억이란 버겁고 씁쓸하고 아픈 것이다.

우리가 역사라고 부르는 인류의 집단적인 기억 또한 그와 다르지 않다. 한 시대를 살아가는 인간이 세상에서 겪을 수 있는 가장 큰 사회적 비극은 전쟁일 것이다. 따라서 모든 시대의 인간들은 제발 자신이 살아가는 세상에서 전쟁만은 일어나지 않기를 바라고 부디 태평성대가 오기를 갈망하고 꿈꾸고 염원하지만, 불행하게도 우리가 아는 인류의 역사에서 가장 굵직한 사건들은 거의 크고 작은 전쟁이었고, 인류사는 그대로 전쟁사였다고 해도 지나친 말이 아니다.

서구 중심으로 기술된 역사에 익숙해서 그렇지, 근대에 이르도록 인류문명의 축은 내내 동방, 특히 중국 문화권에 있었다. 종이와 인쇄술, 지남철, 화약이 모두 고대 중국에서 생겨났다. 중국은 18~19세기에 서구에서 산업혁명이 시작되기 이전까지 선사시대 이후 고대국가가 형성된 이래 지구상의 다른 어느 지역이나 나라보다 부강했다고 한다. 예컨대, 트로이 전쟁은 고대 그리스와 트로이 사이에 일어난, 규모가 어마어마하고 몹시 드라마틱한 전쟁이다. 그러나, 난공불락의 요새로 옛 사가들에 의해 묘사된 그 트로이성은 유적을 발굴해본 결과 성벽의 전체 길이가 고작 수십 미터에 불과하다고 한다.

자금성紫禁城은 그 길이가 남북으로 자그마치 961m, 동서로

753m다. 궁전이나 사람이 거주하는 성채와는 개념이 다르지만, 만리장성은 그 이름이 만리장성萬里長城이지 실제의 길이는 수십만 리다. 전에는 6,400km라고 하다가 동북공정이 시작된 후 중국 당국은 21,196km라고 발표했다. 자꾸자꾸 늘어난다. 고구려의 옛 성까지 다 포함시키고 한반도까지 먹어 들어와 황해도 해주의 옛 낙랑군 일대까지 이어진다고 주장하는 중국의 욕심 사나운 역사 왜곡에 대해서는 심히 과대망상적이라고 비웃고 만다고 해도, 말문이 막힐 만큼 길기는 진저리나게 긴 이 장성에 실제로 와서 보니, 그 오랜 세월 동안 험한 산마루에 그 많은 돌을 쪼개고 다듬어 이고 져 올려 쌓는데 동원되어, 길지도 않은 인생을 나누어 바치고 제 명에 살지 못해 죽어갔을 그 많은 사람들 생각만 나고, 나는 억장이 무너지도록 허무한 심경뿐이다.

터무니없이 긴 이 장성을 쌓는데 들어간 돌의 개수는 얼마일까? 중국인들은 8개라고 농담한다. 8을 눕혀놓고 보면 된다는 것이다.

안팎의 성벽 사이로 4~5m쯤 돼 보이는 통로가 있어 그 길을 허탈한 걸음으로 따라가 본다.

이른바 겹성이다. 양쪽 벽은 모두 같은 크기의 납작한 블록형 돌을 뉘어 쌓기 하고 그사이의 통로는 촘촘히 세워쌓기했다. 그 옛날에 쌓았던 걸 생각하면 대단히 정교하고 견고해 보인다. 가도 가도 끝이 없다. 욕 나오게, 허벌나게 길다.

그런 돌 히니의 두께를 10cm, 성사각형 변의 길이를 30cm, 성벽의 높이를 한 5m만 잡아도 성 쌓기가 1m 나아가기 위해서는 그렇게 일정한 크기의 돌을 5백 개쯤 다듬어야 했을 것이다. 1km를 쌓는 데는 500,000만 개가 들어가고, 만리장성이 6,400km라면 32억 개, 2만 킬로미터가 넘는다면 100억 개 이상이 필요하다. 그 많은 돌들을 요즘 같은 전동공구나 장비가 없는 시대에 사람들이 일일이 같은 크기로 쪼개고 다듬어 쌓은 것이다. 그 안에 들어가는 수많은 잡석과 토사, 군데군데 서 있는 망루를 짓는데 들어간 돌 등까지 계산에 넣으면 진짜 허무해지니까 그러지 말자.

그리고는 장정 한 사람당 겨우 한두 개나 둘러업고 매우 부담스럽게 비틀비틀 휘청휘청 오를 수 있는 무게의 돌들을 그 산마루까지 일일이 올렸을 것이다. 왜, 도대체 무엇을 위하여, 우리가 죽도록 이런 짓을 하는지 모르겠다고 속으로 몇 년, 몇십 년, 혹은 평생 투덜거리면서 쌓았으리라. 쌓다가 쌓다가 허무와 좌절의 눈을 망연히 뜨고 죽었을 것이다.

만리장성을 자랑하는 사람들은 인간이 지구 위에 만든 가장 크고 긴 조형물이라고 떠벌리지만, 다른 사람들은 노역하다 쓰러져 죽어간 사람들의 시체 위에 돌을 쌓아 만든, 세상에서 가장 긴 무덤이라고 비웃는다……. 소수 위정자들의 안위와 이익을 공고히 지키기 위해 헤아릴 수 없는 사람들이 피붙이 살붙이늘을 떠나 만리타향에서 거칠고 무거운 돌덩이들에 손가락 발가락을 찍히고 뼛골이 휘어져 가며 부역에 시달리다 돌아가지 못하고 죽었고, 그 위에서 성 쌓기는 하염없이 이어져 왔을 것이다. 그런 개죽음은 조금도 아랑곳하지 않는다는 듯.

진짜로 만리장성은 하룻밤 사이에 이루어진 게 아니다. 그럼 며칠 만에 이루어졌을까? 장장 20세기에 걸쳐 이루어졌다. 기원전 3세기경부터 17세기까지 2,000년 동안 쌓고 허물어지고, 이어붙이고 수리하는 동안 수많은 왕조가 마치 철 따라 피고 지는 나뭇잎처럼 생겨나고 사라졌다. 건국의 기치나 천하통일의 명분 앞에서 사람 목숨은 파리나 개미보다 나을 것 없었다. 어떻게, 인간의 역사란 그렇게도 인정머리 없이 흘러가는 것이며, 어찌 이다지 비인간적이고 맹목적일까. 단지 구경거리나 중국인들의 자랑거리로써, 혹은 관광 수입을 위해서이긴 하지만, 지금도 보수와 복원은 진행 중이다.

만리장성은 우주선을 타고 달에 가서 봐도 인간이 지구 위에 만든 건조물 가운데서는 유일하게 보이는 것이라는 말이 있다. 그러나 사실이 아니다. 아무리 길이가 수천, 수만 km라 해도 폭이 겨우 4~5m인 물체가 그 멀리서 보일 턱이 없다. 더 떨어져서 보면 우리가 사는 이 별도 먼지 같은데 만 리면 뭐 하고 백만 리인들 어디 대수랴. 개미성보다 나을 것이 무엇이고, 죽은 지렁이 사체나 무엇이 다르랴.

땅덩이가 크고, 널린 것이 사람이어서일까? 중국은 사람이 쉽사리 심심해지는 곳인가 보다. 누구나 알다시피, 중국적인 것엔 뭐든 허세와 과장이 붙는다. 땅 위의 다른 곳에선 상상도 못하던 일들도 그저 심심풀이처럼 일어난다. 천안문 광장에 쭈그리고 앉아 땅바닥에 침을 뱉어놓고 들여다보고 있으면, 이 사람 저 사람 뭔가 싶어 고개를 들이밀고, 이내 광장의 사람들이 다 몰려들어 엎치고 덮치는 바람에, 결국은 침 뱉었던 사람이 깔려 죽는다는 말이 있다. 평범한 것들은 너무 흔해빠져 전혀 주목받지 못하니까 어떻든 유별나게 크든지 몹시 별스러워야 하고, 그래 봐야,

넓은 천하에는 그런 것들이 널리고 널렸기 때문에, 사람들의 권태로움을 달래고 호기심을 충족시키기엔 그 무엇이라 해도 대단히 부족한 모양이다. 내적으로 공허함을 느끼면 사람은 더 어이없는 허세에 빠지게 된다.

중국인들의 자의식은 다분히 외향적이다. 그리고 집단적이다. 소위 '중화사상中華思想'이 그러하다. 그만큼 허식적이고 주위를 불편하게 하며 나중엔 웃음거리가 되기 쉬운 삶의 관점과 태도이다.

그나마 중국이 주변에 자존심을 세우고 중심국가 행세를 할 수 있었던 것은 중원이 한족의 왕조에 의해 통일되었을 때였는데, 중원을 제패한 왕조가 다 스스로 중원의 주인이라고 자부하는 한족漢族에 의해 세워진 것은 물론 아니었다. 그 외의 많은 시대가, 오랑캐라고 규정짓고 만리장성까지 쌓아가며 그렇게도 막으려 했던 북방의 왕조들에 의해 새치기당해 이어진 것이다.

춘추전국시대에 백가쟁명의 사상적 혼란 속에서 공자의 인도仁道사상을 인정仁政의 정치철학으로 발전시켜 왕도정치를 주장했던 맹자(기원전 372~289)는, 어떤 위정자가 어떻게 하면 태평성세를 이룰 수 있을지 물었을 때, 천하는 통일되어야 비로소 안정될 것이라고 말했다. 그의 사후 과연 진晉(기원전 221~206)이 일어나 중원을 처음으로 제패하였다. 그러나 천하는 결코 안정되지 않았다.

시대에 걸쳐 한 사회를 통합하고 견인하기 위해서는 무엇보다 민심을 아우를 수 있는 명분이나 정당성, 더 나아가 설득력을 가진 통치 이데올로기가 필요하다. 헤게모니를 획득하기 위한 정치력이나 리더쉽은 흔히 권력형 인간의 탐욕과 정치적 야망에서 발로하기 때문에 대부분 정당한 명분이나 통치철학이 빠져 있기 십상이다. 뛰어난 지략과 호전적인 기백으로 전쟁과 무력을 통하여 권력을 거머쥐었다 해도 독불장군이며, 민중의 지지와 호응이 없는 패권은 공중누각일 뿐이다. 필연적인 귀결로, 권력을 꿈꾸는 사람은 먼저 시대의 이데올로기를 찾는다. 거꾸로 말하면, 이데올로기가 시대의 권력을 낳는다고도 할 수 있다.

중국에 처음으로 통일제국을 건설한 진 왕조가 채택한 통치 이데올로기는 법가法家사상이었다. 공자나 맹자는 근본적으로 인간의 본성이 선한 것이기 때문에 인의예지신仁義禮智信과 같은 인격의 완성자인 군자君子가 왕도정치를 펴나갈 때 태평성세를 회복할 수 있음을 역설하였다. 그러나 상앙이나 한비자와 같은 법가 사상가들은 그러한 공맹孔孟의 유가 사상이 인간과 시대를 현실적으로 직시하지 못한 도덕적 관념론이나 이상주의일 뿐이라고 비판하였다. 그리고 결과적으로 법가는, 현실의 인간을 신상필벌信賞必罰하는 법의 제정과 시행을 통해 급속도로 커지며, 다른 제후국들을 물리치고 중국에 처음으로 통일제국인 진 왕조를 탄생시킨 것이다.

그런 숙원을 담아 대업을 이룬 진이 겨우 15년 만에 멸망하고 말았다. 불과 2대에 걸친 단명이었다. 표면적인 원인은 만리장성의 축조와 같은 대규모 토목사업이 국고를 고갈시키고 토호세력과 백성들의 반발을 불러일으켰기 때문이었다. 그 이면에는 더욱 근원적인 한계가 있었는데, 법가가 표방한 법치法治라는 것이 민중을 위한 것이 아니라 제왕과 통치세력을 위한 것이었다는 점이었다. 그것은 민중을 공평하게(?) 전쟁과 부역과 조세에 동원하고 착취하기 위한 합리적인 유인에 지나지 않았다. 결국 법가의 주장은 통치 이데올로기로써 민생의 안정과 사람들의 행복에 기여한 것이 아니라 권력자의 야심과 욕망이나 정당화하고 두둔하는 시녀의 역할밖에 하지 못한 것이다.

동서고금을 통틀어 크고 작은 인간의 사회가 합리적으로 움직이고 효율적으로 기능하기 위해서는 무엇보다 사회가 전체 성원의 복리와 안전, 자유를 위하여 유기적으로 잘 통합되고, 그 권력의 집권과 분권 또한 매우 합리적이고 온당하게 이루어져야 한다. 그리고 그것을 담보하는 가장 핵심적인 두 조건은 바로, 민중의 각성과 권력자의 도덕성이다. 만일 이 두 가지가 역사 현실에서 온전하게 구현된다면, 사실 정치나 법제도, 정치권력이 어떠한가, 그 집권자가 누구인가는 본질적으로 중요한 것은 아니다. 쉽게 말하면, 민심이 각성되어 서로 통하고 아울러져야 한다는 말이다. 반대로, 이것들이 성숙하고 온전해지지 않는다면 세상에 어떤 체제의 국가나 권력, 정치, 법과 제도가 나타난다 해도 아무도 그것으로 만족해하고 행복할 수 없다.

불교의 통찰과 세계관에 의하면, 세상에 통치계급인 크샤트리아가 나타나고 정치라는 것이 행해지게 된 것은 전적으로 인간들의 심성이 타락하여 탐진치貪瞋痴가 심해졌기 때문이었다. 세상이 생겨나고 땅에 처음 살기 시작한 존재는 인간들이 아니라, 서로 빛으로 소통하는 광음천光音天의 신들이었다. 그 신들이 땅의 물과 과실 같은 음식들을 탐하여 마시고 먹게 되면서부터 몸이 무거워 날지 못하고 땅의 중력에 붙들려 사는 인간이 되었으며, 흙과 같은 물질로 된 몸의 발성 기관을 울려 말해야 비로소 서로의 심중을 알고, 그러면서도 걸핏하면 욕망과 소유 때문에 서로 오해하고 다투고 분쟁하는 야만적 상태가 되어갔다. 그러자 불가피하게, 기준을 세워 그들의 대립과 갈등을 막고 조정할 정치계급의 필요성이 대두되었다. 처음에 사람들이 요구하고 합의한 정치는 신권이나 왕권에 의한 권위주의적 통치가 아니라 이를테면 '공화정' 같은 형태였을 것이다. 그리고, 그만한 자리와 그럴 만한 직책이 주어진 사람들은 당연히 큰 지혜와 자비심, 덕과 공심을 지닌 사람들이었을 것이다. 그러나, 현실의 인간은 대부분 이미 이기심과 권력지향적인 마음에 물들어있기는 계급이나 지위와 관계없이 마찬가지였기 때문에, 시간이 흐를수록 통치자들은 사람들로부터 위임받은 권력을 장악하여 누리고 세습하며 사람들 위에 군림할 뿐, 본연의 임무와 정치 본래의 목적을 등지고 끝없이 부패해왔다.

고대 희랍에선 플라톤이 철인정치를 선양했고, 거의 비슷한 시대에 동양에선 공자나 맹자 같은 사람이 왕도정치를 부르짖었다. 실제의 역사 무대에서는 동서양을 막론하고 숱한 갈래의 정치철학이나 사상이 주장되고 실험되었으나, 우리가 아는 시간 속에서 아직 땅 위엔 완전한 사회나 이상세계가 구현된 적이 없다. 그 이유는 무엇일까? 간단히 말하면, 인간의 욕망과 어리석음이 인간의 꿈과 이상을 배반하기 때문이다. 문제는 현실의 상황이나 법제도나 체제에 있다기보다는 바로 우리의 내면에 있는 것이다.

다시 부처님의 통찰을 빌리자면, 이 세계 전체가 가장 완전한 모습으로 통합되고 도道와 덕德의 정치가 이루어지는 때는, 미래에 인간의 내면에서 어리석음과 증오와 욕망이 다시 저 천신들처럼 가벼워졌을 때이다. 그때는 외모와 위엄이 부처님과 꼭 같은 전륜성왕이 출현하여, 권력 쟁탈과 전쟁과 살육을 통하지 않고 천하를 평화적으로 통일하여 성대를 이룰 것이다. 그런데 사람들의 속내가 이 모양일 때 구세주처럼 전륜왕이 나타나기를 바라는 것은, 오뉴월 하늘에서 백설이 흩날리기를 바라는 것과 다름없다.

그 사이에 얼마나 많은 야심가들이 야망을 불태워 만리장성의 중심에서 중원의 패권을 거머쥐고 천하를 호령하고 싶어 했을까?

사회주의 중국, 중화인민공화국의 국부처럼 여겨지는 마오쩌둥은 만리장성에 올랐을 때, 대단히 도취된 듯 감개무량한 시를 한 수 지었다. '여기 와보지 않은 사람은 대장부가 아니다(不到長城非好漢)'로 시작된다. 북경에 살아도 장성에 올라보지 않은 사람이 대부분인데 자신은 이제 비로소 대장부가 된 심정이라는 내용이다. 정말 그때 그의 소회가 그 정도였다면, 또다시 씁쓸한 생각이 드는 것을 피할 수 없다. 동네 골목에서 전쟁놀이하는 사내아이들의 치기와 무엇이 다를까.

장성 저 멀리 높다란 산마루에 '융충우모永忠于毛'라고 무지무지하게 크게 새긴 네 글자가 황사로 뿌연 대기 속에서 아직도 빛바랜 구호를 외치고 있다. '마오에게 영원한 충성을!' 그러나 그 메아리는, 그칠 줄 모르고 장성을 찾는 현지 중국인들의 가슴에도 지금은 그리 울림이 없어 보인다.

전륜성왕까지는 꿈도 꾸지 않지만 마오쩌둥, 과연 그는 영웅이었던가? 대장부였던가? 국공합작이 깨진 다음, 장개석의 국민당 정부 정규군에 쫓겨 9,600km를 물러나면서도 엄격한 규율과 도덕성으로 홍군을 추슬러 중국 농민을 우군으로 끌어들이며 압도적인 열세를 반전시켜 결국은 부패한 국민당 정부를 대륙에서 축출하고 중화인민공화국을 탄생시키기까지의 마오는 가히 영웅이라 부를 수 있을 것 같다. 그 인류 역사 초유의 대역전극과 장쾌한 승리는 맑스 레닌의 공산주의의 이념적 진리성이나 적진아퇴(敵進我退; 적이 진군하면 아군은 퇴각한다), 적주아요(敵駐我搖; 적이 주둔해 있으면 아군이 교란한다), 적피아타(敵疲我打; 적이 약해져 있을 때 아군은 타격한다), 적퇴아추(敵退我追; 적이 퇴각하면 아군은 추격한다)의 소위 16자 전법이 특별하고 대단해서가 아니라, 전적으로 수억의 중국 인민들이 국민당의 정부군보다 공산당의 홍군을 인민의 편으로 여기게 만드는 데 성공했던 것에 기인했다.

그러나 대서사시가 펼쳐지듯, 인류의 새 시대를 예고하며 중국 혁명이 성공하고 마오가 공산당 정부의 초대 주석으로 등극하고부터는 현실정치에서 드러나는 그의 풍모와 궤적은 결코 영웅적이지 못하였다. '말안장에서 천하를 얻을 수는 있었지만 말안장에서 천하를 다스릴 수는 없었다.'

거의 완전한 농업사회이던 당시 중국에서 극좌적인 공업 생산 방식으로 중국의 경제력을 당시 세계 2위이던 영국 수준으로 끌어올리겠다던 대약진운동은 철저한 실패로 끝났다. 자연재해와 농업정책의 실패까지 겹쳐 중국 대륙 안에서 4년 만에 무려 4천만 명이 굶어 죽었다. 이 숫자는 2차 세계대전에서 죽은 사람들

수에 육박하거나 그보다 오히려 많은 것이었다. 마오는 일단 그에 책임을 지고 권좌에서 물러났지만, 곧 권력을 회복하려는 야심을 놓지 못하고 저 '문화혁명'을 유발 내지는 방조하여 자신을 우상화하는 한편, 공산주의의 원칙적 이론에 충실한다면서 공산주의자가 아닌 수백만의 인텔리들이나 종교인들을 죽게 했다. 수천 년의 중국 문화유산도 진시황의 분서갱유에 비유될 만큼 철저히, 거의 완전히 파괴되거나 훼손되었다.

1959년 중국의 침공을 통해 티벳에서는 6,000여 개의 사찰 중 8개만 남고 모두 폐허가 되었으며 수많은 절이 도살장, 돼지우리, 감옥, 창고 등으로 바뀌었고, 승려 59만 명 중 11만 명이 핍박당하다 죽고 25만 명이 강제로 환속당했다. 문화혁명 기간에는 당시까지만 해도 25만에 달했던 승려들이 다시 모두 환속당하거나 숙청되어 티벳 내에는 겨우 3,500여 명의 승려만이 남게 되었다고 한다.

카스트로와 함께 쿠바의 혁명을 성공시키고도 권좌에 오래 있지 않고 다시 볼리비아 혁명을 위해 떠나 마지막까지 싸우다가 전사한 남미의 사회주의 혁명가이자 게릴라전의 영웅이었던 체 게바라가 쿠바의 외교적 임무를 띠고 중국을 방문했을 때, 그는 먼저 자금성으로 안내되었고, 마오 주석을 처음 보았을 때 마오는 그의 집무실 유리 벽 안에서 차를 마시며 밖에 있는 체 게바라에게 손만 흔들어 보였다고 한다. 중국인 마오다운 환영인사요, 대접이었다. 나중에는 두 차례 만찬에 초대되었는데 식사 도중 체 게바라는 지병인 천식 발작을 일으켰고, 그 바람에 몹시 원했던 만리장성을 관람하는 일은 포기해야 했다. 아이러니컬한 것은,

훗날 두 혁명가 중 사회주의자들뿐만 아니라 국적이나 사상과 관계없이 수많은 세계인으로부터 사후에도 끊임없는 사랑과 영웅 대접을 받는 사람은 체 게바라이지 마오가 아니라는 사실이다.

지금은 사회주의가 거의 포기되고 오직 공산당의 일당 독재와 관료주의만 남은 중국에서나마 중국인들에게 마오쩌둥의 긍정적인 이미지가 아직 우상으로 남아있다면, 그것은 전적으로 그가 젊은 날 가난하고 핍박받는 인민을 위하여 목숨 걸고 싸워 일단 중국의 패권을 장악했기 때문이다. 또 하나는 결과론적인 것이기는 하지만, 역설적이게도 덩샤오핑 이후 마오이즘을 포기하고 급속도로 개혁개방을 감행하여 거의 완전하게 자본주의화 되어 가면서 바야흐로 세계 제일의 경제대국으로 부상하고 있는 중화인민공화국의 건국자는 어떻든 변함없이 마오이기 때문이다. 중국인들의 마음속에는 다시 중국이 분열되고, 갖은 방법으로 돈을 벌고 벌어 어렵게 되찾아가는 '중화'의 자리를 또 놓쳐버리게 되지는 않을까 하는 집단적 불안 심리가 있어 마오쩌둥의 그림자를 붙들고 있는지도 모른다.

천안문 광장 벽에는 '중화인민공화국 만세, 세계 인민 대단결 만세'라는 구호가 커다랗게 돋을새김 되어 있었다. '천안문 사태' 이후의 일인지, 광장에는 넓은 대로 위로 차가 달리고, 온갖 구조물들이 들어차 있어 데모대 따위가 모이는 것이 원천봉쇄되어 있었다. 바닥에 앉아 침을 뱉고 사람들이 몰려들기를 기다려도 더는 아무도 관심 두지 않을 것으로 보인다.

인간의 본성을 긍정하고 존재의 근원을 그 인간의 내부에서 찾으려고 하는 시도는 분명 온당하고, 인격을 구현하거나 세계를 변혁하는데 필요한 무한한 잠재력을 제공한다. 수신제가치국평천하修身齊家治國平天下를 가르친 공자의 가르침대로, 인류가 평천하平天下의 이상을 구현하려면, 낱낱의 인간이 먼저 수신修身을 통하여 군자의 경지에 이르고, 당장 집안이나 자기 주변부터 조화와 완성으로 이끌 수 있어야 한다.

그러나, 인간의 본성을 선하다고 보는 것이 피상적이거나 그저 낭만적인 통찰이어서는 안 된다. 맹자는 성선설性善說을 주장하면서, 가령 어떤 사람이 길을 가다가 문득 물에 빠진 사람이 허우적거리는 것을 보면 누구라도 얼른 지팡이를 내밀거나 밧줄 따위를 던져 어떻게든 살리려고 든다는 점을 논거로 들었다. 많은 사람들이 당연히 별 이의 없이 그 논증에 수긍할 것이다. 그러나 인간의 내면에는 그런 측면만 있는 것은 아니다. 같이 물에 빠졌다가도 먼저 어떤 사람이 지팡이나 밧줄을 잡으려 하면 그것을 가로채 그 사람은 죽든 말든 저부터 살려고 하는 사람도 있을 테고, 제 이익을 위해 수많은 사람을 일부러 물에 빠뜨려 죽이는 사람도 있을 수 있으니까 말이다.

인간에게 성품이란 무엇일까? 그것은 단순한 추론이나 몇 가지 단편적인 증거들로써 그 존재가 결코 확인될 수 없는 것이다. 불도의 수행이 증득해내려고 하는, 깊고 현묘한 그것은 인간의 사유나 이해를 넘어서 있다. 불교는 인간뿐만 아니라 모든 생명들에게 본래 있는 부처의 성품을 가리켜 보이되, 그것의 증험은 단순한 믿음이나 지적 차원의 앎으로는 결코 불가능하다는 사실을 강조한다. 거기에 도달하는 일은 자기주장을 위해 어설픈 증거를 둘러대는 것과는 완전히 다른 차원의 개안開眼이어야 한다. 깨달음이라고 한다. 불교적 진리, 법法이 우리의 내면 가장 깊은 곳에 확실히 있다 해도, 다른 종교의 도그마나 철학사상 혹은 이데올로기와 다름없이 그마저 한낱 신앙이나 이론일 뿐이라면, 그 의미는 전혀 특별할 것이 없다. 다시 말해, 불도가 수행의 길로써가 아니라 단순한 이념이나 한 사상으로써만 파악된다면 그것은, 자신의 참존재를 깨달아 영원히 무명을 벗어나며 생사의 괴로움을 온전히 극복하고, 뭇 생명들에게 완전하고 참으로 진실한 자비심을 드리워 삶과 죽음의 고통으로부터 건지는 대각자大覺者 부처님의 참뜻, 혹은 일대사一大事와는 아무런 관련이 없는 것이다.

유가의 경전에도 '조문도석사가의(朝聞道夕死可矣; 아침에 도를 들으면 저녁에 죽어도 좋다)나 도불원인인자원의(道不遠人人自遠矣; 도가 사람을 멀리하는 것이 아니라 사람이 스스로 멀어진다)처럼 '도道'에 관한 언급이 많다. 그러나, 역사 속에서 공맹의 도는 수양의 도요, 이상을 지향하는 도일지언정, 깨달음의 도, 실증의 도에까지는 이르지 못한 듯하다. 자타로 하여금 영겁토록 생사의 고뇌에서 벗어나게 하는 열반의 대도大道는 아니었다는 말이다. 공자와 맹자는 그 생애를 통해 보인 것처럼, 현실과 이상을 중도적으로 통합하려다가 두 마리 토끼를 다 놓쳤다고 표현하면 지나칠까? 그들의 목소리는 부처님과 같은 각자覺者의 교화敎化가 아니었고, 그 교설은 사상과 주장이었을 뿐, 인간의 본성을 향해 실답게 나아가는 진리의 길은 아니었다. 그럼에도 불구하고, 유가의 정치사상은 어쩌면 외부로부터 전해지지 않고 중국 대륙에서 자생한 것이라는 이유로 근·현대 이전까지 여러

왕조에 의해 매우 긴 역사적 실험을 거쳤고, 결국 그 한계와 허위성을 노정하고 말았다.

훗날 주희朱熹는 불교적 통찰을 통해 훈고학訓詁學에 머물러 있던 유가 사상의 지평을 넓혀 재해석하고 집대성했다. 그러나, 그의 성리학性理學이 불교의 본성론과 우주론을 공맹의 사상에 대입하여 '성性'과 '이理'로써 유가의 현실주의적 도덕론을 보완하려 했음에도 불구하고, 그 역시 이론과 사상의 차원을 벗어났다고 보기는 여전히 힘들다.

굳이 주자가 살았던 시대적 배경을 보면, 그때는 한족漢族의 왕조 송宋나라가 그들이 오랑캐라고 불러온 금金에 밀려 '정강의 변'을 당함으로써 북송시대를 접고 중원의 남쪽으로 내려가 있던 시기였다. 금나라는, 통일신라가 고려에 왕권을 이양한 뒤 경순왕과 마의태자의 후손이 만주에 가서 여진의 왕족이 되었는데, 그 자손 아골타가 역시 신라 왕족과 유민의 국가였던 발해를 멸망시키고 세운 국가다. 원래, 신라왕조는 시조인 김알지金閼智가 중인도 아유타국에서 불교를 전해 온 석가족 출신 장유화상의 누이 허황옥과 혼인하면서 생겨나, 대단히 불연이 깊은 혈통이었다.

천축에서 온 불교를 불교로 배우지 않고 굳이 중국 원산의 유가 사상의 틀에다 담으려 한 주자의 의중에는 적잖이 구겨진 한족의 자존심이 엿보인다. 훗날 주자朱子의 성리학은 주원장朱元璋이 원元을 몰아내고 명明을 건국할 때 황국의 틀을 잡고 시대를 통치해갈 이데올로기가 되긴 했다. 역설적인 것은 이 시기 한반도에서, 이성계가 고려를 뒤엎고 명의 제후국을 자처하며 조선을 세울 때 유학자 정도전이 주희의 성리학을 그대로 조선의 국교로 판박이 함으로써 바야흐로 500년 숭유억불崇儒抑佛의 치세가 개막했다는 점이다.

불교사를 통해 당대의 중국을 들여다보면, 서역으로부터 불전佛典과 선이 전해져 꽃피어난 당송 대 이래, 불교의 본고장 인도에서보다 더 많은 선지식과 명안의 종사들이 쏟아져나왔고, 유학자나 유교적 인생관에 입각해 벼슬길에 나갔던 대 문장가들 중에도 출중하고 선구적인 정신을 지녔던 사람들이 주희와는 달리, 하나같이 주로 선사들과의 인연을 통해 불교에서 인생과 우주를 꿰뚫는 진리를 발견하였음을 알 수 있다. 배휴는 황벽선사에게서, 소동파는 상총선사에게서, 백락천은 조과 도림선사에게서, 한퇴지는 태전선사에게서, 장구성은 대혜선사에게서……. 모두가 이론과 사상의 늪에 빠지지 않고, 알음알이와 자만을 꺾어, 직하에 자신의 '성품性品'을 깨달은 것이다.

관점을 돌려 한반도의 역사를 볼 때, 해동의 조선조만큼 사대주의적이고 역사 인식이 부족했던 왕조는 없었을 듯하다. 정도전은, 시대적 흐름에 편승하여 민족적 대망보다는 자신의 정치적 야망에 충실하여 역성혁명을 통해 급조한 이성계의 새 정권을 공맹과 주자의 세계관을 빌어 정당화하기 바빴다. 고려 말 무신정권 아래서 드러난 불교 현실의 지엽적 문제들을 구실로, 기존의 왕조를 사장시키기 위하여 불교 전체를 매도하고 부정하였다. 이태조는 국사國師나 왕사王師 격인 무학대사의 도움으로 한양에 도읍하고 새 나라의 초석을 놓았음에도 불구하고, 어버이 나라로 여긴 명의 눈치 보기에만 급급하여, 삼국시대와 통일신라,

고려에서 이어져온 유구한 불교의 가르침과 전통을 제대로 계승하기는커녕, 궁궐과 왕실의 비호를 받는 일부 사찰에서 왕족의 안녕과 복이나 비는 불교로 전락시켰다. 스님들의 신분은 백정이나 노예와 같은 8천八淺 중의 하나가 되어 궁성에도 출입할 수 없었고, 골 빈 유생들이 절에 유람을 오면 가마나 태워주고, 일년 내내 조정과 지방 유지들에게 특산물이나 만들어 바치는 노역승勞役僧들이 되어갔다.

사대부士大夫들을 길러 수신제가치국평천하하게 한다는 국가적 이상은 사리사욕으로 입신출세만을 위해 살아가는 특권계급의 허울 좋은 명분이 되었다. 유생이나 관료들이 놀고먹으면서도 글줄이나 익혀 상전 행세를 하고 양반입네 무슨 무슨 벼슬을 합네 하며, 자신들에게 특권을 하사한 상감마마와 체제에 사미인곡, 속미인곡을 지어 바치며 중국의 공맹 사상이나 주자학보다 더한 공론을 앞세워 사리사욕에 기인한 당파싸움이나 일삼고 있을 때, 실제로 나라를 지탱해간 것은 일하는 민중들이었고, 왜란을 당했을 때 목숨을 던져 나라를 지켜낸 것은 그 민중들과 스님들이었다.

임진년에 관군이 왜군에 속속 패퇴하자 선조는 며칠 만에 도성을 버리고 의주로 피난하였는데, 그 임금 앞에서 서산대사는 승군을 일으켜, 나가 싸울 수 있는 스님들은 목숨 걸고 싸우게 하고, 그럴 수 없이 노약한 스님들은 불전에 기도를 드려 나라를 구하겠다고 약속하고 8도에서 승군을 규합했다. 파죽지세로 무너져가던 전세를 역전시켜 왜군을 패퇴하고 주춤하게 한 것은, 처음에 조선에 쳐들어온 토요토미 히데요시의 야심이 정명가도征明假道 즉, 조선으로부터 길을 빌려 대륙을 치겠다는 것이었음을 알고 명이 보낸 심유정, 이여송 등의 명군과, 사명당이 이끄는 승군의 연합군이 평양성을 탈환한 것이 기점이었다. 그러자 다시 궁궐로 돌아온 신료들은 그때 80 노구를 이끌고 추후 구국의 방책을 제시하러 온 서산스님에 대해, 중이 감히 말을 타고 한성漢城에 들어왔다고 노발대발이었다. 천민 가운데 하나에 불과한 승려가 말을 타고 도성에 들어온 것은 나라의 규율을 심히 어지럽힌 행동이라는 것이었다. 그들은 왜군이 파죽지세로 한양을 향해 몰려오자 임금을 모신다는 핑계로 강변에 있는 정자를 불태워 횃불을 삼고, 울고 불며 따르는 백성들을 팽개치느라 추격하는 왜군들이 이용할까 싶어 남은 배들까지 물속에 수장시키고 도망치기 바빴던 작자들이었다.

명이 원군을 보낸 야심은 순진하게 제후국인 조선을 도와 구하는 데 결코 있지 않았다. 명군은 처음엔 미적미적 왜군과의 격돌을 피하고만 있었고, 나중에는 한반도 북서쪽으로 치고 올라왔다가 내륙의 의병과 이순신이 이끄는 막강한 조선 수군에 의해 보급로가 끊겨 주춤하고 있던 1군의 왜장 고니시 유키나가와 협상을 하여, 조선 8도를 반분하여 이북 4도를 명이, 이남 4도를 왜가 나눠 갖기로 합의했다. 중국의 성리학의 이론이나 금과옥조처럼 모시며 극도로 문약해진 조선이 왜의 막부정권에 침탈당하자 명에 구원을 요청한 결과는 어이없게도 양쪽에 강토를 반으로 나눠 바치는 것이었다. 그 협상에서 조선은 아예 배제되어 있었다.

그때, 사명대사는 정세를 읽고 빈도의 동북쪽으로 올라왔넌 왜장 가토오 기요마사의 진영에 단신으로 찾아갔다. 가토오는 전과戰果를 두고 고니시 유키나가와 경쟁 관계에 있었는데, 사명대사는 이 점을 외교적으로 이용하여, 조선을 나누어 삼키려는 명과 왜의 밀약을 분쇄하려 한 것이다. 게다가, 그 단순하고 우직한 왜장은 일찍이 산중에서 사명대사를 친견하고 그 풍모에 압도당하여 인근 아홉 군현에서는 절대 살생과 살인을 하지 않겠다는 약조까지 한 바 있었다.

당시 이미 서구의 제국들은 이미 경쟁적으로 다른 대륙을 향해 식민지 건설에 나서고 있었는데, 식민지화 과정은 한결같이, 처음에는 함대 등을 보내 개항 등의 문호개방을 요구하다가 종국에는 정치적으로 완전히 주권을 강탈하여 식민지화하거나 괴뢰정부를 수립하여 조종하며, 경제적으로 철저히 종속시켜 그 부를 수탈해가는 방식으로 진행되었다. 그것을 가능케 했던 것은 르네상스 이후 서구에서 먼저 태동한 과학기술 분야의 급속한 발전이었다.

중세 유럽의 봉건사회에서 기독교의 신본주의적 이데올로기가 옥죄고 있던 인간의 지성이 조금 풀려나긴 했지만 거기서 얻어진 힘과 자유는 권력과 부를 지향하는 인간의 탐욕을 부추겨 바깥세상으로 뻗치게 했다. 그것이 곧 서구열강의 제국주의 쟁탈전이었다. 그런데 그 과정에서 군사력과 정치력이 그 촉수를 뻗치기 위해 동원한 이데올로기는 역설적이게도 르네상스의 인본주의가 아니라, 여전히 유럽인들의 문화와 생활양식 속에 뿌리내리고 있던 천주교나 기독교였다. 어떤 나라가 어느 지역을 침탈하든 선교사들이 그 첨병으로 보내져 사람들의 정신을 먼저 잠식하면서 토착의 가치나 문화, 생활양식 모든 것을 덜떨어지고 낙후된 것으로 여기게 했다. 그들 고유의 가치체계와 믿음은 봉건적인 미신으로, 서구적인 것, 기독교적인 것은 선진적이고 문화적인 것으로 치부되었다. 아시아, 아메리카, 아프리카, 오세아니아의 모든 문화권들이 대부분 이렇다 할 항전이나 변변찮은 무력적 충돌도 없이 속수무책으로 식민화되어 땅과 밥줄, 주권, 목숨만 빼앗긴 게 아니라, 그들 고유의 역사, 전통, 조상, 생활양식, 사고방식 등 거의 모든 분야에서 정복자들에게 피해를 입었다. 모두가 전근대 봉건질서 속에서는 서로가 서로를 부정하는 상극의 관계에 있던 서구의 신본주의와 인본주의, 교권과 황권, 기독교 선교사들과 황제가 보낸 군대가 절묘하게 야합한 결과요, 성과였다.

토요토미 히데요시가 전 일본열도를 아우르고 대륙을 향해 덤벼든 왜란은 이미 통치권을 확장하기 위해 벌이는 전근대적 전쟁이 아니었다. 그때 이미 일본에는 유럽의 상인들이 들어와 활동하면서 신흥 상업 도시가 생겨나고 있었고 선교사들에 의해 천주교가 들어와 퍼지고 있었다. 선교사들은 흔히 막부의 실권자들에게 화승총이나 서양에서 과학기술이 발전하면서 생겨난 진기한 물품들을 뇌물로 주면서 선교를 묵인받았다. 토요토미는 예수회의 신부 코엘료를 불러, 만일 코엘료가 그에 의해 이미 천주교도가 된 영주들을 부추겨 조선과 명을 쳐서 정복하고 나면 장차 대륙에서도 선교할 수 있도록 하기로 합의했다. 실제로 전쟁에 나선 고니시 유키나가를 위시한 많은 왜장들과 병사들은 이미 천주교도였고, 그들은 최일선에 나서서 야심껏 싸웠다. 전쟁 중에 일본이 사용한 조총 같은 무기들이나 무술이 뛰어난 장수들이 앞장서 말을 타고 싸우는 기병술 대신, 조총을 든 다수의 보병을 주 공격선으로 하는 집단 보병 전술은 일본이 당시의 서양에서 받아들인 것이었고, 오랫동안 외란이나 내전이 없었던 조선 땅에서 실전의 경험이 전무할 뿐 아니라, 전근대적인 무기와 전술에 의존하는 조선군은 그런 일본의 침략군에 의해 막대한 타격을 입었다.

임진왜란은 '도자기 전쟁'이었다는 말도 있다.
일본의 다도 역사에서 가장 중요한 인물이 있다면, 바로 센노 리큐(千利休)선사이다.
음다飮茶는 본래 대단히 고상한 음식문화로써 전통적으로 선가나 특권지배계급에서나 향유하던 것이었다. 당연한 결과이겠지만, 센노 리큐 이전의 일본 다풍茶風은 몹시 화려하고 과시적인 성격이 강했다고 한다. 그런데 오다 노부나가와 같은 막부의 실력자들이 센노 리큐를 찾아갔다가 차를 한 잔 마셔보고는 그 청적淸寂한 분위기와, 수수한 다구茶具나 차 도구들의 자연스럽고 깊은 아름다움에 큰 충격을 받았다. 소위 '와비차'의 정신에 완전히 사로잡히고 만 것이다. '와비'란 불완전한 듯한 자연스러움, 질박하고 꾸밈이 지나치지 않은 수수함을 뜻하는 일본말이다.
그때 선사가 말차를 저어 건넨 그릇은 중국의 천목다완天目茶碗이나 황금으로 만든 찻그릇이 아니라, 바로 조선의 이도다완井戶茶碗이었다. 곧 리큐선사의 음다풍은 전 일본을 휩쓸었고, 그는 오다 노부나가뿐만 아니라 뒤이어 일본 천하를 제패한 토요토미 히데요시의 다도 스승이 되었다. 나중에 그는 히데요시의 조선 침략을 반대하는 등, 성격이 몹시 거칠고 안하무인인 그 쇼군의 정책이나 결정들에 줄곧 반대하다가 할복하도록 명령받고 죽었다.
이도다완은 조선의 막사발이었다. 특별한 사람들이 대단히 격조 있는 목적을 위해 쓰기 위해 도공을 시켜 각별하게 만든 그릇과는 전혀 거리가 먼. 현재 일본의 국보로 지정되어 모셔지고 있는 그 사발들을 보면, 매우 쉽게, 대충, 자연스럽게, 무심히 만들어졌음을 누구나 알 수 있다. 물레 위에서 그릇을 만들 때처럼 엄지와 검지 사이에 끼워 전을 잡아보면, 평생 일하면서 살아온 남자의 손이 가장 자연스럽게, 한붓그리기처럼 단번에, 전혀 기교나 작위의 마음 없이, 내가 도공이라는 생각도 없이, 그러니까 거의 빚는다는 느낌도 없이 그냥 쓰윽 빚어졌음을 알 수도 있다. 유약칠도, 규알로 쓱 한 번에 끝내거나 '둠벙' 하고 한 번 담갔다 꺼낸 것이 전부여서, 유약이 묻다 만 것투성이다. 그야말로 될 대로 되라고 만든 그릇인 것이다. 그 소박하고 천연스러운 아름다움, 와비를 처음 알아본 사람은 거기에 밥도 담고 국도 담고, 반찬이나, 어떤 때는 개밥이나, 물건을 담던 조선 사람이 아니라, 일본의 선사였다.

사실 도예를 아는 안목은 차치하고, 그 시기까지 도자기를 만드는 기술력이 조선을 능가하거나 비견할 만한 나라는 중국 이외에는 없었다. 고려청자의 비색이나 상감 기법은 중국인들이 이미 극찬하고 부러워할 정도였으니 더 말할 나위가 없다. 일본의 도공들은 섭씨 1,300도까지 가마 온도를 높여 단단한 자기를 구워내는 기술은커녕, 자기다운 자기를 빚을 태토조차 아직 일본 내에서 찾지 못하고 있었다.

예로부터 동이족東夷族들의 지혜나 안목, 재주가 매우 특별한 데가 있다는 것은 자화자찬만이 아니었다. 그것이 그들의 잃어버린 상고사上古史로부터 온 것인지, 핏속에 숨어있는 것인지, 기후와 강산이 만들어내는 것인지는 알 수 없지만. 기질적으로 중국인들이 허풍이나 현시가 심하고, 일본인들이 안팎이 다른 구석과 겉모습이나 형식을 지나치게 중시하는 면이 많은 것 등과 비교해보면, 동이족의 성격적 특징은 비교적 질직하고 자연스러우며 깊은 인간미가 있다는 점이었을 것이다. 서산의 마애삼존불이나 석굴암과 같은 삼국시대와 통일신라의 석조예술이 그러했고, 고려청자나 불화가 그러했다.

지금 남아있는 경복궁, 창덕궁, 창경궁 같은 조선의 궁궐과 베이징의 자금성이나 이화원, 일본의 오사카성 등만 비교해봐도, 완전히 다른 이 동양 세 나라의 미감美感, 정서, 혹은 국민적 기질까지를 읽을 수 있다. 건축물의 크기나 인위적 정교함이 일견 비교할 수 없이 뒤져 보이지만, 한국의 궁전에는 어떤 사람이라도 들어와 구석구석 돌아보다 보면, 여기는 어쩐지 눌러앉아 살고 싶다는 느낌이 든다고 한다. 거기 살아보면 그 하루하루 지내는 시간이 편안하고 운치 있고 몹시 고아해질 것 같은 생각이 드는 것이다.

시산이 흘러오면서, 그런 한국 사람들의 기질은 장점보다는 단점으로 드러나는 측면도 적지 않은 듯하다. 가장 두드러지는 것은, 사람들 낱낱의 됨됨이나 능력과 관계없이 서로 지나치게 경쟁적이고, 자기 자신이나 이미 가지고 있는 것의 가치를 쉽게 등한시한다는 점이다.

일전에 은사스님이 강원도 산골로 떠나신 뒤 불일암을 혼자 지키고 사시던 때의 얘기다.

　큰 절 강원에 있던 영국 출신의 해안스님이, 가끔 외국인 방문객들이 송광사를 찾으면 절 여기저기를 안내하다가 불일암까지 데려오곤 했다.

　차를 마시며 담소하던 중, 한 사람이 지금 송광사에 많은 외부인들이 와서 큰 행사가 열린 것 같던데 그게 뭐냐고 물었다. 해안스님이 설명해 주었다. 한·중·일 삼국의 이름 있는 다인들이 모여 다회를 하는 중이라고. 그러자 그 서양 사람들은 큰 관심을 보이며, 다 함께 내려가서 그 다회에 동참해 보는 게 어떻겠냐고 제안했다.

　나는, 차란 그냥 지금 우리가 마시듯이 이렇게 편안하고 흐뭇하게 둘러앉아 마시는 것이지, 거창하게 무슨 대회를 해서 소란을 떠는 일은 아니라고 말했다. 그러나 해안스님이 혹시 이 사람들이 차에 대해서 뭘 물으면 내가 대답도 해주고 할 겸, 포행 삼아 같이 가자고 졸랐다.

　큰 절에 내려가 보니, 예상했던 바대로 경내엔 온통 마이크 소리에다, 절에 온 관광객들에다, 다회에 온 손님들에다, 여기저기 절 마당에 다판을 벌여놓고 행다行茶 시연을 해 보이는 사람들까지, 온통 북새통이었다. 나는 속으로 승보종찰이라는 데서 스님들이 여법하게 수행하고 살면서 목마르면 차 한 잔 마시고 객이 와서 대하게 되면 혹 차 한 잔 따라줄 수 있겠지만, 어쩌자고 이런 쇼를 해서 절을 절간 같지 않게 만드나 하고 언짢은 생각이 가시지 않았다. 심드렁해 하며, 같이 간 사람들과 비교적 한산해 보이는 다판을 찾아가 한 잔 마실 수 있는지 물으며 둘러앉았다.

그러자 순간, 차를 내 주려고 기다리던 보살님 표정에 당혹감이 감돌았다. 예기치 않은 이 다국적에다, 승속이 섞인 손님들 앞에서 몹시 너무 긴장하는 느낌이 역력했다.

"보살님은 무슨 차를 배우셨어요? 어디 소속?"

"……우라센케요."

사실 나는 그 보살님의 마음을 좀 풀어주려고 물었었는데, 우라센케라는 말을 듣고는 더 기분이 안 좋아지고 말았다. 우라센케는 일본의 그 센노 리큐로부터 벌어져 나온 일파의 다풍이다. '왜 한국 사람이 한국 차를 하면 되지 일본에 가서 차를 배워? 아예 기모노를 입고 앉아서 차를 내지.'

내 표정이 심하게 좋지 않았는지 그 보살님은 더 이상 말을 잇지 않고 행다를 시작했는데, 마침내 손이 덜덜 떨리고 있었다. 외국사람들이 초미의 호기심과 기대로, 마치 심판관들처럼 대체 어떻게 하나 보자, 하고 오직 그 보살님의 동작에 온 시선을 집중하고 있었기 때문에 더 그런 것 같았다. 그런데 하필 그때 설상가상으로, 어떤 외국인이 눈치 없이 불쑥 묻는 것이었다.

"저분은 왜 저렇게 손을 떠시는 거예요?"

그 질문만은 하지 말았어야 힐, 치명적인 깃이었다. 언짢은 김에 내 입에서 튀어 나간 대답은 다음과 같았다.

"아, 저렇게 손을 떠는 스타일은 보살님이 일본에서 배운 거예요."

일본의 수많은 문화유산과 오랜 전통들은 거의 대부분 대륙에서, 특히 한반도를 통해 전해진 것들이다. 코오류우지(廣隆寺)

의 목조반가사유상은 일본의 국보 1호인데, 최근 목질을 분석한 결과 한반도의 적송으로 만들어진 것임이 밝혀졌다. 호오류우지(法隆寺)의 금당벽화는 확실히 고구려의 스님 담징이 그린 것이며, 현존하는 세계에서 가장 오래된 목조건물로 알려진 그 절 자체가 백제의 장인들에 의해 만들어진 것이었다.

통상 일인들은 그들의 옛 문화와 전통이 자생적이거나 중국 대륙으로부터 직접 전해진 것으로 주장해왔으나 역사연구가 진행될수록 일본 문화의 근간은 불교와 백제에 있음이 속속 더 드러날 뿐이다.

조선조는 반상을 물론하고 사람들의 생활이나 문화에 이르기까지 그 규모나 양식을 왕실이나 특히 명의 권위를 위협하지 않도록 제약했는데, 그 바람에 문화의 모든 분야가 발전하고 꽃피어나기보다는 몹시 후퇴하였다. 차문화도 그렇게 위축되어 사라지다시피 하고 겨우 불가나 불교와 인연이 닿고 스님들과 교분이 있었던 사대부들 사이에서나 근근이 명맥을 이어왔다. 현대에 들어와 다시 우리 문화의 중요성을 사람들이 인식하기 시작하면서도 차 문화는 거의 일본에서 다시 배우고 역수입해야 하는 상황이 벌어진 것은 다분히 조선조 성리학의 영향이다.

말차沫茶를 마시는 것은 센노리큐 차의 주된 행법인데, 찻잎을 말려 가루로 만든 다음, 다완에서 다선으로 저어 거품을 내어 음미한다. 이 역시 일본 고유의 기법은 아니었다. 우리나라 고려 시대에만 해도 말차가 크게 유행하여, 다회에서는 다완에서 말차가루를 고운 거품이 나도록 격불시키는 경연이 열리기도 했었다고 한다. 그러니까 막사발의 형태 자체는 본래 말차를 위한 것이었음을 짐작해볼 수 있다.

우리 불가에서 법당에서 불전에 예경하는 예경은, 본래 하루 한 끼를 드셨던 부처님께 사시巳時에는 마지를 올리고, 새벽에는 차를, 저녁에는 향을 올리는 의식으로 진행된다. 일설에 의하면 후대에는 천수泉水로 바뀌었지만, 새벽에 다게茶偈와 함께 불전에 올리던 차가 바로 말차였는데, 예불이 끝나면 불단에서 내린 다완의 말차를 절의 대중이 좌차대로 돌아가며 마시며 부처님의 가피 속에서 하루를 열었다고 한다.

말차 속에 깃든 의식과 정신을 고스란히 모방한 것이 왜란 전후 일본 막부의 사무라이들이었다. 오다 노부나가나 토요토미 히데요시 같은 주군들이 가신들에게 말차 다완을 하사하면 목숨을 건 충성의 맹세로 그것을 신주단지처럼 받들었고, 실제로 주군에 대한 하심과 충성을 상징적인 자세로 보이며 기다시피 허리를 굽히고 들어가야 하는 다실에 들어가 주군이 먼저 한 모금 마시고 건넨 말차 잔을 서열에 따라 가신들이 돌려가며 흠향하며 조직의 공동운명체 의식을 공유했다.

그런 맥락에서 왜란 무렵 일본에서 이도다완 하나는 영주의 성 하나와 맞바꿀 정도였고, 한 무사의 영지와 평생의 녹봉을 다 합한 정도의 값을 호가했다. 침략전쟁 도중 왜군은 조선에서 이도다완을 눈에 불을 켜고 쓸어갔다. 도공과 그 가족들도 모조리 포로로 끌고 가 일본에서 직접 가마를 짓고 도자기를 만들어 굽게 했다. 토요토미 히데요시가 갑자기 죽는 바람에 정유재란까지 끝나고 난 후 사명대사가 강화를 체결하기 위해 일본에 갔을 때 구출해 데려온 도공들 수만 해도 3,000이었다고 한다. 그러고도 그중 많은 사람들은 자발적으로 일본에 남기를 희망했다. 자국 문화나 예술에 대한 이해나 존중이 턱없이 부족하여, 그 도공들의 뛰어난 기예를 비천한 잡역 정도로 여기는 조선 양반사회로 복귀할 뜻이 없었기 때문이었다. 그들은 막부를 위시한 일본 통치계급의 비호 아래 대를 이어가며 뒷날 서양에 널리 알려진 일본 도자기를 생산하는 도예의 거장들이 된다.

왜성에 홀로 찾아와 무기를 든 겹겹의 적군들에 에워싸여 있으면서도 털끝 하나 두려운 기색이 없는 사명대사를 다시 대한 가토오 기요마사가 도리어 속으로 생사를 넘어선 한 고승의 범접할 수 없는 기개를 느끼며 물었다. 가토오의 다음 질문은 왜군들이 이도다완을 보물찾기하듯이 뒤지던 당시 정황과 관련된 것이었을 수 있다.

"조선에 보물이 있습니까?"
"있다."
"무엇입니까?"
"가토오 기요마사, 네 목이다!"
"……"

가토오는 자신의 목이 움츠러드는 것을 느꼈을 것이다. 중생은 누구나 자신의 목숨을 가장 보배롭게 여긴다. 천하를 얻겠다고 전쟁에 나선 사람도 자신의 목숨이 위태로울 때는 당연히 모든 것을 내버리고 살길을 도모할 것이다.

사명대사는 다시 제자의 예를 갖추는 가토오 기요마사에게 도요토미 히데요시 같은 한 위정자의 야심과 탐욕에 의해 저질러지는 이 무의미한 전쟁과 양국 백성들이 겪는 환란에 대해 일깨우고 가토오에게 그런 쇼군 밑에서 악업이나 일삼지 말고 더 큰 대의를 도모할 것을 가르쳤다.

구체적으로 어떤 과정을 거쳤든, 성격이 몹시 거칠고 천박한 야심으로만 가득했던 토요토미는 고니시 유키나가가 발 빠르게 나서서 조선 팔도를 반분하기로 명과 체결한 밀약에 전혀 만족하지 못하고 조선 팔도와 명을 다 집어삼키겠다고 다시 정유재란을 일으켰으나 얼마 후 본국에서 갑자기 죽었다. 이 일로 왜군은 이순신에게 쫓기며 일거에 바다 건너로 퇴각했다.

전쟁은 침략국에나 침탈을 당한 나라에나 막대한 물적 인적 피해를 가져왔다. 토요토미 이후 새로운 쇼군으로 등장한 도쿠가와 이에야스는 양국 백성을 도탄에 빠뜨린 오랜 전쟁을 확실히 종식하고 조선과 강화를 체결하고자 하여 조선 조정에 사절단을 보내달라고 요청했다.

그러나 불탄 궁궐에 돌아온 조선 조정의 신료들은 왜의 땅에 들어가기가 두려워 아무도 나서는 사람이 없었고, 결국 몇 차례나 왜장과 단신으로 담판한 적이 있던 사명대사를 천거했다. 이 때, 어느 유생은 다음과 같이 읊었다고 한다.

"나라가 태평할 땐 저마다 다투어 충신인 척하더니
  국운이 바람 앞의 등불이 되니
  나라 위해 떠나는 이 늙은 스님밖에 없구나

오늘은 내가 대장부인 것이 부끄럽도다"

사명대사는 교토 후시미 성에 가서 도쿠가와 이에야스를 만나 강화 체결의 조건으로 전쟁 때 왜군에 끌려간 도공 수천 명의 귀환을 요구해서 성사시켰다. 갑진년(1604)에서 을사년(1605)에 걸쳐 8개월가량 일본에 머무는 동안 일인들은 대사를 생불生佛처럼 받들고 추앙하며 가르침과 묵적 등을 청하였으며, 막부의 실력자들은 일본의 승려들 가운데 사명대사와 같은 고승이 없는 것을 매우 애석해했다고 한다.

당대에는 전혀 기대할 수 없었다 해도, 후대에 이르러서도 제대로 평가받기 시작한 것은 수백 년이 지나 극히 최근에 와서이기는 하지만, 조선조를 통틀어 높은 식견과 뛰어난 시대정신을 지녔던 왜란 전후의 두 인물은 광해군과 허균이었는데, 두 사람 모두 사명대사와 깊은 교분이 있었다. 숭유억불의 국시나 승속이 까맣게 먼 시대적 정황에도 불구하고 선禪의 현묘한 철리를 꿰뚫어 불조의 법등을 이은 대사로부터 깊은 불교적 감화를 받은 것이다.

광해군은 왜군이 한성을 향해 밀려오자 백성을 버리고 명을 향해 피신하기 바빴던 선조와 달리, 목숨과 일신의 안위를 살피지 않고 분조(分朝;난리 중에 둘로 나뉜 조정)를 이끌어 백성을 위무하고 의병활동을 독려하였다. 왕위에 오른 뒤에는 난중에 불탄 궁궐을 복원하는 한편, 명 대신 북방에서 새로 일어나 뒷날 청을 개국하고 중원의 새 주인인 된 후금과 가까워지는 외교 노선을 취하였다. 더구나 옛 금 왕조와 마찬가지로 여진의 새 왕조는 신라 왕족의 후예들이었다. 그러나 그는 복잡한 권력투쟁의 구도 속에서 사대주의와 유교적 도덕관에 찌든 신료들에 의해 인조반정으로 폐위되어 유배지에서 죽었다.

허균은 흔히 숭유억불의 통치이념이 온갖 모순과 혼란을 노정하던 시기에 시대를 몇백 년 앞서갔던 지성으로 손꼽힌다. 식견과 문장이 군계일학과도 같았던 그는 부임해간 지방의 관아에 불상을 모시고 예불을 모시다 몇 번이나 파직당하였으나, 끝내 자신의 소신을 굽히지 않았다. 율곡 이이 같은 사람조차 일찍이 어머니 사임당을 여의고는 금강산에 들어가 잠시 불도를 배운 적이 있음에도 불구하고 별다른 성취가 없자, 유학 지상주의에 절어 불교를 업신여겼던 이황을 만나서는 불도에 입문했던 것을 매우 뉘우치면서 불교의 참선으로는 인간의 본성을 깨달을 수 없다고 단언하였으며, 이후 관직에 나아가면서는 이황의 주리론主理論과 서경덕의 주기론主氣論 사이에서 이기일원론理氣一元論으로 단지 이론적인 통합을 시도하는 한편, 어려서 유학에 입문하는 후학들을 깨우치려는 목적으로 지은 격몽요결에서는 우리의 상고사를 폄하하는 역사관을 바탕으로 불도는 인륜을 저버리는 가르침이므로 따를 것이 없다고 매도하고 있는데, 그의 세계관과 통찰이 시대와 학문의 한계를 크게 벗어나지 못하고 있는 것과는 크게 대조적이다.

서산대사와 그 법제자였던 사명, 처영, 영규, 해안 등의 승병 활동과 구국투쟁 때문에 한국 불교는 흔히 '호국불교護國佛敎'로 일컬어진다. 이는 2천5~6백 년 세계 불교의 역사에 유례가 없는 일이다. 왜란 때 왜장들을 보좌하며 승려들이 침략전쟁에 따라나서기도 했으나, 이는 막부의 무신정권 하에 예속된 일본 불교의 한계였다고 보아야 한다. 앞서 언급했듯이 조선을 침략하는 전쟁에 반대하다 할복을 종용당한 센노 리큐선사 같은 경우도 있었기 때문이다.

고니시 유키니가와 같은 침략군의 제1사령관을 위시한 많은 왜장들과 그 수하의 대다수 왜병들이 서양 선교사들에 의해 이미 천주교도가 된 사람들이었다는 점도 앞서 말한 바와 같다. 구약시대부터 천주교나 기독교는 수많은 전쟁과 살육, 교활한 침탈을 신의 이름으로 자행하고 합리화해왔다.

구약성경을 보면, 유대인들이 신이 일러준 지략을 따라 막강한 이교도들에게 유대인들의 관습을 따라 할례를 하면 대대로 평화와 친선을 유지하겠다는 약속을 하고 장정 남자들에게 모두 할례를 하게 한 다음, 상처가 아물지 않아 제대로 거동조차 못 하는 그 사람들을 급습하여 모조리 쳐 죽인 이야기가 지혜로운 자기 신의 권능인 것처럼 묘사한 부분이 나온다. 유대인들의 전쟁은 항상 이교도, 이민족들을 이유 없이 응징하고 도륙하며, 그것이 모두 신의 역사로 말미암은 이야기로 점철되어 있다.

어떤 전쟁에서는 그래도 아녀자와 어린아이들은 남겨두고 돌아온 적이 있었다. 여호와는, 내가 그것들을 몰살하여 다 도륙하라고 했지 언제 살려두라고 했더냐고 다그쳐 다시 유대인들은 그 명령대로 여자와 아이들마저 모조리 쳐 죽이게 한다. 그러자, 이런 신의 방침에 확신을 가진 유대인들이 한번은 어떤 이교도들을 모조리 몰살시키고도 모자라 그들이 키우던 육축과 작물까지 죄다 죽이고 짓밟고 온 적이 있었는데, 뜻밖에도 신은 다시 매우 진노했다. "내가 언제 그것들까지 없애라고 했더냐, 그것들이 너희들에게 무슨 잘못을 했더냐?" 하며 노발대발이었다. 그렇다고 전지전능하다는 여호와가 죽은 짐승이나 식물들에게 자비를 베풀어 부활시켜준 것은 물론 아니었다.

바로 그런 신앙으로 무장하여 서구열강은 수 세기에 걸쳐 전 세계를 유린했고 기독교 문명 이외의 모든 문명권의 정신문화와 삶의 터전과 헤아릴 수 없이 많은 생명들을 짓밟아왔다.

마젤란은 세계 일주 끝에 필리핀제도에 이르러 착한 원주민들로부터 물과 식량들을 얻어먹고 기운을 차린 다음, 기껏 자기들을 살려준 우상숭배자들을 향해 총을 쏘아대며 싸움을 걸었다가 본국으로 돌아가지 못하고 죽었다.

잉카제국을 멸망시킨 스페인의 군인 피사로는 강화를 체결하러 왔다고 속여 무장해제한 5명의 호위병만 데리고 온 잉카의 황제 아타왈라를 생포한 후, 우상숭배, 일부다처 등의 죄목을 걸어 처형시켰다. 처음에는 황제가 목숨을 살려주면 잉카제국의 모든 금과 은을 주겠다는 제안을 하자 이를 받아들이는 척했다가, 피사로가 이끌고 온 180명의 스페인 병사로 하여금 원주민들에게는 신의 무기처럼 보여 거의 대항할 생각조차 못 하는 총으로, 황제가 남겨두고 온 수만 명의 무방비 상태의 병사들을 모두 몰살시킨 다음, 황제를 처형했다. 사람이 불에 타 죽으면 영혼까지 타서 없어진다고 믿었던 아타왈라가 마지막으로 애걸하는 바람에 애초에 화형을 시키려 했던 처형의 방법만은 바꾸어, 기독교로 개종하는 조건으로 선처를 베풀고 목을 매달아 죽였다고 한다.

거의 모든 대륙에서 이와 유사한 만행이 여호와 신과 민주주의, 탈봉건의 선진 문명의 이름으로 자행되었다. 기독교를 앞세운 서구열강의 제국주의 침탈 과정에서 유일하게 국가와 자국 문화를 지켜냈다고 하는 불교국가 태국 같은 나라는 대단히 예외적이다.

두 차례의 왜란과 두 차례의 호란胡亂을 당하고도 더욱 사대적이고 파당적인 정치행태를 보여온 중기 이후의 조선 사회에 청나라를 통하여 천주교가 들어오자, 처음에는 일부 당파의 정치세력을 통하여 차츰 민중들에게 침투했다. 혹은, 유학에서 왕도의 정치적 권위의 출발점으로 본 '천天'과 기독교의 하늘신의 섭리를 동일시하는 서학西學이라는 학문의 형태로 혹은, 오륜五倫과 같은 지나치게 현실주의적인 도덕률을 대체하여 인간을 구원할 신앙으로 받아들여지게 되었다. 그러나 차츰 유교의 가치체계와는 쉽게 양립할 수 없는 도그마들이 드러나자, 천주교는 당쟁과 얽혀 몇 차례의 사옥邪獄을 거치며 핍박을 받게 된다.

신유사옥(1801년) 이후, 천주교도들이 옹기를 만들며 살던 충북 제천 봉양면의 베론 마을로 숨어들었던 황사영은, 그곳에서 조선 조정이 계속 신앙의 자유를 허용하지 않으면 조선을 청나라의 한 성으로 복속시켜야 하며, 대포 등을 실은 서양의 전함 수백 척과 군대 5~6민을 보내 신교를 허용하게 해달라는 백서를 청나라 북경의 주교 구베아에게 보내려 하다 적발되어 처형당하기도 했다.

샤카!

예나 지금, 언제 어디서나 인간사회에 발생하는 모든 다툼과 분규, 갈등과 전쟁은 근본적으로 이해가 갈리고 가치가 다른 것이 그 원인이다. 그것이 나와 적을 서로 원수로 여겨 싸우게 하고 그 싸움은 막판까지 가면 서로 죽고 죽이는 지경에 이르게 한다. 그리고, 개인적으로든 집단적으로든 이런 일이 천차만별의 양상으로 벌어진다 해도, 누군가와 그 이해와 가치가 달라질 수밖에 없는 근본 원인은 결국 우리에게 각자 다른 '나'가 있고 그 나가 있는 것들은 한결같이 이기적이고 저마다 일체에 대하여 자기 식의 이해와 판단, 소견, 기호와 친소의 관계를 형성하고 지니기 때문이다.

'나'라는 것이 무엇일까? 누구에게나 그것은 공연히 스스로 자기 마음속에서 일으킨 하나의 생각, 분별, 망상에 불과하다. 그것이 있든 없든, 일어나든 일어나지 않든, 우리는 무심으로, 본래 자기로 진정한 내면의 평화로움 속에 존재한다. 그것을 열반이라 한다. 그 속에는 어떤 앎도 분별도, 구분도, 대립도 없다. 내 것이라 할 만한 그 무엇도 없다. 내 사랑도, 내 가정이나 나의 이웃, 내 나라, 나의 사상이나 종교, 그 무엇도…….

열반을 등지는 순간 모든 중생은 싸움터에 던져진다. 세상의 힘으로는 그 열반을 회복할 수 없다. 앎의 힘도, 신의 권능도, 우연적인 어떤 일도, 물리적인 힘도, 세상의 변혁이나 그 밖의 그 무엇도 뭇 생명, 중생에게 본래 있었던 내면의 평화, 열반을 거저 회복하게 해주지 않는다. 그 어떤 중생이라 해도 오로지 자기 스스로 '나'라는 미망을 깨뜨리고서야 그 영원한 열반의 땅에 입성

한다. 자기 스스로 자아의 비어있음을 깨달은 자만이 영원한 행복에 이른다. 그런 사람을 진정한 장부요, 영웅이라 한다. 대웅 大雄이신, 부처님의 가르침은 그 어떤 주장이나 도그마나 이데올로기도 아니고 바로 그 열반에 이르는, 모두에게 열려 제시된 길일 따름이다.

누구든지 생사를 넘어선 자타의 영원한 행복, 열반을 향해 나아가려는 자는 세상을 향해 야심을 펼치려 해서는 안 된다. 상대를 죽이거나 패퇴시켜 모두를 이기고 세상의 그 무엇을 얻었다 한들 어디에 영원함이 있는가? 그 귀결은 언제나, 무지와 허무 속의 쓸쓸하고 아득한 죽음, 그리고 또다시 벌어지는 고통에 찬 생사의 되풀이가 아닌가? 차라리 세상을 등지고 내면의 길을 떠나야 한다. 안에서 자아가 죽고 세상을 비출 등불이 되어야 한다. 안에서 자기 광명을 얻지 못한 사람이 밖으로 남들의 길을 비춰주겠다는 것은 그 선의가 아무리 아름다워 보여도, 냉정하게 돌아보면 위선이거나 기만이다.

처음 세상에 크샤트리아가 생겨났을 때 그 계급 가운데는 일종 日種이라고 하던 종족이 있었다. 어느 때부터 그 일족의 한 왕은 고타마(구담)라는 성을 쓰기 시작했다. 그러니까 이것은 고타마 부처님의 조상 이야기이다.

훗날 감자왕의 시대에 왕의 두 번째 비에게 네 왕자가 있었는데, 첫 번째 왕비는 이 왕자들의 뛰어난 짐을 몹시 시기하고 구박하다가 왕에게 고자질하여 결국 나라 밖으로 쫓아내게 하였다. 이에 네 왕자는 멀리 왕국을 떠나, 히말라야 설산 아래 로히니강이 흐르는 곳에서 아름다운 터전을 발견하고 카필라라는 나라를 세워 잘 다스려 나갔다. 뒷날 감자왕은 슬하를 떠났던 아들들 소식이 궁금하여 카필라에 찾아왔다가, "샤카!" 하고 탄성을 질렀다. 샤카를 뜻으로 한역한 말은 '능인能仁'. 즉 유능하고 어질다는 뜻이다. 이때부터 카필라국의 크샤트리아들은 샤카(석가釋迦)족이라 불리게 되었다.(민족의 뿌리를 연구하는 사람들 중에는 샤카라는 말은 한국이나 일본에서 '샷'이라는 어근이 되었는데, 이로부터 사슴이라는 낱말이 나왔으며 이는 샤카족이 사슴을 토템으로 삼은 것과 연관이 있다고 주장한다. 이들은 한민족 가운데 특히 신라의 왕족은 샤카족과 혈연이 있다고 말한다. 그 근거의 하나로 삼국유사에서 자장율사가 중국 오대산에 갔다가 문수보살을 친견하고 부처님 사리를 얻어올 때, 문수보살이 직접 '신라의 왕족은 석가족의 후예'라고 했다는 기록이 있음을 든다. 아마 김알지가, 중인도 아유타국에서 불교를 전해온 오빠 장유화상을 따라온 허황옥과 혼인해서 왕조를 이어 내려왔음을 말하는 듯하다. 참고로 허황옥은 아들을 아홉 낳았는데, 수로왕 김알지는 그중 장자에게는 왕위를 물려주고 둘째와 부인에게는 허許씨 성을 하사하여 가업을 잇게 했다. 욍비는 나머지 일곱 아들을 지리산에 머물던 오빠 장유화상에게 보냈는데, 이들은 모두 화상의 제자가 되어 도과를 얻었고, 그 결과 그 수행처에 생긴 절이 나중에 일곱 왕자가 성불한 암자라는 뜻에서 칠불암七佛庵이라 불리게 되었다고 한다.)

 네 왕자는 차례로 왕이 되어 나라를 다스렸는데 넷째 왕자가 왕이 된 후, 그로부터 다시 몇 대를 거쳐 사자협왕에 이르렀으며,

그 네 아들, 정반淨飯, 백반白飯, 곡반斛飯, 감로반甘露飯 가운데 먼저 왕이 된 사람이 성불하여 샤카족의 성인 샤카무니(釋迦牟尼)가 된 고타마 싯다르타 태자의 부왕 정반왕이었다.

'샤카'라는 말이 뛰어나게 유능하고 성정이 어질다는 뜻이었던 것처럼, 대대로 석가족은 백성들을 큰 자비와 지혜로 감화하여 다스리던 크샤트리아였고, 당시 인도 평원에 할거하던 마가다나 코살라 같은 대국들에 대하여도 조금도 굴종하지 않을 만큼 자부심이 강했던 듯하다. 통치계급인 동시에 무사계급이었는데 이들은 전통적으로 창이나 칼보다 활을 아주 잘 다루었다.(부처님이 태자 시절, 아무도 들어 줄을 당기지도 못하던, 궁중에 비전되어 오던 활을 들어 화살을 재어 쏘았을 때, 일렬로 늘어선 북의 가죽을 48개나 뚫고 화살이 날아갔다는 경전의 기록이 있다.)

어느 때 코살라의 프라세나짓왕은 자신이 부처님이 나신 카필라국의 샤카족 명문가의 공주를 맞아 왕후로 삼으면 좋겠다고 생각했다. 그러나, 청혼을 받은 카필라국에서는 코살라가 대국이긴 하지만 감히 카필라의 양녀를 보내줄 수는 없다고 여겼으며, 당시의 왕 마하나마와 후궁 사이에서 태어난 여자 하나를 공주처럼 단장하여 속이고 시집보냈다. 그리하여 태어난 프라세나짓의 왕의 아들이 비루다카였다.

후에, 비루다카는 외가인 카필라에 활을 배우러 가서 지낸 적이 있었는데, 본래 성질이 거칠고 제멋대로였던 탓에 곧 점잖은 카필라 사람들 눈에 나게 되었다. 한번은 한 궁녀가 그런 비루다카를 보고, "쳇, 종년의 자식이라 할 수 없구나!" 하고 투덜거리는 소리를 듣게 되었다. 비루다카는 격노하여 그 궁녀에게 칼을 겨누면서 그것이 무슨 뜻인지를 캐물었다. 궁녀는 협박에 못 이겨 비루다카의 출신에 얽힌 비밀을 다 알려주고 말았다. 왕자는 큰 충격 속에서 이를 갈며 속으로 결심했다.

'뒷날 나는 기필코 코살라의 왕이 된 다음, 전쟁을 일으켜 네 놈들 샤카족들을 몰살시킬 것이다.'

비루다카는 코살라에 돌아간 즉시 어느 브라만을 시켜, '나는 기필코 샤카족 놈들을 도륙하고 말리라.' 하는 노래를 지어 매일 하루에 세 차례씩 부르게 함으로써 그 결심을 상기시키도록 했다.

결국, 장성한 비루다카는 부왕인 프라세나짓의 왕위를 찬탈하고 이내 군대를 일으켜 카필라를 치기 위해 원정에 나섰다. 부처님은 이 사실을 알고, 군대가 지나는 길목의 나무 밑에 앉아 계셨다. 잎이 다 말라 떨어진 죽은 니그로다 나무 아래.

비루다카는 뜻밖에 도중에서 부처님을 만나 말에서 내려와 예의를 갖춘 후, 왜 주변에 잎이 무성한 나무들을 두고 죽은 나무 아래 뙤약볕에 앉아 계시는지 여쭈었다. 부처님의 대답은 매우 의미심장했다.

"왕이여, 친족의 그늘에서 살아가는 일은 잎이 무성한 저 니그로다 나무의 그늘처럼 시원하고 쾌적한 것이다. 그러나 출가한 나에게는 친족이 없노라."

그 뜻을 알아차린 비루다카는 군사를 거두어 성으로 되돌아갔다. 그러나 날이 가면서 왕은 매일 세 차례씩 듣는 그 브라만의 노래 덕분에 더욱 진심이 들끓어 또 한 차례 카필라를 향해 진군했다. 그렇지만, 도중에 다시 같은 모습으로 계시는 부처님을 뵙고는 속절없이 회군하고 말았다. 똑같은 일이 세 번째 되풀이 되었다.
그런데 네 번째 진군에는 부처님이 그 자리에 보이지 않았으므로 왕은 이때다 싶어 단숨에 군사를 몰아 카필라성에 당도했다. 부처님은 샤카족이 거의 절멸하게 될 그 비극이 숙세의 인과에 의해 벌어지는 일이며, 비유리가 부처님의 가르침을 따라 마음을 거두지 않는 한, 끝내 막을 수 없는 일임을 아시고 그날은 기원정사에 머물러 계셨던 것이었다.

성벽을 향해 달려드는 코살라군을 향해 카필라의 병사들은 활을 겨누었으나, 처음에는 아무도 화살을 쏘지 않았다. 적군이 성문에 접근하자 비로소 활을 쏘기 시작했지만, 화살은 그냥 땅에 꽂히거나 비루다카와 군사들의 투구에만 맞았다. 모두가 부처님의 제자들이 된 카필라성의 사람들은 살생해서는 안 된다는 마하나마 왕의 명령을 따른 것이었다.
비유리는 카필라 사람들의 궁술에는 아무리 많은 군사라도 당할 수 없을 것 같아 다시 군을 철수할까 고민했다. 그때, 매일 그에게 카필라를 도륙하라고 노래 불렀던 그 브라만이 말했다.
"대왕이시여, 카필라 사람들은 부처님의 가르침에 따라 불살생不殺生의 계율을 목숨처럼 지키기 때문에 아무도 대왕과 군사들을 쏘아죽이지 못할 것입니다. 지금 진군해서 성을 함락시키지 않으면 대왕이 오래 다짐해온 대업을 끝내 이루시지 못하게 될 것입니다. 후회가 없도록 하십시오."
이에, 비루다카와 군사들은 성문을 부수고 들어가 젊은 여자들은 포로로 잡고, 나머지 사람들을 닥치는 대로 포박한 다음, 큰 구덩이 속에 모조리 던져 넣고 코끼리를 집어넣어 밟아 죽이게 했다.
　그 참상을 보다 못한 카필라의 마하나마 왕은 비루다카에게 나아가 한 가지 청이 있다고 말했다. 마하나마는 자신의 외조부이기도 했으므로 비루다카는 그 청을 들어주기로 했다.
　"나는 내가 평생에 걸쳐 자비로이 살피기로 했던 백성들이 이렇게 처참히 죽어가는 것을 눈 뜨고 볼 수가 없구나. 차라리 내가 먼저 죽고 싶은 심정뿐이다. 지금 내가 저 해자의 물속에 뛰어들 터이니 내가 숨을 참다못해 물 위로 떠오를 동안만이라도 살육을 중지하고 사람들이 성 밖으로 도망칠 수 있게 해다오. 이것이 내 마지막 부탁이다."
　왕은 물에 자맥질한 다음 자신의 머리를 풀어 물속의 바위에 묶고 그대로 죽었다.
　아무리 기다려도 왕이 나오지 않고 물 위에 시신조차 떠오르지 않자, 비루다카는 군사를 시켜 물속에 들어가 보게 했는데, 마하나마왕이 그렇게 죽은 것을 알고 한편으로는 양심의 가책을 느끼고, 한편으로는 그런 왕의 부탁을 이기지 못한 것을 후회하면서 포로로 잡은 여자들을 데리고 철군하려 했다.
　그러나 카삘라의 여자들은 아무도 비루다가와 적군의 명령을 따르지 않았다. 비루다카는 다시 진노하여 여자들의 옷을 다 벗기고 밧줄로 묶은 채, 또 흙구덩이를 파서 던져 넣고는 카필라를 떠나 코살라로 돌아왔다.

　비루다카에게는 형이 하나 있었다. 나중에 기원정사를 지은 터, 제타림을 원래 소유하고 있던 태자였다.

먼저는 수닷타 장자가 그곳에 절을 지어 부처님의 교단에 바칠 생각을 했었다. 부처님이 니그로다 동산에서 처음 법륜을 굴리신 이래 부처님과 그 법을 따르는 남녀노소의 출가자들이 몹시 늘어나자, 우기에라도 악천후를 피하여 부처님과 제다들이 머물러 수행할 공간이 필요해지게 되었다. 항상 가난하고 어려운 사람들 돕는 것을 업으로 삼아 살아오던 수닷타 장자는 불법을 만나 만 중생의 생사고를 건질 길이 거기에 있음을 알고 부처님께 귀의한 마당에, 교단의 그런 사정을 알고, 좋은 곳에 스님들이 안거할 수 있는 절을 하나 지어드려야겠다고 다짐했다. 이리저리 물색한 끝에 가장 적합한 터로 떠오른 것이 바로 제타림이었다.

그러나 제타태자를 만나 보니 기대와 달리, 태자는 그 터를 팔 의향이 전혀 없는 것으로 보였다.

"이 땅에 황금을 가져다 다 덮기 전에는 팔 수 없습니다."

그만큼 분명하게 말했으면 깨끗이 포기하고 물러설 줄 알았는데, 뜻밖에도 그 수닷타라는 장자가 다음날부터 어디선가 금박을 실어와 제타림 한쪽 구석부터 땅을 덮어나간다는 소식이 들려왔다. 그러겠다고 자신의 전 재산을 다 팔아 금으로 바꾸었다는 것이었다.

이번에는 제타태자가 수닷타 장자를 방문했다.

"도대체 어디에 쓰려고 이렇게까지 해서 이 땅을 사시려는 겁니까?"

"절을 지으려는 겁니다."

"절이라고요? 절이 뭐 하는 곳인데요?"

"부처님이 제자들을 가르치고 제자들이 머물며 수행하는 도량이지요."

 장자로부터 부처님과 그 가르침과 승단에 대해 더 자세한 내막을 듣게 된 태자는 전격적인 제안을 했다.

 "그런 뜻이라면 당신 말대로 이곳에 도량을 만듭시다. 땅에 더는 금을 깔 필요 없습니다. 나는 이 제타림을 부처님의 승단에 희사하겠습니다."

 그 뒤부터 제타는 부처님을 만난 기쁨으로 살았다. 부왕 프라세나짓도, 왕가의 모든 권속들도 이미 부처님의 제자들이었다.

 그러나 세상의 불행이 그를 피해가지는 않았다. 배다른 동생 비루다카는 야심으로 가득 차 있었다. 마침내 부왕을 폐하고 스스로 왕이 되었다. 그리고는 외가인 부처님의 샤카족을 정벌하겠다고 떠났다.

 비루다카가 군사들을 돌려 코살라국에 돌아왔을 때, 제타는 음악을 들으며 가슴을 덮은 슬픔을 달래고 있었다. 비루다카는 문지기를 죽이고 제타의 방에 난입했다.

 "왕은 전쟁에 나가 목숨을 걸고 싸우는데, 형이라는 사람은 도울 생각도 없이 여기 앉아 풍류나 즐기고 있습니까?"

 "나는 생명을 해치고 싶지 않을 뿐이다."

 비루다카는 칼을 내리쳐 형을 죽이고 말았다.

 밧줄에 묶인 채 구덩이에 내동댕이쳐져 있던 샤카족의 젊은 여인들은 부처님께 기도했다. 부처님은 비구들을 이끌고 전화가 휩쓸고 간 성에 나타나셨다. 여인들이 벗은 몸을 부끄러워하자 제석천왕은 하늘의 옷을 내려 저절로 입히게 했다. 사천왕 가운데 하나인 비사문천왕은 천공(天供; 하늘의 음식)을 내려 배고픔을 달래게 했다.

　부처님은 설법하셨다. 태어난 모든 생명들은 죽을 때가 있고, 일어난 모든 것은 쇠하여 사라지는 법임을, 몸뚱이는 애욕에서 난 것이며, 거기에 집착하는 것은 욕망의 결과인 괴로움을 키울 뿐임을……. 다들 장차 생로병사의 되풀이에서 벗어나 열반에 이를 마음을 일으키도록 하셨다.

　여인들은 부처님의 가르침을 깊이 새기고 편안히 목숨을 거두었다. 곧, 천상이나 다른 선처에 환생하였다.

　얼마 지나지 않아 비루다카와 그 대군은 강가에서 야영하다가 밤새 폭우로 범람한 강물에 휩쓸려 일시에 전멸했다고 경전은 전한다.

　비구들은 나중에 부처님께 카필라성의 참극이 전생의 어떤 인연으로 말미암은 것인지 여쭈었다. 부처님이 들려주신 이야기는 다음과 같았다.

　옛날 왕사성에 가뭄과 흉년이 들어 성 사람들은 물이 줄어들어 가는 성 밖의 못에서 물고기를 잡아먹었다. 물고기들이 떼로 잡혀나가자 그중에 두 마리는 사람들에게 앙심을 품고 보복을 다짐하며 죽었다. 그중 한 마리는 이 생의 비루다카가 되었고 다른 한 마리는 그 곁에서 카필라족을 몰살하도록 부추긴 그 브라만이 되었으며, 그때 잡아먹힌 물고기들은 코살라의 군사들이 되었다. 그때의 왕사성 사람들은 카필라의 백성들이 되었다.

　그때 부처님은 8살의 어린아이였는데, 사람들이 물고기를 잡는 것을 보고 놀다가 장난삼아 나뭇가지로 물고기의 머리를 몇 차례 때린 적이 있었다.

　부처님은 세상 모든 일이 인과에 의해 벌어지는 것임을 다시 환기시키셨고, 신이든 인간이든 미물이든 삼계 안에 있는 한 인과의 법에서 벗어날 수 있는 존재는 아무도 없으며, 당신의 색신조차 반열반에 들기 전에는 그 인과에서 자유롭지 않은 것이라고 하셨다.　실제로 부처님은 그때의 일로 이레 동안 두통에 시달리셨다.

　세상과 중생의 생로병사를 지배하는 단 하나의 법은 곧 인과법이다.

　중생이 살아가는 세계는 근본 무명에 덮인 마음이 스스로 공연히 꿈꾸어 낸 환幻의 세계다.　일체가 환이지만, 그 환의 세계에서 생노병사가 되풀이되는 윤회의 길에 들어선 모든 중생은 자작자수自作自受한다.　스스로 뿌린 씨앗의 열매는 모두 스스로 거둬야 한다

　중생의 다른 말은 유정有情이다.　정식情識이 있는 존재라는 뜻이다.　이 시공간이나 물질계에 몸뚱이를 가지고 있든, 아니면 정신만으로 있든, 살아있든 죽어있든, 사람이든 신이든 미물이든, 감정과 알음알이가 있는 존재를 통틀어 유정이라 하는 것이다. 중생이 몸담고 사는 세계 자체와 그 세계 안의 유정들을 제외한 것들, 그러니까 정식이 없는 것들은 무정無情, 혹은 무정물이다.

　이 세계에 한번 생겨난 중생은 존재계의 즐거움을 끝없이 탐착하고, 괴로움은 한사코 피하려고만 드는 근본적인 성향을 지닌다.　그 충동과 증오와 권태에 떠밀려 온갖 업을 짓는다.

　업은 밖으로는 현상을 변화시키고 안으로는 습관적 패턴이나

경향성을 형성한다. 우리의 마음을 조건화하는 이 내적경향성을 업력業力이라 한다. 업력에 사로잡힌 마음이 짓는 정신적, 언어적, 육체적 행동 모두가 업이다.

그런 행동이 선한 것이든 악한 것이든 중립적인 것이든, 결과 없이 사라지는 것은 아무것도 없다. 모두가 그에 정확히 상응하는 결과를 시간 속에서 불러온다. 중생이 생사의 길에서 겪고 피할 수 없이 받아들여야 하는 모든 희로애락은 자업자득自業自得이다.

물론 세상에 태어나고 죽는 중생은 자기 혼자가 아니므로, 업은 천차만별의 다른 수많은 중생과 더불어 얽히고설킨 속에서 짓고 받는다. 하나의 시공간, 같은 상황에서 다른 중생과 함께 짓는 업은 공업共業, 똑같이 지은 업은 동업同業이라 한다.

중생의 마음은 그 씨앗을 뿌리는 과정에서도, 열매를 스스로 거두는 과정에서도 철저히 업력과 업보에 지배당한다. 그 업의 장애와 결박에서 벗어나기란 쉬운 일이 아니다.

업장에서 벗어나고 업의 결박에서 벗어나 무한히 되풀이될 수 있는 이 업의 부림에서 놓여나려면, 스스로 자신의 업을 거슬러 그 근원의 원인을 뿌리 뽑아야 한다.

무엇이 그 근원의 원인인가? 마음이 지어낸 환을 실제로 여기는 착각이다. 본래 공한 것을 존재로 잘못 아는 것이다. 나와 남, 나와 세계, 안과 밖, 이것과 저것이 모두 본디 없는 것인데, 본래의 반야가 홀연히 일어난 무명에 가리는 바람에 마음의 바다에서 일어난 이 모든 파도의 일렁임, 그 무상한 모양들을 실재로 잘못 여기게 된 것이다.

우리가 몸담은 우주는 인과의 법계다. 자연계의 꿰뚫어 총괄

하는 유일한 법도 인과율이며 실재하는 것도 이 인과의 법뿐이다. 그 어떤 것도 이 인과의 법을 벗어나 있지 않다. 일체의 유정들과 그 몸담은 세계가 모두 이 인과 속에 있고 인과의 법에 따라 움직여간다. 유정이 무명에 덮인 눈으로 실재로 착각하던 세계와 자아를 반야로 꿰뚫어 직시하면, 그것들은 실재하는 것이 아니다. 비어있다. 그 공성이 곧 존재의 실상인 것이다. 그 비어있음을 보는 것은 곧 인과를 깨닫는 것이다. 존재의 실상을 깨닫는 것, 참법을 보는 것이란 곧 존재의 공성, 그리고 그 얼개인 인과를 깨닫는 것이다. 그리하여 부처님이 위없는 깨달음을 통하여 증득한 진리를 중생에게 두루 펴 베푸신 가르침도 법(法, 다르마達磨, Dharma)이라 한다. 이것이 참진리, 진제眞諦이다.

그러나, 진정한 법은 부처님이 깨달아 설하심으로써 비로소 생겨나는 것은 아니다. 그러므로 더욱 엄밀한 의미에서 진제란, 깨달은 자의 교설이라기보다는 깨달음 이전에 본래 존재하는 진리 자체다. 그것은 언어 이전에 있으므로, 말로 설해지는 것은 벌써 진리 자체는 아닌 것이다. 이를테면 무아無我니, 공이니, 연기緣起니 하는 말이나 설명은 이미 진제를 벗어난 것이다. 이런 의미에서 언설 이전의 진제를 제일의제第一義諦 혹은 승의제勝義諦라 부르기도 한다. 이것은 입 열기 이전, 32상 80종호를 나투기 이전의 부처님의 참존재, 法身이라고 할 수도 있다. 대승, 일불승, 선으로 나아가면서 불법은 언어 문자적 분별과 한계를 깨뜨리고 이 구경의 진제를 향해 더욱 깊이 직입할 것을 요구한다. 성불의 길을 제시하는 것이다.

세상에도 '법'이라는 것이 있다. 크고 작은 인간 사회의 어느 구석에도 보편의 규범이 있고, 인류 전체 사회를 제외한 가장 큰 단위의 사회인 '국가'에는 매우 강제적이고 실체적인 실정법이 있다. 전제군주에 의해 정해진 것이든, 근대 민주주의가 태동한 이래 인권이 차츰 신장하여오면서 정비된 민주적 과정을 거쳐 입법된 것이든, 이 실정법은 실제의 인간사를 광범위하게 지배하지만, 그렇다고 그것을 지탱하는 논거가 절대적이라든지, 존재적 차원의 진리성을 함의한다고 볼 수는 없다. 이런 의미에서 이것을 속제俗諦라고 하기도 한다.

그러니까 진제에 대비해서 쓰는 용어로써 속제란, 가장 낮은 의미에서는 세속에서 통용되는 법을 의미하고, 진리의 세계로 나아가면서는, 더 높고 궁극적인 진리 그 자체에 비하여, 보다 방편적으로 설해진 진리라는 뜻이다.

법계를 통틀어서 보면, 존재하는 것은 오로지 진제뿐이다. 존재하는 모든 것이 그대로 진리이며, 거기엔 시비도 선악도 따로 있지 않다. 세상에 난무하는 온갖 거짓도 그대로 옳은 것이며, 한 폭군이 나타나 천 사람 만 사람을 죽인다 해도 악이라 할 것이 없으며, 지구가 당장 흔적도 없이 사라져버린다 해도 재앙이라 할 것도 없다. 모두가 인과의 소산일 뿐이요, 일심이 벌인 한바탕 꿈일 따름이다. 꿈이 꿈임을 안다면 무엇이 문제이겠는가?

그러나 그것이 꿈이라는 것은 꿈 깬 자에 의해서 확인될 뿐이다. 무량한 중생은 꿈을 꾸고 있다. 꿈속의 중생은 그것이 꿈인 줄을 알지 못한다. 꿈속에는 꿈속의 법이 있다. 이것이 속제이다. 배고프면 꿈속의 밥을 먹어야 하고 억울하고 화가 나면 따지고 싸워야 분이 풀린다. 꿈속에서도 어떤 것은 여의롭지만, 어떤 것은 아무리 구해도 얻어지지 않는다. 꿈속에도 시비가 있고 장단이 있어, 온갖 중생이 그 시비 장단에 얽혀 다투기도 한다. 혹은 권력과 힘을 내세워 싸우기도 한다. 이에, 꿈속의 정의나 꿈속의 실정법이 생길 수도 있다. 하지만 이것은 좁은 의미의 속제이다.

좁은 의미의 속제로는 진실한 시비가 가려지지도 않는다. 그나마 진제 쪽으로 접근해가야 시비가 바로 서고 꿈속에서 배고팠던 사람이 꿈속의 밥이라도 먹고 배고픔을 면한다. 부처님이 인과응보를 가르치고 선업을 권하여 닦고 익히게 하는 것은 이러한 차원에서 베푸는 방편이다. 그렇지만, 속세의 도덕률이나 관행에 매어있거나 그 속에서 안락을 구하는 일은 덧없을뿐더러, 실답게 얻을 수도 없는 것이므로, 부처님의 본격적인 가르침은 이러한 차원의 선악시비나 그런 세계에 대한 집착을 아예 버리고 출가하기를, 꿈속의 삼계에서 해탈하기를 가르친다.

그러나 궁극에 알고 보면 이 모두가 꿈속의 논리이다. 진실로 꿈에서 벗어난 자가 되고 보면, 꿈은 본래 없었던 것이고, 꿈 밖의 참사람은 본래 그대로 꿈을 꾼 적도 없고 꿈에서 깬 적도 없는 것이다. 이것이 곧 제 1의제인 진제이다.

왜 꿈을 꾸게 되는 것일까? 법계는 왜 일심一心에서 벌어져 나오는 것일까? 왜 중생은 본래 부처이면서 공연히 꿈을 꾸어 꿈속의 온갖 중생놀음, 그 고락에 시달리게 되는 것일까?

도대체 밑도 끝도 없고, 누구를 탓하고 원망할 수도 없는 것이, 요는 중생이 스스로 문득 꾸게 된다는 것이다. 꿈은 분명 무명의 산물이지만, 그렇다면 그 무명이 어디서 기인하는가 살펴보면 거기에는 어떤 원인도 없고 그 누구를 탓할 수도 없다는 것이다. 무명은 '홀연히' 일어났다고 한다. 신비하다고 보면 신비하지만, 생사고를 당하는 입장에서 보면 참으로 원통하고 억울한 노릇이다. 그러나 원통해서 무엇 하겠는가? 억울하면 꿈에서 깨는 수밖에 없는데.

그런데, 일심이 홀연히 무명에 가려 꿈속의 세계가 벌어졌다 해도, 벌어진 법계가 부조리하고 맹목적인 것은 아니다. 본래의 일심은 선악시비를 초월한 성품이되 그 덕이 본래 지혜롭고 자비로운 까닭에, 법계 안의 중생을 이끌어 법에 눈 뜨게 하여 고통으로부터 건지는 합목적성과 한결같은 지향성을 지닌다. 이 본래의 일심이 본각本覺 혹은, 법신의 부처님이라 할 수 있다. 이로부터 화신化身의 부처님이 나투어져 오랜 인행因行과 그 결과로써 무상정등정각을 구현해 보이는 바, 이는 시각始覺이라 한다. 그리고 일심이 법신의 자리에만 머무르지 않고 환화幻化에 불과할지라도 이렇게 화신을 나투는 것은 중생으로 하여금 나아갈 길과 구경의 목적지를 알려주는 것이다. 쉽게 말하면, 꿈 밖에 있던 본각의 부처님이 꿈속에 들어와 꿈꾸는 중생을 깨워 중생 스스로가 본래 부처임을 일깨우는 것이다. 이것이 일심법계의 오직 한 가지 일, 일대사인연一大事因緣이다. 이 일대사인연으로 하여, 중생의 꿈은 그냥 헛되기만 한 것이 아니라 꿈에서 깨어나 꿈 밖의 열반을 회복하기 위한 성불의 길이 되는 것이다.

얼마나 눈물겨운가!

풍혈風穴 연소延沼선사가 어느 날 상당하여 말하였다.

"세존이 푸른 눈으로 가섭을 돌아보신 것을 어떻게 생각하는가? 만일 말씀 없이 말씀하신 것으로만 본다면 그것도 부처님을 매장하는 것이다."

불은이 망극이다.

부처님이 어느 날 왕사성에 탁발을 나가셨다가 모래밭에서 놀고 있는 아이들을 보시고는 그곳으로 다가가셨다.

그중 한 아이는 부처님의 거룩한 모습을 보더니 문득 공양할 마음을 일으키고는, 소꿉놀이하다 밥이라고 담아놓았던 모래를 들어 올려 부처님의 발우에 공손히 담아드렸다.

부처님은 시자 아난을 시켜 그 모래를 소똥에 개어 부처님이 경행하시는 땅에 바르라고 이르신 다음 말씀하셨다.

"이 아이는 지금 심은 선근으로 말미암아 여래가 열반에 든 지 몇백 년이 지나 파탈리푸트라의 왕으로 태어나 아쇼카(阿育)라는 전륜왕이 되어, 정법을 믿고 8만 4천의 불사리탑을 세우며 불법을 널리 펴 많은 사람들을 건지고 풍요롭게 할 것이다."

복잡한 권력다툼 속에서 형제들을 죽이고 마우리아 왕조의 3대 왕이 된 아쇼카왕(BC265~238 혹은BC273~232 재위)은 처음에는 무력을 통하여 이웃 나라를 정복해 나갔는데, 인도 대륙 동남해안에 있던 칼링가국을 정벌하면서 무려 10만 명이 죽고 15만 명이 부상한 참혹상을 몸소 둘러보면서 큰 충격에 휩싸였다고 한다. 시체도 시체지만 수많은 전쟁고아나 미망인들이 울부짖고 미쳐버린 사람들도 부지기수였다. 그런 전장에서 정복자의 얼굴에 승리의 미소는 결코 그려질 수 없었다. 만일 그런다면 그 역시 극악무도한 미친놈의 웃음일 듯했다.

'이 많은 사람들의 아비규환 같은 고통이 모두 나의 야심에서 벌어졌다!'

참담해질 대로 참담해진 그의 망연자실한 눈길에 멀리 지평선을 가로질러 가는 한 스님의 모습이 들어왔다. 그런데 놀랍게도 그 사문의 걸음걸이와 아우라에는 이 세상에 속하지 않은 평화로움과 행복감이 깃들어 있었다.

'천하를 얻은 나에게 없는 것이 가사와 발우 외에는 아무것도 가지지 않은 저 탁발승에게 있다!'

아쇼카는 그 스님을 급히 쫓아가 법을 물었다. 왜 우리가 살고 있는지, 왜 싸우고 왜 죽어가는지, 어떻게 살고 무엇을 구해야 하는지…….

모든 것을 진심으로 듣고 바르게 알게 된 아쇼카는 이 침략전쟁을 완전히 접었다. 나라에 살인과 살생을 금하고 다른 종교에도 관용을 베풀면서 백성들이 안락하고 평화롭게 살도록 백방의 노력을 기울였다. 스님들로 하여금 경전을 결집하도록 하는 한편, 인도 전역과 주변의 만방에 부처님이 남긴 사리를 나누고 보내어 8만 4천의 보탑을 세우고 불법을 전하였다.

그의 치세는 거의 동시대에 중국을 통일한 진시황의 행적과 극적으로 대비된다. 진시황이 아방궁을 짓고 불로초나 구하며 초라하고 나약하며 그다지 실망스러울 뿐인 한 인간의 말로를 보인데 반해, 전쟁을 접고 마음을 돌이켜 후에 스스로 아라한이 된 이 인도의 성군이 살아간 그의 마지막 생은 인도 역사상 가장 눈부신 황금시대를 불러왔고, 20여 세기가 지난 오늘날의 세계 불교는 그의 존재를 빼고는 말할 수조차 없게 만들었다.

인도 대륙 전역과 아프가니스탄 땅까지 그의 영토였던 곳은 물론이고, 시리아, 마케도니아, 이집트, 키프러스 등에까지 그에 의하여 불법이 전해졌다. 오늘날까지 곳곳에서 발견되는 아쇼카 석주에 새겨진 바대로, 자비심으로 이기는 것은 무력으로 적을 정복하는 것과는 비교할 수 없이 아름다웠다.

특히 스리랑카에는 출가한 왕자와 공주를 보내어 불사리와 불법을 전파하였다. 더불어 부처님이 그 그늘 아래서 성도하신 보리수의 아들에 해당하는 나무를 옮겨 심게 했는데, 오늘날까지 그 보리수는 2,300여 년을 살고 있을 뿐만 아니라, 나중에 인도 대륙에서 이슬람의 침공으로 불법이 사라지고 보리수까지 베어진 다음에 역으로 보드가야 성도지에 다시 그 아들 나무를 옮겨 심게도 되었다.

이 나무가 상징이라도 하듯, 스리랑카는 오늘날까지도 불법이 살아 지켜지는 대표적 불교국가가 되었고, 또 다른 불교국가들인 태국이나 버마의 불교 역시 스리랑카에서 전해진 것이다.

제국주의 시대를 거치며 스리랑카의 불교에도 위기가 닥치지 않은 것은 물론 아니었다.

포르투갈(1505~1658), 네덜란드(1658~1796), 영국(1796~1948)의 식민통치를 차례로 거치는 동안 수많은 사원이 파괴되고 그 자리에 교회가 들어섰으며, 스님들이 살해되거나 환속당했고 사람들은 개종을 강요당하거나 어려서부터 받는 학교교육을 통하여 기독교적 세계관이 주입되었다. 그 결과 캔디왕조의 비말라 담마 수리야 2세(1687~1707재위), 시리 비자야 라자시하왕(1739~1747)나 킷티시리 라자시하왕(1747~1781재위)시대에는 과거에 불법을 전해준 나라에서, 역으로 버마나 타이에서 고승을 초빙하여 새로 불법을 배우거나 전계화상을 초빙하여 새로 계맥을 이어야 할 지경이었다.

이렇게 불법이 스리랑카에서까지 사라져갈 위기에 처했을 때 제국주의가 앞세운 기독교를 극복하고 반전을 이룬 계기가 마련되었으니, 저 유명한 파아마두라 대논쟁을 위시한 다섯 차례에 걸친 기독교와 불교 사이의 공개적인 토론이 그것이었다. 논쟁을 처음 제안한 것은 기독교계였으나 결과는 그들의 기대와는 전혀 딴판으로, 논쟁을 지켜본 수많은 스리랑카인들이 자국의 전래 종교인 불교에 대하여 한결 분명한 자긍심을 가진 불자들이 되는 결과를 가져왔다. 이 논쟁은 대외적으로도 상당한 영향을 끼쳤는데, 예컨대 이에 참가한 미국 남북전쟁의 영웅이자 미국 기독교 신지학회의 창설자인 헨리 스틸 올코트(Henry Steele Olcotte)대령으로 하여금 불교계의 대론자로서 압도적인 논쟁을 펼친 구나아난다 스님을 통해 5계를 받고 불교도로 개종하게 했다.

그의 존재는 다시, 메이지유신(1868~1912)으로 불상이 파괴되고 불교가 경시되던 일본에서 불교가 부흥하게 한 원동력이 되었다. 더불어 나중에 미국의 원폭투하로 일본이 패망하고 2차대전이 끝났을 때, 패전국이었던 일본의 전후처리를 두고 장개석 등은 루즈벨트에게 조언할 기회가 있었는데, 일본을 효과적으로 미국의 영향 하에 두기 위해서는 일본의 천황제와 불교를 없애지 않고 존치하면서 일본 국민들의 호감을 얻는 것이 낫다는 의견이 받아들여짐으로써 일본의 불학佛學과 선불교는 명맥이 끊이지 않고 나중에는 구미에까지 알려지게 되었다.

구미 열강은 근대화 과정에서 과학기술문명을 앞세워 동양사회와 제 3세계를 식민지화하고 끝없이 서구화해가고 있지만, 동양사상, 특히 불교의 고금을 꿰뚫는 진리체계와 가르침은 역으로 근대 이후 거의 모든 서양의 철인과 지성들에게 끝없이 막대한 직·간접의 영향을 미쳐왔다. 칸트, 쇼펜하우어, 바그너, 톨스토이, 헤르만 헤세, 프로이트, 융, 베르그송, 야스퍼스, 니체, 토인비, 하이데거, 사르트르, 막스 베버, 토인비, 버트런드 러셀, 에리히 프롬……. 오늘날의 정치, 사회, 학계, 과학 기술, 산업, 문화 예술계의 수많은 오피니언 리더들이 불교에 심취하여 그로부터 자기 분야에 최고의 영감을 얻으며 불교적 문화나 생활방식을 배우는 것은 물론, 수행과 명상을 실천하고 있다.

서양 사회에 더욱 빠른 속도로 보급되고 있는 현대 불교는 대강 세 갈래의 전통적 흐름을 타고 있다고 할 수 있다. 태국, 미얀마, 스리랑카의 상좌부 불교, 대승불교의 교학과 수행의 현대적 해석과 실천에 탁월한 성공을 이루고 있는 티벳 불교, 공산화로 중국에서는 사라지다시피 했으나 한국과 일본을 통해 세계로 전해지고 있는 선불교가 그것이다.

달라이 라마, 틱낫한, 마하 고사난다스님, 숭산스님은 서구에서 현대 서양에 불교를 알리고 가르쳐온 위대한 스승들로서 세계 4대 생불로 알려졌다. 아이러니컬하게도 네 분 모두의 이력에는 한결같이 시대적 비운이 숨어있다.

달라이 라마는 모택동 중공의 티벳 침공으로 승왕 치하의 나라가 망하면서 수많은 스님들과 국민들의 고통을 어쩌지 못하고 인도로 망명하여 다람살라에 망명정부를 세워야 했다. 틱낫한스님은 동서냉전 구도에서 강대국들의 패권을 놓고 벌어진 베트남전과 그 적화 과정에서 스승 틱꽝둑스님의 소신공양을 지켜보아야 했고 나중에 프랑스에 불교 수행공동체 플럼빌리지를 만들었으며, 마하 고사난다스님 역시 킬링필드로 알려진 캄보디아 폴포트 정권의 불교탄압을 피하여 해외로 피신했다가 가족들이 다 죽고 6만 명에 달하던 승려 수가 3,000여 명으로 줄어든 고국에 돌아가 난민구호활동을 벌여야 했다. 숭산스님은 일본강점기 치하에서 독립운동을 하다가 옥고를 치렀고, 해방 이후에는 역시 이념적 대립과 강대국의 영향권 다툼으로 벌어진 한국동란을 겪으며 세계평화에 대한 의문을 안고 용맹정진한 끝에 깨달음을 성취한 후, 일본과 미국에 건너가 서양의 지성들에게 살아있는 선을 전하였다. 모두 난세가 낳은 영웅이요, 민족적 원한을 만 중생에 대한 대자대비심으로 바꿔 인류를 건진 시대의 지남指南이었다.

달마대사는 옛 인도 향지국香至國의 왕자였다. 고려의 대각국사 의천은 문종의 넷째 아들이었으며, 그리고 누구보다 이 사바세계 현세의 위없는 본사本師이신 고타마 싯다르타는 카필라국의 태자로 태어나셨다. 그분은 장차 전륜성왕이 되어 사천하를 통일하고 인류 역사 최대의 태평성세를 이룰 위업을 뒤로하고, 진정한 법을 구하여 머리를 자르고 맨발로 다니며 걸식으로 살아가는 출가수행 끝에서 몸소 부처가 되는 길을 걸어 보이셨다.

중국 청나라의 3조 순치황제(1643~1661재위)는 만년에 황궁의 쾌락을 버리고 입산하면서 다음과 같은 출가시를 남겼다고 한다.

천하총림반사산天下叢林飯似山	천하의 총림마다 밥걱정 할 일 없이
발우도처임군찬鉢盂到處任君餐	발우 하나 지니고서 되는 대로 먹고 사네
황금백벽비위귀黃金白璧非爲貴	황금 백옥인들 어찌 귀히 여길 손가
유유가사피최난惟有袈裟被最難	가사 법복 얻어 입기 무엇보다 어려워라
짐내대지산하주朕乃大地山河主	내 비록 중원천하 산하대지 주인이 돼
우국우민사전번憂國憂民事轉煩	나라와 백성 걱정 일마다 번다하여
백년삼만육천일百年三萬六千日	한 세상 백년 세월 삼만 육천 날이라도
불급승가반일한不及僧家半日閒	승가의 한나절 한가함만 못하여라
회한당초일념차悔恨當初一念差	아차 하는 순간 단 한 번 망념으로
황포환각자가사黃袍換却紫袈裟	자색 가사를 벗고 누런 곤룡포 걸쳤구나
아본서방일납자我本西方一衲子	내 전생 본래는 서천축의 납자러니
연하류락제왕가緣何流落帝王家	여하한 인연으로 제왕가에 떨어졌나
미생지전수시아未生之前誰是我	태어나기 전에는 그 무엇이 나였으며
아생지후아시수我生之後我是誰	태어난 뒤에는 내가 과연 누구런가
장대성인재시아長大成人纔是我	성장하여 사람 되니 겨우 잠깐 나라더니
합안몽롱우시수合眼朦朧又是誰	눈 한번 감은 뒤엔 깜깜하니 이 누군가
백년세사삼경몽百年世事三更夢	백 년의 세상일은 하룻밤 꿈속이요

만리강산일국기萬里江山一局碁	만 리의 이 강산은 한판 두는 바둑이라
우소구주탕벌걸禹疏九州湯伐桀	우왕이 9주를 나누나 탕왕이 걸을 치며
진탄육국한등기秦吞六國漢登基	진이 6국 통일하나 한이 그 터 차지했네
아손자유아손복兒孫自有兒孫福	자손들은 스스로 제 살 복을 타고나니
불위아손작마우不爲兒孫作馬牛	자손들을 위한다고 마소 노릇 하지 말라
고래다소영웅한古來多少英雄漢	예로부터 오늘까지 크고 작은 영웅들이
남북동서와토니南北東西臥土泥	동서남북 진흙 되어 망연히 누워 있네
내시환희거시비來時歡喜去時悲	올 때는 기쁘다 하고 갈 적엔 슬프다 하나
공재인간주일회空在人間走一回	속절없이 인간세상 한 바퀴를 돌다 갈 뿐
불여불래역불거不如不來亦不去	애당초 오고 감이 없는 일만 못하나니
야무환희야무비也無歡喜也無悲	기쁨이 어디 있고 슬픔인들 어디 있나
매일청한자기지每日淸閑自己知	나날의 한가로움 내 스스로 누리면서
홍진세계고상리紅塵世界苦相離	티끌 세상 괴로움은 멀리멀리 여의었네
구중흘적청화미口中吃的淸和味	맛보는 것 모두 맑고 향기로운 선열미니
신상원피백납의身上願被白衲衣	몸뚱이는 원을 담아 누더기나 걸치노라
사해오호위상객四海五湖爲上客	사해와 오호에 드높은 선객 되어
소요불전임군서逍遙佛殿任君棲	마음대로 불도량에 오고 가고 깃드노라
막도출가용이득莫道出家容易得	세속을 떠나는 일 하기 쉽다 말을 말라
석년루대중근기昔年累代重根基	숙세에 쌓아놓은 선근 없이 아니 되네
십팔년래부자유十八年來不自由	황궁의 18년에 자유라곤 없었나니
산하대전기시휴山河大戰幾時休	산하마다 큰 전쟁에 몇 번이나 쉬었던가
아금철수귀산거我今撤手歸山去	나 이제 손을 털고 산속으로 돌아가니
나관천수여만수那管千愁與萬愁	천만 가지 근심 걱정 이제야 사라지네

마오쩌둥은 청년기에 중국의 고전을 탐독하고, 특히 당시唐詩를 좋아하여 자신이 평생 시작詩作을 하기도 하였다. 그는 손자의 병법에도 탐닉했는데, 대장정에서 그가 쓴 16자 전법은 손자에 나오는 저 유명한 명언 '지피지기知彼知己 백전백승百戰百勝'의 적용일 뿐이라고 할 수도 있다. 그는 시대를 읽어 대의를 추구하고 천하를 제패할 꿈을 키워 그것을 실현했음에도 결국 자신의 자아를 넘어서지 못하였다. 불연佛緣이 없었던 아쉬움이 크다.

세계인 여섯 사람 가운데 한 사람은 중국인이라는데, 지금 13억 중국 사람들이 어떻게 살아야 할지 갈피를 잡지 못하고 있다. 바야흐로 중국은 다시 세계 제일의 경제대국으로 부상하고 있다. 하지만, 아무도 중국 사람들을 존경하거나 좋아하지 않는다. 중국 사람들이 만든 물건을 우선 싸니까 쓰긴 쓰지만, 써보다가 '아, 메이드 인 짜증나!' 하며 투덜거린다. 역시 세계인 여섯 사람 가운데 거의 한 사람이 인도인이라지만 그 인도인들이 부처님이 어떤 분이셨는지 거의 관심 두지 않는 것처럼 중국인들은 혜능, 마조, 백장, 조주, 황벽, 임제 등 기라성 같은 옛 성현들에 대하여 옛날에 세상 싫다고 산속으로 들어가 버린 사람들 정도로 여기는지, 이름이나 들어본 적 있는지 알 수가 없다. 입만 떼면 시끄러운데 눈동자들을 보면 공허하다.

인도의 국기에는 아쇼카 석주의 사자상에서 딴 법륜이 들어가 있고, 중화인민공화국 중앙은행이 발행한 새 지폐에는 1위안부터 100위안까지 온통 마오쩌둥의 얼굴만 박혀있다. 참, 한국은행권에는 알다시피 온통 유교 왕조 조선의 대왕, 장군, 두 대유大儒,

그리고 그중 한 유생의 어머니뿐이다. 본래 1만 원권에는 석굴암 불상과 불국사의 전경이 들어갈 예정이었으나 종교 편향이라고 당시 기독교계가 거세게 반발하는 바람에 무산되었다고 한다. 서산대사나 사명대사의 존영이 들어가게 됐다면 난리라도 났을까.

세종대왕은 왕비 소언왕후昭憲王后가 승하하자 그 명복을 빌기 위하여 수양대군으로 하여금 부처님의 전기를 엮게 하였다. 석보상절釋譜詳節이었다. 뒤에 세종은 석보상절을 보고 몸소 한글로 시가를 붙였는데, 이것이 이른바 월인천강지곡月印千江之曲이다. 월인천강月印千江이란 달이 일천 강물에 그 그림자를 드리운다는 뜻이다. 부처님이 중생을 교화하기 위해 이 사바세계에 인연 따라 몸을 나투신다는 것을 비유하는 말이다. 당시의 유학들과 신료들은 세종이 그 출판에 직접 간여하지도 않고 국가의 공적인 비용을 들이지 않겠다고 공언했음에도 불구하고 온갖 상소를 올려 극렬히 반대했다.

바람도 불지 않고 대기는 미세먼지가 가득 차 움직이지 않는다. 바람이 불어봐야 바다 건너 삼천리강산으로 날아가겠지. 돌담에 속삭이는 영랑의 봄 햇발만 가리겠지.

황사가 시작된 것은 모택동의 대약진운동 때, 중국 농촌의 나무란 나무를 다 베어 농촌에서 철을 생산한다고 연료로 써버리는 바람에 온 땅이 벌거벗고 황폐해져서라고 한다. 그때 중국 공산당은 수확기의 볍씨를 축내는 참새 떼를 쫓아 식량을 증산한다고 날을 잡아 온 인민을 동원하여 여기저기서 온갖 방법으로 새 떼가 어디에도 내려앉지 못하게 함으로써 결국 참새가 거의 다 지쳐 죽게 하는 데 성공했는데, 그해 중국 벼농사의 작황은 예년에 없는 대흉이었고, 그 바람에 그 많은 사람들이 굶어 죽었다고 한다. 이유는 참새가 잡아먹는 해충들이 천적이 전멸한 들판에 사람의 힘으로는 도저히 막아볼 수 없을 정도로 창궐하는 바람에 벼 수확이 거의 전무했기 때문이었다.

황사보다도, 황사가 심하여 사람들이 아무 데나 퉤퉤 뱉어대는 가래침보다도, 베이징 시내에선 여기저기 무지막지하게 많은 꽃가루가 날려 숨쉬기가 어렵다. 포플러 비슷한 나무를 여기저기 가리지 않고 심어 어마어마한 인공 숲을 이루었는데, 그 방풍림으로 곳곳에서 날아오는 황사가 베이징 시내에는 아예 접근을 못하게 막으려 했다던가.

이제 세계 어디에서 사는 사람들도 정치라는 것을 과히 믿지 않는다. 나라의 이름마다 내거는 민주주의에도 더는 희망을 걸지 않는다. 이제 다들 희망을 버리고 이기심과 동물적인 본능만으로 살아가는 듯하다. 정신없이 밥줄만을 놓치지 않으려고 버둥대다가 때가 닥치면 더 정신없이 죽어갈 것이다.

진짜 세계를 농단하는 놈들은 이제 정치의 무대에 등장하지도 않는다. 사람들은 무슨 일이 일어나고 있는지도 이제 알아채지 못한다. 헛된 이미지와 온갖 교활한 미끼로 사람들의 정신을 빼어놓고, 정보 공작과 보통 사람들이 상상하지도 못할 수단으로 무섭고 끔찍한 일들을 저지르면서 그들은 장막 뒤에서 살고 있다. 인류사에서 '신'이라는 이미지가 자행해온 일들을 지금은 그들이 대행하고 있다.

아! 산에는 꽃만 만발하여 무심히 겁외의 노래를 부르고 있다. 멀리서 봤을 때는 한반도 산하처럼 봄이면 꽃불을 지르는 산벚꽃인가 했더니, 코끝에 스쳐오는 향기가 아니다. 이건 분명 매향梅香이다. 성벽 안쪽까지 가지를 내민 가지에 맺힌 꽃송이들, 송이송이 매화였다.

    진로형탈사비상 塵勞迴脫事非常
    긴파승두주일장 緊把繩頭做一場
    불시일번한철골 不是一番寒徹骨
    쟁득매화박비향 爭得梅花撲鼻香

    티끌 세상 괴로움 벗어나는 일 예삿일 아니니
    줄 끝을 단단히 잡고 한바탕 공부를 지어야 하리
    한번은 추위가 뼛골에 사무쳐야지
    달리 어찌 매화의 코끝 찌르는 향을 얻으랴

법을 묻는 제자 임제를 세 차례나 두들겨, 만고에 다신 감기지 않는 벽안碧眼을 눈 띄운 황벽黃蘗 희운希運(?~850)선사 게송이다.

게임

"스님, 저희 학원은 4층 건물의 2층을 쓰고 있어요. 1층엔 방역회사가 있는데 주차 문제로 가끔 시비가 생겼었어요. 여기저기서 용역이 들어오면 쥐 같은 걸 잡아주는 회사예요. 주차장엔 차 넉 대를 댈 수 있는데, 우리가 먼저 세 들어와서 그중 한 칸을 쓰고 있었으니까 당연히 그럴 권한이 있다고 생각하죠. 그런데 그 회사가 들어오면서 관련 차량이 여러 대라, 우리가 차 대던 자리까지 차지하면서 생겨난 문제에요. 우리가 오후에 학원 문을 열러고 나가보면 차 댈 데가 없는 수가 많았어요.

전에도 한번 문제가 돼서 제가 얘기를 해보다가, 사람들이 너무 경우가 없고 말이 안 통하는 것 같아서 우리 학원 원장한테 얘길 하라고 하고 그만둔 적이 있었어요. 그리고 남편한테 당신이 학원 원장이니까 가서 해결해보라고 했더니, 그때 남편은 그래도 우리가 절에 살면서 수행하는 사람들인데 양보하고 서로 좋게 지내는 게 좋지 않겠냐고 하는 거예요.

그러다가 급기야 오늘 엄청 충격적인 일이 생겼어요. 살다가 오늘처럼 모멸감을 느낀 건 진짜 처음이에요……

2시경에 출근해서 주차를 하려고 보니까 이미 자리가 없어서 진입로 앞 갓길에 차를 대고 나왔어요. 그랬더니 그 방역회사의 사장인 젊은 남자가 쫓아 나오더니, 진짜 불손한 태도로 막말을 하는 거예요.

'아니, 이 아줌마가 왜 차를 나가지도 못하게 남의 차 앞에다 주차를 하는 거야?'

저도 화가 나서, 당신들이 먼저 우리 차 주차할 자리를 남겨놓지 않으니까 이렇게 하는 수밖에 없는 것 아니냐고 했어요.

'이 아줌마, 되게 이상하네. 저쪽 갓길에 차 댈 데 많구만, 굳이 왜 여기다 대?'

하면서, 그 남자는 얼굴을 제 코앞에 바짝 갖다 대며 삿대질을 하더라구요. 전 나이도 저보다 한참 어려 보이는 사람이 보이는 태도하며, 이 아줌마 저 아줌마 하며 반말지거리하는 것에 더 화가 치밀어, 나이가 몇 살이냐고 물었어요.

'서른한 살이다, 왜?'

분통이 터지고 도저히 더 말이 통할 것 같지 않았어요. 저는, 여기서 더 이럴 것 없이, 당신은 회사 사장이고 나는 학원 선생이니까, 나 대신 우리 학원 원장님이랑 얘기해서 해결하는 것이 좋겠다고 했죠.

그러니까, 그 남자가 또 덧붙이는 거예요.

'당신네 원장이랑? 원장이면 아줌마 남편 아냐? 이 아줌마 꼴이 학원 선생 같이 생기지도 않았구만 그러네.'

어이가 없어 말이 한마디도 안 나오는데, 그때 마침 남편이 출근해서 오더라구요. 저는 남편한테 자초지종을 쏟아붓듯이 말하면서 이 사람하고 얘기 좀 해보라고 하고는, 남편이 그 작자에게 당신 정말 그렇게 얘기했느냐 하고 따져 묻는 걸 뒤로하고 학원으로 들어와버렸어요. 그렇잖아도 평소에 외모에 자신이 없고 머리도 좋지 않아 자존감이 부족했는데……. 정말 말할 수 없이 기분이 언짢았어요. 이렇게 면전에서 사람 생긴 거 가지고 대놓고 비아냥거리는 건 처음 당해보는 일이었으니까요.

종일 마음이 편안해지지 않았어요. 남편도 아침에 스님과 차담 끝나고 내려가면서, 스님 말씀 듣다 보니 겨우 이런 모습으로 명색이 학원 선생이라고 하는 것이 부끄러워서 그만 학원 접고 싶다고 얘기했었지만, 저도 정말 다 때려치우고 머리라도 깎고 수행이나 제대로 하면서 절에서 살고 싶다는 생각까지 났어요.

아까는 딸애한테까지 오늘 있었던 일을 얘기했더니, 세상에 그런 돼먹지 않은 사람이 한둘이 아닌데 엄마 뭐 그런 일로 그런 극단적인 생각까지 하느냐는 말만 들었죠. 결국, 이런 말을 아이한테 주절거리고 있는 자신이 더욱 비참해질 뿐이었어요……."

"보살님, 못생기셨어요?"

"그럼요."

"그렇게 생각하시는 거죠."

"솔직히 누가 봐도 잘난 데가 없고 머리도 썩 좋지 않으니까, 저는 제 업장이 무거운가 보다 생각하게 돼요."

"정말 업장이 무거운 것은 자기 언행의 의미나 결과를 스스로 자각하지 못하는 것이에요. 자기도 모르게 나쁜 말이나 행동을 저지르는 경향이 많을수록 업장이 무거운 중생이죠. 바라는 바와 달리 생김새가 좀 못나거나 두뇌가 빠르지 않고 별 재주나 능력이 없다는 것은, 대개 지난 세월 자신이 떨쳐내지 못한 탐진치의 결과이고 복업을 많이 쌓지 못해서라고 할 수는 있겠죠. 사람들은 저마다 천차만별의 여건과 각기 다르게 지어 다르게 타고난 조건 속에서 살아요. 어떻게 받아들이고 얼마나 만족스러워하느냐는 별개의 문제지만, 누구든지 다 인연 따라 정해진 이런저런 자신의 됨됨이와 주변의 배경을 피할 수 없죠. 이 가운데서 우리의 행불행은 주어져 있는 것과 벌어지는 것들을 있는 과연 그대로 받아들이는가의 여부와, 그에 얼마나 만족하는가가 결정해요. 물론, 어디까지나 이렇게 조건 지어진 행복이라는 것이 상대적이고 유한한 것이며, 영원을 기약하고 추구할 만한 것이 되지 못한다는 점을 수행자로서 간과해선 안 되겠지만요.

예전에 제가 겪은 일을 하나 말씀드려 볼까요?
제가 대학 다니던 어느 날, 초등학교 1~2학년생이던 사촌 동생이 나랑 장기를 두자고 했어요. 말이 움직이는 길이랑 게임의 요령을 이제 막 배워서 한창 재미를 붙이고 있었나 봐요. 저는 천성적으로 승부를 다투는 경기나 놀이 따위를 즐기지 않았어요. 별로 취미도 없고, 스스로 '잡기'라고 규정지은 그따위 것들을 속으로 좀 경멸했죠. 그럼에도, 어린 동생이 자꾸 조르니까 마지못해 하게 됐어요. 곁에 계시던 고모부께서도 흥미로워하며 거드시는 바람에 어물어물 말려든 거죠.
그런데 게임이 시작되고 나서 분위기를 보아하니, 점차 이건 그냥 심심풀이 장기 한판이 아니더라구요. 심각한 자존심 대결이었어요.

  그 동생은 아주 어려서부터 아닌 게 아니라, 아빠인 고모부의 자부심이라 할 만했어요. 큰아들과 터울이 많이 지게 뒤늦게 얻으신 자식인데 진짜 총명했거든요. 게다가 갓난아기 때부터 특히 눈망울이 시원스레 크고 수려할뿐더러, 이목구비가 어디 하나 빠진 데 없이 그야말로 동화 나라의 귀공자 같았단 말이에요.

  가끔 먼 시골 외가인 우리 집에 왔을 때에도 어른들의 귀여움을 온통 독차지했어요. 한참 나이 차가 나는 시골뜨기 형인 나도 너무 애착이 가고 정이 들어, 며칠이고 함께 놀아주다 헤어져 집에 갈 때가 되면 주체할 수 없는 눈물 콧물을 훔칠 정도였으니까요.

  게다가, 뭐든 배울 때마다 드러나는 총기는 전대미문이었죠. 이제 막 말을 떠듬떠듬하는 아이를 데리고 처음 시골로 내려오는 열차 안에서 아빠가, 손가락을 꼽아가며 하나, 둘, 셋……, 하고 열까지의 숫자를 가르쳐 봤더니 알려주기가 바쁘게 기억을 하더래요. 내친김에 일, 십, 백, 천, 만 등의 십진법 단위를 가르쳐 주자 단박에 모르는 숫자가 없게 되었고, 더하기, 빼기, 곱하기, 나누기까지도 그 길로 다 통달해버렸다고 고모부는 말씀하시곤 했어요. 어른도 머릿속으로는 풀기 힘든 사칙연산 문제를 암산으로 정확하게 답을 척척 해내는 아들이 고모부로서는 얼마나 대견스럽고 자랑스러우셨겠어요?

  그런 영재 아이와 스무 살이 넘은 대학생 사촌 형이 장기판 위에서 격돌했단 말이에요.

  처음에 나는 심각하지 않은 척하려 했어요. 누가 봐도 이건 그냥 재미삼아 하는 놀이일 뿐일 테니까요. 심드렁하게 이리저리 말을 움직이다가 그만 몇 차례 치명타를 입었어요. 그러자 어린 동생은 기세가 등등해져서 형을 이겨 먹겠다고 더욱 의욕적으로 나왔어요. 차츰 이 녀석의 콧대를 좀 꺾어놓아야 시원하겠다는 생각이 들어, 나는 정신을 차리려고 했어요. 그럴수록 게임은 심각해지고, 내 머리나 몸놀림이 도리어 둔하게 느껴졌어요. 관중들은 몇 배나 흥미진진해 했고…… 결과는 참혹했죠. 제가 졌으니까요. 이리저리 끌려다니고 수세에 몰리다 아이가 마지막으로 "장이야!" 하는 순간, 그 수모는 마치 벼랑 끝으로 내몰리다 뒤로 아득하게 추락하는 느낌이랄까? 수습할 길 없는 감정의 나락에 떨어진 거죠.

철없는 아이는 환호성을 지르며 길길이 뛰고 고모부도 몹시 행복해하시는데, 전 그 자리에 태연하게 있을 수가 없었어요. 겨우 이런 일로 기분이 만신창이가 되어선 안 된다고 스스로 아무리 다짐하고 타일러도, 그럴수록 제 표정은 더 처참하게 일그러졌죠.

방으로 가서 외투를 들고 무작정 대문 밖으로 나섰어요. 그대로 세상에서 사라져버리고 싶었으나, 그럴 수 없다 해도 아주 멀리, 최대한 멀리 떠나자고 생각했어요. 정류장이 보이기에 오는 버스를 탔죠. 밖에 역사가 보이자, 내려서 기차로 바꿔 타고 또 무작정 갔어요. 풀이 다 죽고 극도로 암울한 심경에 사로잡혀 마침내 내린 곳은 춘천역.

주머니를 털어봐도 남은 돈이라곤 돌아갈 차비밖에 없는데, 겨울밤은 호되게 춥더라구요. 문 닫힌 지하 다방 계단 같은 데 웅크리고 있자니 더 비참한 생각만 들었구요. 견디다 못해 몸에서 열이라도 나게 한답시고 밖으로 나와 뛰고 달리기 시작했어요. 달리다 지치면 잠시 아무 데나 앉아 있다가, 좌선 자세로 틀고 앉아 몸을 잊어보려고 안간힘을 쓰다가, 몸이 식어 덜덜 떨려오면 또 달리고…….

 '정말 사르트르의 말처럼 타인은 지옥이로구나. 그렇지만 무인도처럼 아무도 아는 이 없는 이 싸늘한 도시는 천국인가? 전혀 아니다. 이 넓은 세상에 갈 데가 없구나. 세상이 다 싫다, 싫어. 도대체 문제가 뭘까? 뭘까, 뭘까, 뭘까……?'

 아! 나의 이 '나'가 아닐까? 이 자의식!

 왜 이것을 진즉 문제 삼을 생각도 못 하고 살아왔을까? 이게 얼마나 골치 아픈 놈인가? 대관절 이 자아라는 게 얼마나 우스꽝스럽고 이상스럽고 불가해한 의식 현상인가? 저 무수한 경쟁자들, 어찌해볼 수 없이 막강한 타자들과 끊임없이 견주고 겨루고 이기려 드는, 그래야 살아남는다고 느끼는 이 불쌍한 에고 좀 봐라. 항상 스스로 옹졸해지고, 떳떳하지 못하고, 전전긍긍하고, 자초하여 불안해지고, 편치 않아 하고, 허둥지둥하는 머저리 팔푼이. 그러면서도 이 노예 같은 인생 위에 군림하는 영원한 상전. 포기하고 놓아버리면 정말 홀가분할 것 같은데, 아, 피약볕 아래 사막뿐인 광야에서 헤매는 나그네에게 정말 넌덜머리 나게 따라붙는 이 그림자여. 야! 너 대체 뭐냐? 뭐기에 이딴 놈한테 내가…….'

 나는 달리고 달렸어요. 그렇게 하면 마치 나에게서 이 '자의식'이 떨어져 나가기라도 할 것처럼요.

 그러다 날이 샜죠.

분이 풀린 것인지, 감정이라는 게 다 간사한 것인지, 겨울 아침의 투명한 빛과 여린 온기가 슬그머니 반갑게 느껴져 왔어요. 추위에 오그라져 밤새 떨고, 더러 얼어 죽기도 하는 동물에게 태양은 얼마나 놀라운 은총인가! 그만큼 내가 비굴해져 있었을까요? 아니요. 그보단, 조금은 겸손하게 다듬어진 느낌이었어요. 다듬어졌다기보다는, 그간의 내 오만과 터무니없는 이기성을 이제야 조금 알아차리고 인정하게 되었다고나 할까요?

그 가난한 마음에 또한 많은 것들이 진실로 소중하고 감사하게 비쳐 왔어요. 돌아오는 첫차 안에 감도는 인간 일상의 생기는 물론이고, 그간 대수롭지 않게 생각하고 별로 고마워하지도 않던 현대 문명의 이기가, 아침 일찍 움직이기 시작하는 하루 일상을 여는 저 무연한 타인들이 다……. 지쳐 걷지 않아도 허기와 피로에 나동그라져 있는 나를 그저 떠나왔던 자리에 데려다준다는 사실 하나만으로도, 돌아오는 기차여행은 나를 얼마나 과분하고 몸 둘 바 없게 만들던지…….

창밖의 세상은 다 멀쩡한 그대로, 부서져 내리는 겨울의 청명한 햇살에 보석처럼 빛나고 있더군요. 내릴 때쯤엔, 회오리가 훑고 간 내 마음도 상처 하나 없이 그대로라는 게 쑥스러울 만큼 신기했어요.

나는 뼛속 깊이 새겼어요. 지옥의 고통은 타인이 아니라 나의 이 '나'가 만들고, 존재의 기쁨과 의미는 바로 존재에 대한 겸허함과 '무아'의 통찰에서 비롯된다는 것을요.

자, 보살님한테 오늘 생긴 일을 한번 되돌아봐요. 뭐가 문제일까요? 직업이 있다는 게 문제예요? 남편이 있다는 것? 자가용이 있다는 것? 건물에 주차장이 있다는 것? 학원 건물에 1층이 있다는 것? 1층에 방역회사가 들어왔다는 것? 거기 딸린 차가 여러 대라는 것? 막돼먹은 직원? 아니, 이 모든 것?

세상일은 물론 이 모든 인연들이 얽혀 돌아가죠. 그런데 문제는 이런 세상사의 많은 부분이 우리가 그냥 보고 있거나 순순히 받아들일 수 없는 것들이라는 사실입니다. 대개 성에 안 차고, 크고 작은 불편을 끼치는 것들이죠. 이로부터 우리의 애로, 스트레스, 고뇌가 생기구요.

그런데 보살님, 그런데 우리를 괴롭히고 아프게 하는 문제는 바로 우리가 무엇인가를 문제 삼는다는 바로 그 사실이라는 점을 주목해야 해요. 내가 어쩌다 보니 그런 상황에 둘러싸였다 해도, 진짜 문제는 내가 문제에 말려들었다는 점이죠. 애초에 문제 삼은 내가 문제일 수 있다는 말이에요. 아울러, 상황과 벌어지는 현상 자체가 우리를 괴롭고 힘들게 하기보다는, 우리가 그것을 문제 삼으면서도 속 시원하게 해결하지 못한다는 한계와 무력감이 우리를 좌절하게 한다는 점을 눈여겨봐야 해요.

근본적으로, 시비분별 그 자체가 인간이 지닌 문제의 본질입니다. 시비분별의 시초는 무엇인가요? '나'와 '남'의 분별이에요. 결국 '나'가 모든 문제의 근원이죠. 나의 자기중심성, 이기성, 편협성, 배타성⋯⋯. 부처님과 같이 '나'가 없는 존재에게만 아무런 문제가 없어요.

물론, 인간세계에는 보편적인 도덕이나 정의, 또는 평등과 같은 가치가 없는 건 아니죠. 세상의 규범이나 법질서는 정의나 공정함을 잣대로 하고, 어느 시대에나 그것을 구현하려는 사람들의 노력이 있어 많이 진보해온 것도 사실이에요. 그러나 그 완성은 참 요원한 이상理想이죠. 시비분별하는 '사람'이 있는 이상, 모두가 만족해하는 절대의 정의나 형평이란 원천적으로 불가능한 것인지도 몰라요.

국가나 개인이 형평이나 사회적 정의를 지고의 가치로 하고 그것을 위해 노력하는 일은 의문의 여지 없이 소중해요. 그러나 개개인이 느끼기에 그것은 언제나 바람과 물결에 요동치는 배의 나침반 바늘처럼 불안정할 수밖에 없다는 것을 또한 잘 알고 있어야 해요. 배가 궁극에는 목적지에 이를지 모르지만, 나침반의 바늘은 언제나 흔들리고 배를 타고 가는 한 사람 한 사람이 그때그때 체감하는 뱃멀미는 때에 따라 견디기 힘든 것일 수도 있으니까요.

우리는 살면서 불가피하게 겪을 수 있는 다양한 부당함과 홀대와 억울함과 결핍, 무능, 실패 등을 어느 정도 감내하는 맷집 또는 인욕심을 필히 지녀야 합니다. 그런 수동적인 태도를 넘어 더 적극적으로 의욕이나 성취동기, 도전 또는 실험정신을 지니는 것도 필수적이구요. 사회와 세상을 위해서나 혹은 보살도의 인욕 바라밀로써라기보다, 우선 나 자신의 안위를 생각할 때도 세상살이의 험난함을 달게 견디는 강인함이 반드시 필요해요. 아니면 이 세상을 살아낼 수도 없으니까요.

그 다음에 기본적으로 사회적 정의와 공정성을 지키기 위해 노력하고 헌신하는 것이 필요하구요. 그리고 그런 바탕 위에서 마지막으로는 각자 연마해온 기량과 자유로운 정신, 창의적인 지혜와 용기로써 모든 기회를 나와 모두의 행복을 함께 추구하고 구현하기 위해 진력하는 마음이 가장 중요합니다. 우리는 다 이 생에서 행복과 안위를 구하는 존재들이며, 그리고 궁극적으로는 생사를 넘어 열반을 향해 함께 나아가야 할 존재들이니까요.

이것은 경기나 게임에 임하는 사람이 견지해야 할 마음가짐과도 유사해요. 게임이론이라는 것도 있잖아요? 춘추전국시대나 진화생물학이 상정하는 종들의 기나긴 진화과정을 생각하지 않아도, 우리가 태어나 살아온 시간이 온통 게임 같지 않나요?

예컨대, 어쩌다 보니 우리가 축구선수가 되었다고 해봐요. 시합에서는 물론이고 경기에 나가기 전 준비과정에서부터 우리에겐 홀로, 혹은 함께 끊임없이 자신을 던져 노력하는 것이 필요하죠. 절대 나약하고 게을러서는 안 됩니다.

그 다음에는 경기의 규칙을 잘 숙지하여 능란하게 그것을 다룰 줄 알아야지, 불필요하게 반칙을 범하거나 실격하여 퇴장당하지 않도록 해야겠죠.

그리고, 완성된 선수가 마지막으로 지향하고 추구하는 것은 뭔가요? 참으로 훌륭하고 아름다운 게임을 보여주는 것입니다. 팀이 질 때도 있고 이길 때도 있겠지만, 한때의 승패와 관계없이 훌륭한 선수는 많은 사람들에게, 심지어는 상대 팀이나 상대편의 관중들에게도 감동과 영감과 기쁨을 줍니다.

경기나 게임이란 흥미로운 것인가요, 스트레스풀한 것인가요? 이걸 어느 쪽으로 판단하기에 앞서, 우리는 먼저 삶이 시작부터 일종의 놀이나 게임 혹은 경주와 같이 이미 벌어졌고, 죽음에 이르기까지, 아니 어쩌면 그 이후에도 무한히 계속되는 릴라Leela

같은 것이라는 엄중한 사실을 직시해야 합니다. '릴라'라는 말은 힌두교에서 이 우주적인 모든 현상들이 처음부터 끝까지 온통 '신이 벌이는 유희나 놀이'라는 의미에서 사용하는 개념인데, 그런 신작위론적神作爲論的인 우주관에는 동의하지 않는다고 해도, 이 모든 세상사를 그런 한 판의 허구적 연극처럼 본 것은 매우 유용한 것 같아 여기서 한번 빌려 써본 거예요.

이렇게 허망하고 정말 많은 사람들을 고통에 빠뜨리는 이 생사의 유희는 도대체 왜 시작됐을까요? 이런 종교적이고 철학적인 논쟁을 벌이는 것은 심심하고 한가한 사람들 일일지도 몰라요.

그런 언쟁보다 지금 우선 하고 싶은 얘기는, 우리에겐 발등에 불이 떨어진 것처럼 훨씬 더 시급한 일이 있다는 거예요. 일단 목전에서 게임이 벌어진 이상, 그 내막은 나중에 파악한다 해도 당장 상황을 정확히 읽고 지금 무엇인가를 해야 한다는 거죠. 갑자기 일어난 화재나 벌어진 몸싸움처럼 지금 당장 긴박하게 진행되어가는 이 게임의 국면과 순간순간에 무엇을 해야 하는지가 목을 죄어올 때가 많잖아요? 일시적인 상황이 종료된 후에라도, 종국에는 이 무의미하고 사람 잡는 게임에서 근원적으로 어떻게 벗어날지를 모색하고 방법을 찾아야 합니다. 마침내 찾았다면, 실질적으로 정확하게 결행해야 합니다.

인생의 모든 단면을 게임이라 할 때, 어떤 종류의 게임이든 처음부터 끝까지 적용할 수 있는 비밀의 열쇠가 있습니다. 바로 자기 자신을 잘 다뤄야 하고, 종내는 온전히 극복해야 한다는 거에요. 그리고 또 하나, 가급적 빨리 배우면 배울수록 좋은 것이 있습니다. 우리가 이 끝없는 게임들을 하는 목적이 반드시 이기기 위해서나 어떤 이득을 구하여 하는 것만은 아니라는 사실입니다. 함께 성장하기 위해서, 혹은 순수하게 남들을 돕기 위해서 하면 더 좋은, 혹은 반드시 그렇게 해야 하는 게임도 많아요. 아니 사실은 모든 게임이 그렇다고 할 수도 있어요. 놀이나 운동경기 같은 것도 그렇고, 인간의 정치적 행위나 경제활동 같은 것도 그러하며, 우리가 직업적으로 하게 되는 모든 형태의 일, 학교에 다니거나 평생 뭔가를 배운다는 일, 산다는 일, 죽는다는 일이 사실은 모두 그러합니다.

마지막으로, 전에 우봉스님한테 들은 얘기 한 토막을 전해드릴게요.

옛날 일본의 어느 선사는 사무라이 출신이었습니다. 출가해서도 선을 수행하고 가르치면서 항상 칼을 차고 살았습니다. 부처님의 자비문중에 출가한 스님으로서 그 칼을 더는 실제로 휘두르는 일은 없었지만, 기골이 장대하고 눈매가 매서워서라도 아무도 그를 호락호락 대하지 못하였습니다. 제자들을 제접하는 가풍 역시 대단히 직선적이고 단호했습니다.

그 선사에게 이느 날, 한 신도가 골칫거리인 자신의 아들을 데려와 교화시켜주실 것을 청하였습니다.

보아하니, 그 젊은이는 겉은 멀쩡하고 흠잡을 데 없이 생겼지만, 오랫동안 극도의 나태와 무기력증에 사로잡혀 살아온 것이 뻔해 보였습니다. 부모의 하소연 역시, 아들이 허구한 날 혼자 방에만 틀어박혀 빈둥거리면서 아무것도 하려 들지 않는 데다 그 무엇에도 일말의 흥미나 관심조차 보이지 않으니, 참고 그냥 두고 기다려보기도 하고 구슬리고 회유하기도, 따끔하게 쓴소리를 해보기도 했으나 도무지 조금도 나아지는 것 같지 않자, 다른 사람이라면 몰라도 선사께서라면 혹시 어떻게 해주실 수 있지 않을까 하고, 그야말로 지푸라기라도 붙드는 심경으로 데려왔다는 거였습니다.

묵묵히 있던 선사가 젊은이를 향해 입을 떼었습니다.

"정말 지금까지 살면서 조금이라도 재미를 느낀 것이 없었더냐?"

"없었습니다."

"진정 아무것도 없었더냐?"

선사는 무서운 표정이었습니다.

"예."

단수가 높은 이 게으름뱅이 역시 지지 않고 귀찮다는 듯이 내뱉었습니다.

선사는 잠시 다시 침묵을 지키다가 문득 다른 질문을 했습니다.

"바둑은 둘 줄 아느냐?"

"네."

그러자, 선사는 젊은이 또래의 시자를 불러 바둑 상과 돌을 가져오게 했습니다.

"잠깐!"

물러가려고 하는 시자를 선사가 다시 불러 세웠습니다.

"너 할 일이 있다. 이 녀석과 바둑을 한 판 둬라."

"네, 스님."

"다만, 명심해라. 오늘 바둑은 무사들이 진검승부를 하듯 해야지 예사로 겨뤄서는 안 된다. 왜냐? 이 한 판 바둑에 진짜로 너희들 목숨이 걸려 있기 때문이다. 내가 분명히 얘기하는데, 너희들 중 어느 놈이든 오늘 이 바둑에서 지는 놈을 승부가 판가름 나는 즉시 내가 이 칼로 벨 것이다."

선사가 허리춤에 찬 칼집에 손을 가져가며 다그치듯 물었습니다.
"알겠느냐?"
"예."
"네놈은?"
선사의 잡아먹을 듯한 눈초리에 게으름뱅이도 적이 긴장하며,
"네." 할 수밖에 없었습니다.
승속의 두 젊은이는 흑백의 돌을 골라잡은 후, 참으로 심상찮은 분위기에 둘러싸여 바둑판을 사이에 두고 앉았습니다.
초반의 포석은 선사의 시자가 매우 안정적이고 유리하게 해나가는 것으로 보였습니다. 매사에 시큰둥하고 아무런 의욕을 못 느끼는 게 만성이 된 게으름뱅이는 처음으로 자신의 목숨이 걸린 상황에 처해본 터라, 긴장하려고 했지만 실감이 나지도 않고 잘 되지 않았겠죠. 몇 수를 의욕 없이 툭툭 던져놓고 보니 승부는 이내 불 보듯 뻔하게 되어갔습니다. 선사는 조금도 동정심 없는 눈길로 바둑판을 싸늘히 바라보고 있었습니다.
그러는 사이, 젊은이의 저 뱃속 바닥에서 이제껏 잠만 자던 생존의 본능이 조금씩 꿈틀거리며 깨어났습니다. 어디에도 원군이 없다고 느끼자 마음이 독해졌겠죠. 한 수, 한 수 사력을 다하기 시작했습니다. 느리게 시간이 흘렀습니다. 그 결과, 중반을 지나면서는 놀랍게도 판세가 역전되어가고 있었습니다. 이제 차츰

궁지에 몰리는 쪽은 명백히 시자였습니다.

젊은이는 처음으로, 수세에 접어든 시자의 표정을 유심히 살폈습니다. 사실을 말하자면, 살면서 누군가 한 사람을 관심 있게 지켜본 것이 이 게으름뱅이에겐 정말 처음 있는 일이었어요. 그는 먼저, 같은 연배의 머리 깎은 스님이 뜻밖에 너무 맑고 준수하게 생긴 것에 속으로 놀랐습니다.

'신기하다. 이런 사람이 무슨 연고로 중이 되어 산속에서 살까? 바둑 두는 솜씨로 보자면 두뇌도 드물게 빠른 사람인데. 아니, 태생의 인품 자체가 훌륭한 사람인 듯하다. 게다가 저렇게 진실하고 단정한 태도 하며 어른에게 저토록 공손한 마음가짐이라니……. 저 출중한 외모만으로도 밖에서 먹고 살기에 부족함이 없었겠구만 이런 사람이 출가는 왜 했으며, 스승이 하란다고 왜 영문도 모른 채 목숨 걸고 하는 도박 같은 이 바둑을 나랑 두는 것이람?'

생각 끝에 관심은 어느 순간, '어떻게 여기서 이겨 살아남을까'에서, '마음을 끄는 한 사람'으로 바뀌어있었습니다.

젊은이는 그 스님과 자신을 비교했습니다.

'젠장맞을, 저 말이 씨도 안 먹히게 생긴 선사의 서슬로 보아, 필시 우리 둘 중 누군가 한 사람은 이 게임이 끝나면 죽어야 한다. 지금으로 봐선 아마도 이 꽃다운 나이의 스님이다. 아, 어쩌지……?'

생각에 빠져 있다 보니, 시자 스님의 차례가 끝나고 젊은이가 돌을 놓아야 할 순서였습니다. 바둑돌 하나를 쥔 것이 승패를 가르기만 하는 것이 아니라, 둘 가운데 누가 죽을지를 결정해야 하는 순간처럼 무거웠습니다. 젊은이의 머릿속엔 일순, 허무하고 온통 무의미하기만 했던 자신의 지난날들이, 하릴없이 그저 죽여 온 시간의 기억이 스쳤습니다. 단 하루를 더 살더라도 저 젊은 스님의 시간이 자신의 목숨보다 백 배는 더 소중할 것 같았습니다.

젊은이는 결론을 내렸습니다.

'여기서 내가 당신을 살리고 내가 죽는다면, 아마도 이것이 금생에 내가 한 유일하게 의미 있는 일이다!'

쥐고 있던 돌을 한 지점에 놓았습니다. 그리고 주거니 받거니 몇 차례 더 흑백의 돌들이 두 사람의 손을 떠났습니다. 아무도 눈치채지 못했지만 젊은이의 눈가에는 눈물이 한 방울 돌고 있었습니다. 물론, 연이은 패착에 대한 후회 때문이 아니었죠. 그건 뜻 없이 살아온 길지 않은 생의 회한이었습니다.

그때 돌연, 바둑판을 보고 있던 선사가 칼을 빼 들더니 지체 없이 내리쳤습니다.

"탕!"

소리를 내며 두 동강이 난 것은 바둑판이었습니다.

어리둥절해 하고 있는 젊은이에게 선사의 일갈이 날아왔습니다.

"됐다. 오늘 바둑은 끝났다. 지금부터 바로 이런 정신으로 살면 된다. 이런 정신이라면 출가하여 도를 이룰 수도 있다!"

떡 한 번 잘못 구웠다가

　　법화도량 일과 중에는 매일 아침 차담 시간이 있다. 대중이나 방문객이 모여 차를 나누며 그날그날 일정을 공유하고 수행에 대하여 질의응답 하는 시간이다.　이번 동안거 중에는 명오거사의 제안으로 하루에 한두 명씩 돌아가며 1분 토크 하는 꼭지가 추가되었는데, 다들 퍽 유익해하고 흥미롭게 여기는 눈치다.

　　오늘 그 시간엔 중도루 다실에 올라가 자리에 앉고 보니 누가 난로에 구워낸 가래떡이 놓여있었다.　구미가 당겨 하나 집어 들었는데, 언짢게도 다들 군데군데 새까맣게 타서 입을 대볼 수가 없다.　저리 밀쳐버리고는 이내 짜증 섞인 악담을 퍼붓기 시작했다.

　　"요리뿐만 아니라 세상사에서 가장 중요한 것은 '적당하게' 하는 거예요.　요리가 뭐예요? 적당한 재료를 적당하게 배합하고 적당하게 간을 맞추고 적당한 조리법으로 적당하게 익히고 적당하게 차려 놓는 건데, 지혜가 모자라면 도무지 이 '적당하게'가 안 돼.　되다 하면 질게 만들고, 질다 하면 되게 만들고, 덜 익었다 하면 타게 만들고, 탔다고 하면 설익게 만들고……. 거기다 아둔하기까지 하면 아무리 말해줘도 고칠 줄을 모르죠.

　비구니가 된 어떤 호주 스님은 속가의 기억하는 최초의 날부터 집 떠나오던 날까지 아침마다 부모님이 싸우는 것을 보다보다, 세상살이나 결혼생활에 아무런 미련이 없어져서 출가했답니다. 그 싸움의 발단이 매일 똑같았는데, 아침마다 엄마가 빵을 타게 굽고 아빠는 그런 빵은 못 먹겠다고 투덜대면서 언성이 높아지다 싸움에 불이 붙는 거죠. 여우 같은 마누라하곤 살아도 미련 곰탱이 같은 마누라하곤 못 산다는 말 알아요? 그런데 오늘 이 떡 누가 구웠어요?"

　"제가 구웠는데요."

　"서월이었어?"

　"처음 구워보는 거라……."

　"뜻밖이네. 서월은 요리 잘하는데. 1분 토크 하죠. 오늘 1분 토크는 누구 차례예요?"

　"전데요."

　"하필 또 서월보살이야? 좋아요. 서월보살님 시작해봐요."

　"제가 예전에 '그림자'라는 제목으로 했던 사진작업에 대해서 얘기해볼게요. 어느 날 컴퓨터의 '내 문서'라는 폴더에 제가 모아 놓은 이미지들을 우연하게 보게 되었는데, 그림자, 반영, 잔영 등의 이미지들이 많았어요. '왜 내가 이런 이미지들을 좋아할까?'라는 생각이 들면서 제 심리를 알고 싶어서 6개월 정도 작업을 이어갔어요. 그림자 사진을 찍는 건 초보적이라서 교수님이나 다른 분들께서 말리셨죠. 그래도 저는 제 이면의 심리를 알고 싶어서 이 작업을 진행했어요. 일반적으로는 작업이 끝나고 나면 어느 정도 알게 되는데, 이 작업은 끝나고 나서도 모르겠더라구요."

"뭘 알게 된다고?"

"작업을 진행하면서 '왜 내가 이런 것에 천착했었는가?' 하고 저의 심리에 대해서 생각을 하거든요. '왜 애초에 이것에 관심을 갖게 되었을까?' 하고요. 그런데 이 작업은 끝나고 나서도 잘 모르겠더라구요. 그러다가 어느 날 사진 작업을 하는 후배를 개인적으로 만나 이 얘기를 했어요. 내가 그림자 사진을 좋아하는 것 같아서 작업 진행을 해봤는데, 끝나고 나서도 내가 그림자 사진을 좋아하는 이유를 잘 모르겠다고.

그랬더니 후배가 저더러,

'언니는 매사에 실체를 직면하려 하지 않기 때문이야.'

그러더라구요.

사실 그때까지 저의 삶은 항상 현실로부터 달아나는 삶이었거든요. 후배의 한마디에 늘 삶의 중심에서 도망치고 주변만 배회하던 것이 적나라하게 드러난 거죠. 항상 실체로부터 달아났던 것 같아요. 그런 저의 심리가 이미지에 반영이 된 것이고, 그게 탄로난 거예요. 후배의 얘기를 듣는 순간 뒤통수를 한 대 맞은 것처럼 무척 아팠고, 집에 가서 혼자 많이 울었어요. 왜냐면 실체에서 도망치려는 저의 모습조차 전 애써 보려고 하지 않았었거든요……."

"왜 자신이나 사물의 실체를 보려고 하지 않고 그것으로부터 도망치려고 했던 것 같아요?"

"제가 철이 들면서부터 저의 환경, 무엇보다 부모님의 존재에 대해서 부정하기 시작했던 것 같아요. 그것이 전반적으로 저에 대한 부정, 세상에 대한 부정으로 이어진 것 같구요. 그래서 세상에서 저는 늘 두 발이 항상 떠 부유하고 있는 것 같고, 바닷가에 그냥 표류하는 배에 올라탄 것만 같았어요. 그런 식으로 무엇에도 정착이 안 되었던 것 같아요. 하여튼 저에게 가까운 사람을 부정한 것이 저 자신에 대한 부정, 그리고 바깥 세계에 대한 부정으로 이어진 거죠. 그런데 지금 이 얘길 드리는 것은 제가 작업을 하나씩 마칠 때마다 제가 몰랐던 저 자신의 모습을 알게 되고, 그 부분에 대해 저 자신과 화해를 하게 되더라는 말씀을 드리고 싶었기 때문이에요. 그때도 그랬고 지금도 제가 하는 작업은 그렇게 진행되는 것 같아요. 앞으로 저 자신을 떠난 소재에 대해 작업을 하게 될지 어떨진 모르겠어요.

하지만, 이렇게 예술 활동을 하는 사람들이 하는 일이란 사실은 우리 안에 맺힌 것을 풀어주는 무당이 하는 행위와 다르지 않다는 생각이 들었어요. 그리고 자신의 맺힌 것이 해결되면, 즉 자기로부터 자유로워지면 다른 사람의 한도 풀어주게 되기 때문에, '어, 이거 무당 푸닥거리하고 별반 다를 게 없네?' 라는 생각이 들있던 깃 같아요. 지도 그때 그림자 작업을 끝내고 나서 후배를 통해서 제 자신과 물러설 수 없이 대면했던 거예요. 그리고 그 후에는 제 작품에서 더는 그림자 이미지가 보이지 않게 됐어요. 그것으로부터 자유로워졌죠. 그래서 지금은 작업을 하나씩 마칠 때마다 재미있어요."

"오늘 떡 잘못 구운 것이 다 용서되고 남았네. 주제나, 주제를 풀어 얘기를 전개하는 것, 그리고 실제의 사진 작업을 통해서 얻은 바, 즉 깨달은 것이 모두 훌륭해요.

사실 우리는 모두 마음의 저변에 환영을 쫓는 근성 혹은 업이 있어요. 본래는 한 물건도 없다고 하잖아요? 본래무일물本來無一物. 그렇게 한 물건도 없는 상태가 우리의 본래 마음자리이고 아주 편안하고 행복하고 완전한 상태죠.

그런데 그런 좋은 자리에 가만히 자빠져있지 않고 공연히 심심해진 마음이 꾸물꾸물 움직이기 시작해요. 스스로 환영을 만들어내는 거예요. 그리고는 제가 만든 그 환영에 속고 환영의 세계에 빠져 나중에는 그것이 환영인 줄도 모르고 놀고 헤매게 돼요. 그게 바로 우리의 생과 사죠. 본래 마음자리를 떠나서 환영의 세계를 보며 환영 속의 나그네인 자신을 만들고 그 속에서 논단 말이에요. 번번이 천신만고로 괴로워하고 이리저리 휘말려 나중에는 빠져나오지 못하게 되고 말아요.

지금 우리가 우리의 마음을 가만히 지켜봐도 그렇잖아요? 그냥 편안히 쉬며 그대로 있으면 깨끗하고 안락하고 좋을 텐데, 그만 가만히 있지 못하고 공연히 엉뚱한 상상을 시작하고 번뇌를 지어내죠. 나중에는 상상에 휩쓸려 괴로워하고 제가 일으킨 번뇌에 힘을 다 소진하는 거예요. 똑같은 얘기죠.

우리가 잠을 자는 것도 알고 보면 마음이 하루 노독에 지쳐 쉬는 거죠. 아무 일 없이 자고 나면 몸도 편안하게 쉬고 다시 하루 살아가고 남을 생기를 얻을 텐데, 잠만 자지 않고 공연히 또 마음으로 꿈을 지어내 온갖 헛것들을 보고 듣고 경험하며 그것 때문에 막 괴로워해요.

사실 우리가 꿈을 꾸는 것은 꿈에서 재미를 찾기 때문이에요. 그냥 잠자는 것만으로는 성에 안 차는 거죠.

또 심리학자들의 설명에 따르면, 꿈은 현실 생활에서 맺힌 것이나 강하게 각인이 됐으나 해석을 제대로 못한 것, 또는 후련하게 풀어지지 않은 것을 꿈속에서 해소해낸다는 거예요. 이 점은 꿈의 긍정적인 기능이라고 볼 수도 있죠. 이것은 마치 소의 되새김질 같은 거예요. 소는 한번 먹은 것을 단번에 소화할 수가 없어요. 그런데도 일단 우걱우걱 다 먹죠. 그런 다음 꺼억 반쯤 토해서 되새김위에서 다시 소화를 시키는 거예요. 꿈은 그렇게 되새김위가 음식물을 소화하는 것하고 비슷한 과정이라는 거예요. 그런데 어느 경우든, 그렇게 꿈속에서 노는 것, 혹은 중생이 자신이 만들어낸 환영의 세계에서 살아가는 것은 언제든지 완전하지 않으면서 불행한 느낌이 들고, 지치고 소진해가는 느낌이 들죠. 그래서 한편으로는 제발 이 지치고 지긋지긋한 꿈에서 깨어나고 싶다는 마음도 들지만, 또 다른 한편에서는 계속 꿈꾸던 습관, 또 꿈을 좋아하는 마음의 성향 때문에 또다시 꿈이 이어지고 그 사이에서 갈팡질팡하는 거예요.

〈피아니스트의 전설〉이라는 영화가 있죠. 그 영화의 주인공은 미국과 유럽 사이를 오가는 거대한 유람선에서 누가 몰래 낳아 버리고 간 아이였어요. 처음 발견한 사람은 인심 좋은 화부火夫였는데, 그의 손길에 자라나게 되죠. 그는 배에서 태어나 배 안에서 피아노만 치면서 모든 인생을 살았고, 결국 피아노의 달인이 되었어요. 번번이 몇 달에 걸쳐 바다를 가로질러 여행하는 사람들에게 무한한 기쁨을 선사하곤 했죠.

한번은, 육지에서 재즈피아노의 일인자로 알려진 사람이 그 소문을 듣고 주인공 피아니스트하고 겨뤄보겠다면서 이 배에 타요.

그 재즈피아니스트는 정말 빠른 템포의 곡들을 손가락이 안 보일 만큼 쳐대며, 주인공 피아니스트에게 너도 이렇게 칠 수 있느냐는 듯이 약을 올려요. 전혀 경쟁할 마음도 없이 건반을 그냥 어루만지듯 편안하게 연주하던 주인공은, 매번 상대가 경멸의 눈초리를 보내며 자기만큼 빨리 칠 수 있냐고 으스대니까, 마침내 본때를 보여주겠다는 마음으로 피아노를 향해 다가가죠. 그리고는 날담배 한 개비를 피아노 위에 얹어 놓고 의자에 앉더니 건반을 회오리바람처럼 두드리기 시작해요. 곧 전신이 땀에 흥건히 젖죠. 곡을 마친 후 뒤로 돌아가 아까 놓아둔 담배를 줄에 대자, 마치 자동차 시가잭에 댄 것처럼 연기가 피어오르더니 불이 붙어요. 피아노 줄이 달을 대로 달아올라 있었던 거죠. 그 담배 한 개비를 집어 들어 넋이 나가 있는 재즈피아니스트의 입에 물려주며 말해요.

'당신이 원하던 게 이런 거였나?'

시합은 끝났죠.

이 이야기에는 화자인 다른 주인공이 한 명 등장하는데 이 사람은 배에 탄 여행자로, 트럼펫 연주자였어요. 음악적으로 서로 통하기도 했지만 독특한 성장환경과 내면세계를 지닌 이 피아니스트한테 홀딱 반하게 돼요. 그는 피아니스트에게 육지, 또 다른 세계, 훨씬 큰 열린 세계를 보여주고 싶어 해요. 어떻게 해서든 배에서 한번 내려 땅을 디뎌보라고 자꾸 권하게 되죠. 그건 전적으로 선의에서 비롯된 권유였지만, 미지의 세계에 대한 두려움 때문인지 피아니스트는 내켜 하지 않아요. 그러다 어느 날 갑자기 마음을 내어 배에서 내려 보겠다고 선언해요. 수십 년 동안 대륙을 오간 유람선에서만 살았던 그 사람은 마침내 배에서 알게 된 사람들과 작별 인사를 하고 하선하는 계단을 내려가죠.

그러나, 멋진 정장을 하고 확신에 차서 사람들의 갈채와 격려 속에서 떠나던 피아니스트는 중간에 문득 돌아서더니 배로 되돌아와버려요. 안 내리기로 한 거죠. 환송하던 사람들은 자신의 굴레를 벗어나지 못하는 나약한 인간의 심리에 다소 실망하기도 하고 의아해하기도 하고.

트럼펫 연주자는 여행을 마치고 배에서 내린 후, 그렇고 그런 세상에서의 세월을 보냈어요. 그러다가 어느 날 그 배가 너무 노후해서 폭파시킨다는 소식을 듣고 깜짝 놀라요. 그 피아니스트는 틀림없이 아직 그 배에 살고 있을 것이므로, 가서 구해야 되겠다는 생각을 하죠.

그 유람선은 선내 방송을 통해서 사람들에게 모두 배에서 내리라고 했고, 물건도 모두 내린 뒤였어요. 아무도 배에 없다는 사실이 확인되어 폭파 버튼을 누르기 직전, 트럼펫 연주자는 관계자들에게 사정사정해서 폭파를 지연시키고 직접 배 안에 들어가 어기저기를 뒤져요. 그러다가 이렇시리 주인공 피아니스트를 찾아내죠. 예상했던 대로 피아니스트는 뭍에 내리는 걸 깨끗이 포기하고 초연히 죽음을 기다리고 있는 것처럼 보였어요.

폭파되는 배에서 개죽음을 당하지 말고 어서 내리자고 회유하는 일은 아예 불가능하다는 사실을 깨닫는 것은 그리 오래 걸리지 않았어요. 나중엔 순전히 궁금증에서 그에게 묻죠. 왜 배에서 내리지 않느냐고. 예전에 뭍에 내려 세상의 새 삶을 시작해

보라고, 멋진 음반을 내어 세상 사람들에게 정말 근사한 피아노 선율을 들려주고 한번 보란 듯이 출세해보라고 했을 때도, 왜 그토록 어렵게 냈던 마음을 도로 접었었느냐고.

주인공 피아니스트는 대답해요.

'그때 배에서 내리기로 하고 그 계단을 내려서다가 문득 눈앞에 펼쳐진 거대한 세상을 보는 순간, 나는 그 무한 앞에서 아무것도 할 수가 없으리란 느낌이 들었어요. 내가 살아온 세계는 이 배였고, 물론 이 배는 아주 작고 유한한 세계였죠. 또 내가 가지고 노는 피아노는 불과 팔십몇 개의 정해진 건반이 있는 유한한 악기였어요. 그러나 눈앞에 열려있는 저 세계는 마치 끝없는 건반이 있는 피아노 같아서 어디서부터 어떻게 연주해야 할지 도무지 엄두가 나지 않는 그런 '무한'이었던 거예요. 그곳에 내가 갈 수 있는 길은 보이지 않았죠. 포기하고 올라올 수밖에 없었어요.

나는 이제 죽을 거예요. 나는 내 작은 세계에서 의미 있게 살았고, 즐거웠고, 이제 아무런 미련이 없어요.'

결국 그 배는 폭파되고, 주인공 피아니스트는 그 안에서 최후를 맞습니다. 그게 영화의 끝이에요.

이 얘기를 우리가 살아가는 삶 혹은 예술가, 문인, 철학자들이 하는 작업 혹은 예술 활동, 철학 따위에 비교해보지요.

확실히 우리는 유한한 세계에 살고 있고 저마다 유한한 인생의 캔버스에 그림을 그리고 살아요. 캔버스가 무한하게 펼쳐져 있다면 아무도 감히 그림을 그릴 사람이 없을지도 모르죠. 그리고 사물은 유한한 틀 안에서 볼 때 훨씬 더 아름다워 보일 때도 많아요. 눈앞의 세상을 바로 보는 것보다 창을 열어놓고 그 창을 통해 바라보는 세상은 유한하지만 훨씬 정제된 모습으로, 근사하게 전시된 그림 같이 보이는 거예요. 그 안의 세계에 미묘한 미학이 있기도 하고.

그런데 이렇게 환영을 쫓는 삶은 조금 전에 얘기했듯이 항상 답답하고 고달프기 이를 데 없어요. 실제로 삶에서 줄곧 행복해 하는 예술가나 철학자는 별로 없죠.

사람의 삶은 본질적으로 그렇게 틀에만 갇혀 있을 수는 없는 거예요. 아무리 창을 통해 내다보는 풍경이 더 근사하다 해도 집에만 갇혀 살 수는 없는 노릇이죠.

그러니까 우리 삶의 궁극적 목적은 이런 틀에서 자유로워지는 것이라고 할 수 있어요. 안으로 들어오기도 하고 나가기도 하고, 어떤 때는 틀을 통해 보기도 하고 어떤 때는 틀을 벗어나서 무한으로 나갈 수도 있는 자유를 얻어야 한다는 거죠. 예술가는 예술 활동 속에서 나름대로의 의미나 가치를 발견하기도 하겠지만, 어떤 때는 예술 활동 자체에서 벗어날 수 있어야 해요. 환상의 세계를 벗어나 존재의 궁극적 실체나 무한의 근원으로 들어가 볼 필요가 있는 거예요.

그렇다고 자유로워진다는 것이 틀이니 방에서 영원히 나가서 다시는 그 안으로 못 들어오게 된다는 그런 의미만은 아니에요. 수행은 덧없고 고통뿐인 환영의 세계에서 벗어나서 환영을 지어낸 본래 마음, 즉 원점(primary point)으로 들어간 후 다시는 거기서 안 나오게 되는 것을 뜻하는 것은 아니거든요. 우리가 수행하는 목적은 원점을 모르고 환영의 세계에만 속아 사는 게 아니라, 원점을 깨달아서 거기로 돌아갈 수 있을 때는 언제든 돌아가고, 또 거기서 나와서 내가 하던 것을 하고, 즐기던 것을 즐기고, 사람들을 도와야 할 때는 그 일을 자유롭게 할 수 있게 되는 것을 의미하는 거예요.

심지어 부처님 같은 분도 그 원점에만 머물러 계시다면 어떻게 중생을 제도할 수 있겠어요? 그분들의 궁극적인 일은 더 높고 숭고한 목적을 가지고 다시 이 세계로 돌아와 인간의 거친 몸으로 나투시는 거죠. 또 우리와 같은 삶을 살아 보이면서 사람의 발로 걷고 사람의 말로 가르침을 펴는 것이에요.

우리처럼 수행해나가는 처지에서도 항상 그 원점을 생각하고 한시도 그 자리를 잊어서는 안 되지만, 그런 노력조차도 이 환영의 세계에서 이루어진다는 것을 망각하면 안 돼요. 다시 말하면 우리의 수행은 바로 이 일상의 순간순간에 이루어져야 한다는 말이에요. 땅에서 넘어진 사람이 땅을 짚고 일어난다는 말이 있죠? 이것이 환영의 세계이고 고통의 세계일지라도 여기서 벗어나는 길은 바로 여기서 찾아야 한다는 거죠. 우리의 일상이 괴롭고 꼴사나운 환영이라 해도 그 괴로움에서 벗어나는 길은 바로 이 일상 속에 있어요.

어떻든 서월보살님이 작업하다가 그렇게 깨닫게 된 것이나, 수행의 길에서 깨닫게 되는 것이나 사실은 그 내용이 비슷한 거예요. 똑같은 거지요.

그러니까 지금 여기 와서 안거하며 수행하는 마당에 사진 작업 생각하며 또 엉뚱한 환영을 좇지 말고, 그냥 이 승가의 일상 속에서 하나가 돼서 살아가는 것을 자신의 작업이라고 생각하면 맞아요.

Okay. Have a good life, everybody!"

패자敗者 혹은 진정한 패자覇者의 노래, 아리랑

　예멘으로부터 500명가량의 난민들이 제주도에 들어와 나라가 시끄럽다고 한다.　찬반양론이 뜨거운 가운데 반대 시위가 벌어지기도 해서, 여론을 무시할 수 없는 정부나 관계기관조차 어떻게 대응해야 할지 고심하는 듯하다.
　인터넷 기사에 달린 댓글들을 볼 때, 반대 의견을 가진 사람들의 논거는 대강 두 부류 정도로 나눠볼 수 있을 것 같다.
　첫째는, 민족주의 혹은 국가주의적 입장의 문제 제기다.　우리 땅에 함부로 이방인들을 들여놓아서는 우리 사회나 국민이 감수해야 할 피해나 골칫거리만 많지, 이익될 게 거의 없다는 주장이다.
　그리고 두 번째는 중동의 이슬람 국가에서 온 난민들이 모두 특정 종파의 회교도들일 것이기 때문에 유럽 등지의 다른 나라들이 난민이나 이민자들을 받아들였다가 겪은 사회적 폐해를 볼 때, 결코 허용해서는 안 된다는 것이다.
　산중에서 세상 나 몰라라 하고 살아온 사람이 뭐라 말할 자격이 있으랴만, 불교도로서 떠오르는 단상들을 비교적 원론적인 입장에서 나열해본다.

불교를 아는 사람이라면 이런 문제야말로 기본적으로 중도적 입장에서 바라보아야 한다고 생각한다. 불교란 무엇인가? 바로 중도中道인 까닭이다. 세상과 세상 밖 가장 높은 진리로써의 '불교佛敎Buddhism'라는 말을 대신하거나 설명할 수 있는 한마디 말은 아직 발견된 것 같지 않지만, 가장 근사한 용어로 선인들이 익히 써온 말 가운데 하나를 고르라면 바로 '중도中道Middle Way'라는 용어이다.

중도란 무엇인가? 가운데로 난 길?

아시다시피, '도道'라고 하는 동양 철학적 용어는 '목적에 이르기 위한 온당한 과정이나 길'만을 이르는 말이라기보다는, 궁극의 목적이나 존재의 근원을 내포하는 '진리 자체'로써의 뉘앙스가 더 강한 개념이다. 따라서 중도는 '가운데에 존재하고 가운데에서 나오고 가운데로 향하는 진리' 정도로 유추해보는 것이 더 근접한 의미 규정이다.

그렇다면 가운데, 중이란 무엇인가? 가운데 중中 자를 잘 보라. 선 하나가 존재의 중심을 관통하고 있는 형상의 상형문자다. 여기에 착안해보자.

모든 것의 가운데에, 센터에, 우리의 중심中心에 무엇이 있을까? 바로 마음이 있다! 우리 각자의 안에 있는 무분별, 무경계의 마음이야말로 3차원, 4차원을 넘어서는 모든 것의 중심이다. 텅 비어 아무런 분별없는 마음이 바로 이 존재계와 일체 존재의 근원이며, 중심이며, 우리가 모두 끝내 돌아가야 할 목적지이자,

동시에 영원한 고향이 아닌가? 이것이 바로 부처님이 깨달으신 진리이며 그 정수의 가르침이다.

이는 논증할 수 있는 교설이나 형이상학적 가치에 대한 주장이라기보다는, 오로지 마음 가진 자마다 깨달아 투득透得해야 할 실증의 대상이다. 기면 기고 아니면 아닌 분별에만 익숙한 사람들은 문득 참 어렵고 요원한 일이라고 아득해 할지 몰라도, 여기에 불교의 진정한 특징이나 가장 높은 위대성이 있다. 이런 말이야말로 무작정 믿거나 모르겠다고 내던져버릴 문제가 아니라 진실하게 탐색하여 몸소 증험해보아야 할 언명인 것이다. 참으로 부처님의 교설은 누구나 자신의 진실한 노력과 안목으로 실험하고 확인해볼 수 있는, 극히 과학적이고 모두에게 온전히 열려있는 가르침이기 때문이다. 그리고 그 결과는 모두의 평화와 지고의 열락이다.

이 세상에는 무수히 많은 주장과 교의, 이데올로기, 신념체계가 있고, 누구나 예외 없이 자기만의 일정한 믿음이나 가치관에 입각하여 존재하고 살아간다. 그러나 그 가운데, 아직 증험 되지 않아 완전히 신뢰할 수 없고, 언젠가 부서지거나 부정당할 수 있는 위험에 노출되어 있으며, 일시적인 자기 편의를 위해 남을 기만하거나 스스로를 속이는 믿음들이 얼마나 많은가? 이런 종류의 믿음을 가진다는 것은 사실은 믿는 만큼 결국은 속는 일이다. 진리를 등지고 진리에서 멀어지는 길이다.

지긋지긋할 만큼 오랫동안 인류는 채 실증되지도 않은, 혹은 원천적으로 검증할 수도 없는 신념들을 대물림하며 속아서 살다 속아서 죽어왔다. 정말 가혹한 수많은 인간의 불행과 고난은 원인을 소급해보면 결국 교활한 소수 지배계층이나 통찰력이 그다지 뛰어나지 않은 이론가들이 조작해낸 기만적 이데올로기에 다수의 대중이 속아 휘둘린 결과임을 부인할 수 없다.

인류가 진정으로 스스로와 인류 전체를 해방하고 모두의 행복을 구가하는 이상의 시대를 구가하려면, 참으로 분심을 내어 각자 어떤 형태의 것이든 이 '교조적 믿음에만 입각한 사고방식'으로부터 먼저 자신을 하루속히, 매우 급진적으로 해방시켜야 한다.

사람은 천지간天地間에서 산다. 천지가 비록 마음속에 있다 해도, 육신을 가지고 살아있는 동안은 천지에서 벗어날 수 없다. 뒤집어 말하면, 인간은 살 수만 있으면 천지간 어디에서도 살 수 있고, 또 어디에서나 살 수 있도록 허용되어야 한다는 말이다. 가능한 그런 자유는 당연히 허용되고 지켜져야 마땅하다. 요새 말로 하면 거주 이전의 자유가 보장되어야 한다.

이러한 자유가 제한되는 것은 기본적으로 다른 사람이 어느 공간을 이미 선점하고 있어 공유자나 동거인 아닌 사람이 거기에 들어가 머물려고 하는 일이 주거침입이 되어 충돌을 빚는 경우여야만 한다. 물질의 영역에서 공간이란 배타적이어서 한 공간에 두 개체가 동시에 존재할 수는 없기 때문이다. 죽은 영가가 다른 사람 몸이나 의식에 빙의되는 경우가 아니라면 한 사람의 몸에는 한 의식만 깃들어 사는 것과 마찬가지다.

사람 아닌 동물들이나 식물들을 보라. 그들조차 그렇게 살아가지 않는가? 그것들에게도 생존의 제약은 있고, 하등동물이나 식물군 쪽으로 갈수록 조건에 얽매인 그들의 제약은 심해지지만, 최소한 인간들의 경우처럼 억지로 만든 규범이나 법제도 같은 것이 만든 제약은 없다.

동물들의 경우에도 나름의 서식지, 개체 간격이나 행동반경, 군집생활의 질서, 내지는 동종, 이종 간의 투쟁 같은 것이 분명히 있으나, 인간들의 법질서가 개인들에게 가하는 온갖 간섭과 속박에 비하면 대단히 자연스러워 천지의 순리를 과히 거스르지 않는다. 동물들은 사람들만큼 많이 자기 영역에 집착하지 않는다. 그렇게 분명하게 울타리를 치지 않고 경계 표시를 하지 않는다. 생존 자체에 치명적 위협이 되지 않으면 대충 어울려 함께 서식하고 외래의 생명체들이 있어도 그럭저럭 조화롭게 공존한다.

새들은 생리에 따라 텃새들과 철새들로 대별된다. 텃새들이 한 지역에서 터 잡고 잘 살고 있는데, 철이 바뀌어 철새들이 갑자기 떼 지어 몰려들면 텃새들이 당연히 텃세를 하기도 할 것이다. 그러나 그것도 정도껏이지, 철새들이 사람들처럼 제국주의적 야심으로 다른 나라를 무도하게 침탈하려고 하거나, 반대로 텃새들이 제 나라 지키겠다고 목숨 걸고 전쟁을 하거나 극렬한 쇄국정책을 펴는 일은 없다.

중요한 것은 어지간히, 정도껏, 어떻든 서로 조화를 이루고 평화롭게 공존해가는 방식으로, 인간적으로, 그리고 중도적으로 하는 일이다.

우리가 어떻게 살아야 하는가를 스승에게서 배우는 것이라면, 더러는 동물들이 인간들에게 좋은 스승 노릇을 하기도 한다. 동물들의 왕국은 정해진 헌법도 국체도 국경도 없지만, 어쩌면 그래서 동족들 간에 대규모 분쟁이나 전쟁 같은 것은 거의 벌이지 않는다. 입법부나 사법부가 없어도, 행정권은 견제나 균형이 필요할 만큼 남용되지 않는다. 감옥이나 훈장이 없어도 우주의 인과법에 의해 저마다의 행위의 결과는 각자에게, 그리고 모두에게 되돌려진다.

식물들은 대체로 훨씬 더 평화롭게 공생하고 땅에 아무런 소란도 일으키지 않는다. 각자 싹튼 제 자리에서 살만하면 살고, 살 만큼 살다가 더 못 살겠으면 말없이 쓰러져 죽는다. 우리가 식물들을 보면 대체로 마음이 따라서 편안해지는 것이 아마도 그런 식물적인 마음 때문일 것이다. 정이품송은 자신이 과거에 그렇게 대단한 판서급判書級의 정이품正二品 벼슬을 했는지 전혀 알지 못한다. 그저 너무나 근사하고 기품 있어 보이는 한 그루 노송일 따름이다. 물론 자신이 소나무라 불린다는 사실조차 모를 것이다.

자고로 사람은 이런 동식물로부터 무분별의 살림살이를 배워야 한다. 인간의 수많은 고통은 다름 아닌 인간 자신의 분별심, 또는 언어적 사고의 폐해가 아닌지, 인간 스스로 이 점을 냉철하게 돌아볼 필요가 있다.

우리의 참존재는 언어적 사고 이전에 있다. 그러한 갖은 망상과 착란과 광기 이전에, 언제나 편안하고 다툼이 없는, 이렇게 나뉘기 전의 우리가 있다.

개나 소나 신이나 다 불성이 있는데, 그래도 사람이 동물이나 신들보다 낫다는 것이 무엇이겠는가? 사람이 제일 그 마음을 돌이켜 깨닫기 쉽기 때문이다. 왜 삼계三界 육도六道를 벗어나 제 중생諸衆生을 제도할 부처가, 신으로나 동물로가 아니라 인간으로 모습을 나퉈 그 막중한 일을 이루겠는가? 얄궂은 인간의 몸이 그래도 동물 가운데 가장 좋은 법당이며, 인간의 마음이 신들보다 훨씬 성불하기 좋은 부처이기 때문이다.

사람의 마음! 이것이 인심人心이다. 인심은 어디에 있는가? 모른다. 굳이 말하자면 그것이 나오는 곳에 있다. 쌀독에 있다고? 쌀독에서 인심 난다 했으니까? 물론 그것도 인심이지. 그러나 다시 말한다면, 바로 그 좋은 인심 나오는 곳에 있다는 말이다.

샤카! 이 말은 석가모니부처님의 샤카족을 지칭하는 말이었다. 석가모니는 우주적인 우리 시간대의 부처님, '샤카무니'를 한자로 음차한 것이고, '샤카족에서 난 성인'이라는 뜻이다.

아득한 옛날, 한 땅에 포탈라카라는 나라를 세워 백성을 다스리는 어느 크샤트리아 가문에 고오타마라는 성씨의 감자왕甘蔗王이 있어 두 왕비를 거느렸다. 그런데 첫 번째 왕비가 두 번째 왕비의 소생인 네 왕자를 시기하여 왕에게 간청하여 그들을 동북쪽으로 내쫓았다. 왕자들은 싸우거나 싫은 내색을 하는 대신 설산 아래 어느 지역에서 비옥하고 맑은 물 흐르는 땅을 찾아 떠났고, 그곳에 옛 선인의 이름을 따 '카필라'라 불리는 나라를 새로 세워 서로 싸우는 일 없이 평화롭게 복되게 만백성을 다스렸다. 훗날 떠나보낸 왕자들을 찾아온 감자왕은 그 모습을 보고 크게 기뻐하며 "샤카! 내 아들들이여." 하고 외쳤는데, 그로부터 샤카족이 생겨났다고 한다. '샤카'라는 말은 한역하면 '능인能仁'이니, 능히 선량하고 어질다는 뜻이다.

우리 가락국의 김수로왕(미상~199)은 나유타국에서 온 허황옥을 왕비로 맞았는데, 나유타는 석가족이 부처님 당시 코살라국 비유리왕의 공격을 받아 궤멸당할 때 피신했던 석가족의 후예들이 지금의 미얀마 쪽에 세웠던 나라였다. 허황옥은 오빠인 장유화상長遊和尙과 함께 불법을 먼 이방에 전하기 위해 뱃길을 타고 한반도 남쪽으로 들어왔는데, 장유화상은 지리산에 은거하였고 허황옥은 김수로와 결혼하여 아홉 아들을 두었다. 그중 첫째 아들은 김수로왕의 왕위를 잇고, 둘째 아들은 허황옥의 성을 따라 허씨許氏 가문을 열었으며, 나머지 일곱 아들은 장유화상에게 출가하여 모두 불도를 이루었다. 이로부터 일곱 왕자가 성불한 절이라는 뜻으로 그곳은 칠불암七佛庵, 칠불사七佛寺라 불리게 되었다.

대한민국은 국제 난민조약에 가입한 국가임에도 이제껏 다른 나라들보다 국제적인 난민을 받아들인 규모가 거의 최저의 수준이었다. 그럼에도 차제에 예멘 난민 500명을 받아들이면 나라에 무슨 큰 이변이 생기거나 대단한 국민적 손실이 생길 것처럼 생각하는 사람들은 자신의 그런 생각들이 어디서 나오는지 한번 돌아보았으면 한다.

물론 예멘의 문제는 예멘에서, 중동中東Middle East의 문제는 중동에서 해결되는 것이 근원적이다. 옛 불서에는 매듭은 그것이 맺힌 그 가운데에서 풀어야지, 그 왼쪽이나 오른쪽에서 풀려해서는 안 된다는 표현이 있다. 물론 여기서도 가운데란 바로 우리의 마음을 지칭한다. 어찌 중동이 동방세계의 중심이겠는가? 중국中國이 세계의 한가운데에 있는 나라인가? 일본日本에 가보

라. 해가 일본에서 뜨는가, 일본의 동쪽 태평양에서 뜨는가?

　문제는 세상 어느 구석에나 있지만, 결국 문제는 어떤 문제를 일으키거나 어떤 것을 문제 삼은 사람들의 마음에서 기인한다.

　중동을 화약고라고 한다. 유대교, 가톨릭과 개신교, 이슬람교의 성지, 젖과 꿀이 흐르는 약속의 땅 가나안, 메카가 있는 곳이 왜 그렇게 되었을까? 정말 많은 사람들의 고통과 희생을 낳은 그간의 문제들이 근본적으로 어디에서 기인했는지, 그 원인을 부디 사람의 마음에서 찾아보아야 한다. 가장 근본적으로는 신의 말씀으로 믿어진 것들과 사람의 분별된 생각으로 하여 그리되지 않았는지?

　우리 모두의 마음이 서로 잇닿아 연결되어 있고 둘이 아니기 때문에 중동의 문제가 세계의 다른 구석구석과 무관할 수는 없다. 그리고 그것이 지금 한국 땅 제주도에 표류해온 것이다.

　그리고 이것은 사람의 일, 인사人事다. 우리는 정말 동방예의지국의 우리답게, 그리고 사람답게 그들에게 인사하는 것이 우선의 도리라고 생각한다. 무엇보다 그 난민들은 제주도를 빼앗으려고 오거나 그냥 지나가다가 여행 차 들른 것이 아니라, 자기네 나라에 난 난리를 피해 살아보겠다고 도망쳐온 사람들이 아닌가? 우리에게 조금의 여유만 있다면 그들을 구호하고, 살 길을 열어주고, 좋은 때가 와서 그들이 원한다면 그들의 본래 터전으로 돌아갈 수 있게 해주어야 할 것이다. 이상을 부르짖는 얘기가 아니다. 사람의 도리를 말하는 것이고 사람 사는 얘기를 하는 것이다. 사람의 일, 인사人事에 대해 말하는 것이다. 진짜 인사는 인심人心에서 우러나야 한다.

얼마 전에 오월梧月거사님의 안내로 일본에 다녀왔다.

마찬가지로 건축학을 가르치는 훌륭한 학자이며 선수행자인 감허鑑虛거사님을 통하여 알게 된 오월거사님은 우리나라 현대 건축에서 중요한 업적을 쌓은 건축가다. 요즘 두 달에 한 번씩 두 분이 리드하는 우리 법화림 청년회의 무주상無主相, 무가애無罣礙, 무허가의 '삼원대학교' 건축기행은 알차고 흥미진진하고 화기和氣에 넘친다.

이번 길은 우리끼리 하는 건축기행이기도 했지만, 사는 일과 수행에 대해 의미 있는 대화의 시간도 가져보기로 했는데 아쉽게도 감허거사는 학술회의 차 미국에 가 있던 관계로, 일단 둘이서만 떠났다.

처음 가본 곳은 롯폰기 그랜드하야타 호텔의 예식장. 거사님의 건축학 선배나 은사 격인 당대 일본의 유명한 거장 스키모토씨의 디자인으로 지어진 그 공간은 전 세계에서 많은 건축학도들이 찾아와 견학하는 곳이라고 했다.

인간의 건축물은 갖가지 건축재료로 정말 다양한 형태와 구조, 규모로 지어져 제각각의 느낌과 맵시, 미학적 가치를 드러내며 인간생활의 필요불가결한 주거나 다양한 여타 목적의 이용시설이 되지만, 정작 사람이 머물고 사용하는 것은 그 물질적 재료 자체가 아니라 그것이 만들어내는 '공간'이다. 일찍이 노자도 도덕경에서 사람들이 무엇인가의 '있음'에만 눈을 돌리고 집착하지만, 정말 더 근본적이고 중요한 것은 '없음'일 수 있다는 것을 일깨우기 위해 매우 비슷한 말을 한 적이 있다.

공간! 우리는 항상 일정한 공간 안에 있고, 그 공간 안에서 반드시 무엇인가에 둘러싸여 있다. 그것이 집 같은 건축물이라면 대개 일정한 형태와 질감을 가진 천장과 바닥과 벽체일 것이다. 그리고 안팎을 열어 우리의 몸과 시선이 들고 나게 하는 문이나 창.

그런데 한 공간 안에서 우리 존재의 느낌을 좌지우지하는 가장 중요한 요소는 무엇일까? 놀랍게도 그것은 빛과 에너지다! 빛은 사물의 형상과 색감과 크기를 이미지화하여 외부세계의 시각적 정보를 순식간에 동공을 통하여 우리에게 전달한다. 에너지는 우리 전 존재로부터 밖으로 방사되기도 하지만 외부의 에너지가 역시 즉각적으로 전달되기도 할 것이다.

스키모토가 설계한 그 공간은 출중한 두 교수님에게서 누누이 들었던 건축공간에서의 빛의 중요성을 단박에 깨닫게 하는, 상당히 감동적인 교육자료가 되어주었다. 건축물을 어떻게 볼까, 혹은 내가 어떤 집을 짓고, 어떤 집에서 살고, 어디에 가볼까 생각할 때, 꼭 고려해볼 만한 포인트다.

한 장소는, 많이 크지는 않고 밀폐된 듯하지만 각이 적어 부드럽고 아늑한 느낌을 주는 공간에, 높은 전면 천장으로부터 빛이 쏟아져 내리고, 그 중심에서 빛살의 방향을 따라 부드러운 각목재가 바닥에 닿도록 벽처리를 한 홀이었다. 그리고 다른 데는 벽에 어느 화가의 '빛의 폭포'라는 작품만 완전한 어둠 속에 몇 점 걸려 있는 회랑을 지나, 문을 여는 순간 갑자기 암흑의 동굴을 벗어나 일약 대명천지에 새로 이른 것 같은 빛의 환희를 선사하는 또 하나의 예식 공간.

마침 가까이에서는 일본의 건축역사를 압축해서 보여주는 듯한 건축박람회가 열리고 있어 들어가 보았는데, 거기서도 많은 느낌이 잇따라 왔다.

커튼이 쳐진 밀실 같은 데 들어가자, 제일 강한 영감을 주는 설치작품이 있어 거기 오래 머물러 있었다. 그 방 한쪽에는 가운데에 지름 한 자 남짓한 동그란 구멍이 뚫린 벽이 엇비슷하게 서 있어 공간을 둘로 분할하고 있었으며, 그 벽은 천장으로부터 쏟아지는 동영상의 영사막의 기능도 하고 있었다. 벽이 아주 막혀 있진 않아 뒤로 돌아가 볼 수 있었는데, 그 뒷공간은 흡사 컴컴한 원시인들의 동굴 같은 느낌을 주었다. 문득 시간을 거슬러 원시인으로 돌아간 착각에 빠져 있노라니, 바깥으로부터 벽의 둥근 구멍을 통해 영상물의 빛이 뭔지 식별할 수 없이 깨어져 들어오는데, 딱 미래로 열린 동굴 밖의 이미지다. 앞쪽으로 다시 나오면 휴, 21세기의 공간. 침실에는 현대의 한 여인이 뒤척이며 곤히 잠들어 있다. 그녀의 꿈결인 듯, 영상의 창밖으로는 선사시대의 밀림으로부터 마천루가 늘어선 빌딩숲까지, 진화하는 인간 주거공간의 장구한 역사가 빠르게 흐른다.

혼자 되뇐다. '아, 그러고 보니 인간은 수천수만 년 동안, 보다 안전하고 아늑하고 쾌적하고 편리하고 근사해 보이는 자신만의 동굴을 찾고 있었군. 그래, 다른 걸 대충 해결하고 나면 이놈의 집이 문제였던 것이었던 것이었다! 어디서 처박혀 쉴까, 어디서 자빠져 뒹굴까, 어디 가서 그렇게 딱인 데를 찾을까, 어디다 어떻게 그런 아방궁을 꾸려볼까……. 위대한 문명을 이루며 대대로 살아온 줄만 알았던 인류가 수만 년 동안 고작 그런 몽상에 빠져 있었단 말인가?'

다음날은 가루이자와라는 곳에 갔다. 해발 천 미터가 넘는 산간에 위치한 물 많은 계곡을 낀 휴양지. 노천온천도 있고, 숙소 앞옆으로는 끌어들인 맑은 골짜기 물이 모였다 펼쳐졌다 하며 쉬지 않고 흘러내렸다. 그리고 더 인상적인 것은 일본 사람들 특유의 지나치다 싶게 친절한 접견과 호의가 넘치는 인사.

체크인하기 위해 기다리고 있을 때 리셉션 홀 한쪽에서 직원인 듯한 한 연주자가 티벳 명상음악 같은 연주를 하고 있었다. 금고金鼓나 싱잉보울Singing Bowl, 차임Chime 같아 보이는 악기 등을 늘어놓고 우아하고 조심스런 손동작으로 번갈아 치는 모양에 홀려 있다가, 주의를 소리 듣는 이근耳根으로 모으자, 금방 마음속에 엄청난 정적과 평화로움이 충만해졌다. 일어서 나오면서 거사님은 그 악기들 소리가 스님을 감동시킨 것보다 아마도 그 연주자가 자기 연주를 그렇게 열심히 들어주신 스님한테 더 감동했을 것 같다며 웃었다. 헤르만 헤세의 말대로, 음악이 우리를 고양하고 감동시키는 것은 그 속에는 옳고 그름이 없어서인지 모른다. 이것은 매우 훌륭하고 은근하며 뜻깊은 리셉션이요, 인사였다.

우리는 천상암이라는 식당에 가서 점심을 먹었다. 내가 먹은 별 삶아진 것 같은 메밀국수는 양까지 신통찮아서 2인분을 먹었는데도 뭔가 섭섭했다. 다행히 거사님은 나보다 식성이 검소하고 담백한 것 같았다.

예전에 은사스님을 모시고 교토에 갔을 때는 호텔 메뉴판을 보니 채식으로 시킬 수 있는 것이 덴뿌라밖에 없었다. 2천 엔 정도를 주고 2인분을 시켰는데 큼직한 접시에 튀김 네 조각이 네 송이

꽃에 둘려져 나왔다. 스님 드세요, 너나 먹어, 그래도 드셔 보세요, 그래 그럼 반반씩 먹어볼까, 해서 두 개씩 먹는 동안, 음식을 날라다 준 직원이 두 번이나 되돌아와 맛있으시냐고 물었다. 이건 인사가 아니지. 이럴 정성이 있으면 한 개라도 더 갖다 주든지. 그래, 튀김 두 개를 점심으로 주면서 맛있냐고 해서 되겠어?

숙소로 돌아오는 중에 거사님이 모자를 두고 온 것 같다고 하여, 데스크에 가서 식당에 있는지 확인하거나 찾아줄 수 있는지 문의했다. 거기서도 사람들의 친절은 어지러울 정도였다. 식당 이름이 '천상암川上庵'이었다고 적어 보였더니 즉각 전화를 걸어, 이내 탄성을 연발하고 "하이! 하이!"를 한 20번쯤 하며 눈앞에 귀빈이라도 나타난 것처럼 연신 고개를 주억거리기에, 거사님도 나도 당연히 모자를 찾은 줄 알았다. 그러나 알고 보니 그것은, 못 찾았지만 혹시 거기 어디 있는지 더 찾아봐달라는 부탁을 한 것에 불과했다. 이것도 인사가 아니지. 너무 지나친 거 아냐? 다행히 몇 시간 후 모자가 돌아오긴 했다.

그래도 거기가 좋았던 것은 산간지대의 서늘하고 쾌적한 공기와, 인간이 자연의 빛과 어두움, 물의 정지와 운동을 통제와 놓아줌으로써 멋지게 살려낸 계곡과 온천 사이의 건축물, 그리고 무엇보다 거사님과 한 방을 쓰면서 시간 가는 줄 모르고 나누었던 수행과 살아온 날들에 대한 이야기였다. 거사님이 살아오면서 만나고 같이해온 사람들에 대한 회상은 적잖이 문학적이고 드라마틱했다. 아, 우리가 같이 산다는 것은 이런 것이다!

혼자만의 시간에는 가지고 간 일본강점기 때의 공산주의 항일

독립운동가 김산의 이야기, 〈아리랑〉을 다시 읽었다.

　작가 님 웨일즈의 표현대로 같은 동양의 중국이나 일본 사람과는 격이 다른 품위와 아름다움을 지니고 있던 이 조선의 사내 김산(金山, 본명 장지락)은 중국 대륙 공산주의 운동의 초기에 본격적인 활동을 시작하기 전에 일본에 유학한 적이 있었다.

　그때 그는 1923년의 관동대지진과 조선인 대학살을 눈앞에서 보았다. 리히터 규모 7.9에서 8.4의 지진이 5분 간격으로 세 차례 발생하자, 도쿄와 요코하마 일대는 10만에서 14만 2천 명 이상이 사망하고 거의 복구가 불가능해 보이는 타격을 입었다. 이때 일본은 1918년의 전후 쌀 폭동과 같은 테러가 일어나 무정부 상태에 빠질 것을 우려한 나머지, 국민들의 관심을 다른 데로 돌림으로써 난국을 타개한답시고 내무성이 매우 교활하고 악랄한 교시를 경찰서에 배포하였다. 조선인들이 이때를 틈타 방화와 약탈, 폭탄 테러 등을 획책하고 있으니 주의하라는 내용이었다. 이에 더욱 과격한 유언비어가 섞여, 조선인들이 이미 폭도로 돌변해 우물에 독을 풀고 방화약탈을 하며 일본인들을 습격하고 있다는 언론의 허위보도로 이어졌다. 그 결과 곳곳에서 일본인들이 '자경난'이라는 것을 조직하고 단검, 죽창, 일본도, 망치, 낫 등을 사용하여 조선인들을 보이는 대로 살육하는 만행으로 나타났다. 조선인들이 무수히 죽창에 찔려 서서히 죽어갈 때 일본인들은 빙 둘러서서 박수를 쳤다. 도쿄에서는 '조선인은 군사령부로 와서 보호를 받으라'는 명령이 내려졌는데 800명의 조선인들이 갔다가 사령부 안에서 전원 살해되었다. 이때 피살된 조선인은 학생 1,000명을 포함한 6,000명. 그때 식민지 조선에서는 집집마다 쌀을 무료공출하여 재난을 맞아 굶주리고 있는 일본인들을 구호하기 위해 무려 200만 가마나 보내야 했다.

그 이전의 일본 유학생활에서 김산이 겪은 일본인들은 식민지 조선에 들어와 있던 사람들과 아주 다르게 친절하고 인정이 많았으며, 조선 유학생들에게 호의적이었다. 지식인들 가운데는 결코 민족주의적인 색채가 없는 국제적 정신을 지닌 순수한 좌파 혁명가들이 아주 많았다. 그러나 관동대지진과 대학살 이후 김산은 그들과의 연대의식이나 탈민족주의적인 좌파운동에 대한 희망을 아주 접고 결국 중국 혁명의 현장으로 뛰어들어갔다. 거기서 그는 금강산 승려 출신의 공산주의자 김충창 등으로부터 직접적 영향을 받아 두 차례의 투옥과 모진 고문을 이겨내며 처절하게 투쟁하였다. 그러나 거기서도 그는 채 준비되지 않고 역량이 결집되지 않은 혁명투쟁의 한계 속에서 좌절하였으며, 사상과 목표가 같다 해도 결코 동화할 수 없는 중국인들 특유의 기질을 절감하면서 결국에는 '조선인들의 항일민족전선'을 이루기 위해 헌신하였다. 기독교인, 무정부주의자, 민족주의적 테러리스트, 국제 공산주의자를 거치며 그가 도달한 이상주의의 결론이었다. 이번에 다시 책을 읽으며 만난 김산은 그 어떤 이념의 추종자라기보다는 아주 강직하고 맑고 고결한 인품을 지닌 우리 할아버지나 아버지 대의 한 아름다운 한국인일 뿐이었다.

시대를 바로 읽기 위해서는 먼저 역사를 보아야 한다. 역사적 맥락에서 볼 때, 이 시대는 이미 '이념의 시대'가 아니다. 이념적 가치에 따라 곳곳에서 사상투쟁이 벌어지는 이데올로기의 시대는 거의 그 끝자락을 보이고 있다. 그리고 이제는 얼핏 보아

세계 어느 구석에서도 인간의 개인적, 집단적 이기심이 불완전한 '거래의 룰'에 따라 이합집산을 반복할 뿐인 '자본과 이권의 시대'가 제동장치 없이 끝없는 미래를 향해 내달릴 것처럼 여겨지기도 한다. 그러나 이렇게 인간이 겨우 자기 이익과 쾌락을 위해서만 살아간다는 것은, 사상투쟁이 우리에게 내놓으라고 강요했던 피와 목숨만큼이나, 아니 그 이상으로 절망적이다.

나는 인간 가슴속의 오랜 염원을 담아 희망 섞인 예견을 한다. 자본과 이권의 시대가 아니라, '사람의 시대, 마음의 시대'가 열리리라고…….

이 세상에 나라나 민족이 사라질 수 있을까? 우리의 중심을 향하여 본질적인 통찰을 해나가면 물론 그 마음자리에는 한국도, 일본도, 중국도, 미국도 없다. 국가도 없고 인종도 없다. 그러나 우리가 이 구체적인 우주의 공간에 부모형제 가운데 사람으로 태어나 살아가는 한은, 한 나라의 국민이어야 하고 자기가 익숙한 모국어가 있을 수밖에 없으며, 자기 고향과 삶의 보금자리가 없으면 안 된다. 그리고 이것들은 당연히 존중되어야 하고 보호받아야 한다. 당연히 예멘 사람들은 자기들의 땅 예멘이 평화로워져 예멘에 돌아가 사는 것이 가장 좋다. 그러나 우리가 나라를 잃었을 때 간도로, 시베리아로, 중국 대륙으로, 심지어는 섬나라 일본으로 피해 가서 살면서 피 흘리며 나라의 회복을 꿈꾸었듯이, 누군가 우리 땅에 와서 그렇게 하려고 하면 진정 우리답게 도와야 한다. 영원한 우리나라 노래 아리랑은 바로 그런 염원이 담긴 피어린 절규다.

아리랑

아리랑 아리랑 아라리요
아리랑 고개를 넘어간다
아리랑 고개는 열두 구비
마지막 고개를 넘어간다.

청천 하늘에 별도 많고
우리네 가슴엔 수심도 많다.
아리랑 아리랑 아라리요
아리랑 고개를 넘어간다.

아리랑 고개는 탄식의 고개
한번 가면 다시는 못 오는 고개.
아리랑 아리랑 아라리요
아리랑 고개를 넘어간다.

이천만 동포야 어디에 있느냐
삼천리강산만 살아있네.
아리랑 아리랑 아라리요
아리랑 고개를 넘어간다.

지금은 압록강 건너는 유랑객이요
삼천리강산도 잃었구나.
아리랑 아리랑 아라리요
아리랑 고개를 넘어간다.

'안녕하세요?' 영원한 우리 민족의 인사다. 얼마나 안녕하지 못하게 살아왔으면 상대방 안부를 그렇게 물을까? 하룻밤이라도 발 뻗고 푹 자고 일어나는 일이 얼마나 절실했으면, 화창한 새날이 열렸는데 왜 하필 안녕히 주무셨느냐고 물을까? 그러나 이것은 동서고금을 막론한 현실의 인간 역사였고, 진실로 인간의 이상과 염원을 가진 사람이라면 동류의 인간을 어찌 그렇게 걱정하고 어찌 그렇게 묻지 않을 수 있으랴. '굿모닝!'이라고 해놓고 뒤통수치기보다는, 이것이 얼마나 진실하고 미더운 인정 어린 인사인가! 언제나 이 땅에서는, 모든 사람과 생명들이 단 며칠이라도 좋으니 제발 아무 탈 없이 안녕하게 살 수 있을까? 제주도에 있는 사람들은 제주도에서, 예멘에 있는 사람들은 예멘에서……

　지구가 해 뜨는 동쪽을 향해 재주를 넘으며 자전해서인지 인류는 끝없는 옛날부터 동진東進하였다. 오행五行에서 서쪽은 금방金方이라 가을 기운처럼 쌀쌀맞아 푸르던 나뭇잎을 지게 하고 동쪽은 목방木方이라 봄기운처럼 훈훈하여 만물을 소생시킨다. 역사 속의 얘기들을 들춰보자.

　먼저, 우리가 세계사 수업에서 이른바 '신대륙 발견(!)'이라고 배우는 사선이나.

　일찍이 콜럼버스는 스페인의 이사벨 여왕의 후원을 얻어 인도로 가는 새 항로를 개척하겠다고 몇십 일을 항해한 끝에 아메리카 대륙의 한 섬에 닿은 후, 여왕에게 보고했다.

　"하늘은 더없이 쾌청한 나날들이고 땅은 비옥하여 오곡백과가 무르익어 땅에 떨어져도 사람들은 욕심이 없어 그것을 다투어 주워가려 하지 않습니다. 지상에 낙원이 있다면 바로 이곳일 것입니다."

그러고 나서 여왕의 더 큰 후원을 얻은 콜럼버스는 1,500명의 군사가 탄 17척의 대선단을 꾸려 2차 항해에 나섰다. 전에 발견한 그 낙원 같다던 땅에 쳐들어가 황금을 약탈하고 수많은 사람들을 잡아다가 노예로 만들었다. 서양인들의 관점에서 보면 어마어마하게 이익되고 후세에 길이 남을 업적이었다.

그로부터 몇십 년 후, 지구가 둥글다는 확신을 가졌던 마젤란이라는 사람이 나타나 세계 일주라는 더욱 야심찬 항해에 나섰다. 그런데, 거의 지구의 4분의 3을 돌아 필리핀제도를 지날 때쯤, 선단에는 물과 식량이 떨어져 일행은 섬에 상륙하여 원주민들에게 구원을 요청하였다. 선량한 사람들은 기꺼이 낯선 이방인들에게 호의를 베풀었다. 그러나, 실컷 먹고 마시고 난 마젤란 일당은 기껏 자신들에게 도움을 베풀어준 원주민들에게 기독교로의 개종을 요구하여 어이없는 싸움을 걸었다. 그러나 미개하고 만만하게 보였던 원주민들은 총과 대포 등, 신식 무기에 맞서 생각보다 훨씬 극렬하게 항전하였고, 마젤란은 세계 일주라는 자신의 야심을 다 채우지 못하고 그 싸움에서 죽고 말았으며, 패퇴한 소수의 패잔병들만 세계 역사상 최초로 지구를 한 바퀴 도는 쾌거(!)를 달성하였다.

그 이후로 대거 식민지 쟁탈전에 뛰어든 서양의 열강들은 앞다투어 아메리카, 오세아니아, 아시아, 아프리카의 대륙에 수천, 수만 년 동안 터를 잡고 살아온 원주민들을 온갖 교활하고 무도한 방법으로 죽이고 복속시키고 몰아내며 그들의 터전을 침탈하고 삶을 도탄에 빠뜨렸다. 그런 만행이 가장 대규모로 일어나 대륙의 문명 전체를 짓밟아 파괴하고 땅을 다 차지하여 제멋대로 나누고, 침략자나 이주민들의 문명이 지배하는 완전히 새로운 세상을 연 것은 다름 아닌 미주 대륙이었다. 이런 것을 싹쓸이라고 한다. 그 대륙의 원주민들에게는 애초에 어디가 '누구누구의 땅'이라는 개념이 없었다. 그들은 대지를 어머니라 여기고 머나먼 조상들부터 그렇게 살아왔기 때문이었다. 백인들이 들어와 땅을 침탈하기 위해 전쟁을 일으켰다가, 그래도 조금 온건하게 돌아서서 간계를 꾸며 찾아와 이렇게 싸우는 대신 당신네들 땅을 우리가 사겠으니 팔면 어떻겠느냐고 했을 때, 원주민들은 말했다고 한다.

"원한다면 이 땅에서 같이 평화롭게 살면 되지 않겠소? 어떻게 어머니 대지를 떼어 팔거나 통째로 누군가에게 팔아넘길 수 있단 말이오? 당신들은 어머니를 그렇게 하시오?"

땅을 소유하거나 사고파는 것은 문명적 관점에 따라 다를지 몰라도, 남들이 일구고 터전으로 삼아 평화롭게 살고 있는 땅을 침탈하는 것은 누가 보아도 사람다운 짓들이 아니다. 예의가 아니고, 도가 아니고, 사람다운 일이 아니다.

놀랍게도, 옛 서구인들이 자신들의 그런 무자비한 만행을 정당화하는데 썼던 가장 유용한 무기는 바로 천 몇백 년 전에 중동에서 유럽으로 유입되었던 '성서聖書'와 그에 기반을 둔 기독교 신앙이었다. 그도 그럴 것이 성서의 십계명에는 분명 '네 이웃을 네 몸과 같이 사랑하라.'는 신의 명령이 명시되어 있지만, 이때의 이웃이란 단지 자신의 동족에 국한될 뿐이었기 때문이다. 구약성서에는 신의 명령에 의해, 혹은 비호 아래 이민족들을 씨가 마를 때까지 무자비하게 도륙하는 얘기가 매우 서사적으로, 그리고 '성스럽게' 묘사되어 있다.

한번은, 유대인들이 수도 많고 세력이 큰 이교도들을 어찌하지 못하고 있을 때 자비롭게도 신이 나타나 간계를 가르쳐준다. 그 계략을 감사히 받들어 유대인들은 꿍꿍이를 숨기고 이교도들에게 화친을 제안하였다. 그들이 유대의 풍습을 따라 남자들이 전원 할례만 한다면, 이제부터 서로 싸울 일 없이 이웃해서 평화롭게 살자는 것이 조건이었다. 평화를 너무 사랑했던 것인지, 순진했던 것인지, 이방의 교활한 신에게 속은 것인지, 그들은 아주 통 크게 나와 일거에 화친에 응하고 남자들마다 일제히 포경수술을 했다. 그리고 나자, 유대인들은 급습하여 자지가 아파 제대로 걷지도 못 하는 적들을 파죽지세로 대단히 통쾌하게 무찔렀다. 여기서 통쾌하게 무찔렀다는 것은 월드컵 축구경기에서 이기듯이 그나마 비교적 공정한 게임의 룰에 따라 그냥 적의 항복을 받아내고 자신이 더 강하다는 것을 입증했다는 것이 아니다. 그 땅의 사람들을 모두 몰살시키고, 그 땅에 남은 모든 것을 차지했다는 뜻이다. 기독교 신앙에서는 여기에 대해 결코 고개를 갸우뚱하거나, 인간의 이성으로 따지고 들거나, 왈가왈부하는 것이 허용되지 않는다. 왜냐? 그것이야말로 그대로 창조주 하나님의 뜻이요, 명령이기 때문이다. 그저 "아멘!" 할 뿐이다.

다른 한번은 유대인들이 역시 신의 지령에 따라 어떤 이교도 지역을 도륙하면서 그래도 양심상, 아녀자들과 어린애들을 살려두고 돌아왔다. 그러나 '사랑의 하나님'은 적을 대하는 유대인들의 이런 미적지근한 태도에 대하여 몹시 노하였다. 재차 가서 정말 철저히 도륙할 것을 다시 엄명하였다. 할 수 없이 유대인들은 아버지 하나님의 뜻을 엄중히 받들어, 그대로 행하였다.

그런데 또 한번은, 유대인들이 이번에도 역시 신의 뜻대로 어느 이방의 땅을 도륙하다가 지난번의 착오가 생각났던지, 아버지 하나님께 욕먹었던 게 생각났던지, 사람이란 사람은 종자 하나 남기지 않고 다 쳐 죽여 없애고, 기세를 몰아 가축들도 깡그리 죽여 없애고, 들판의 곡식들까지 베어 넘기거나 땅을 파 뒤집고, 더는 죽일 것이 없어 의기양양하게 개선하였다. 그러나 이번도 아버지 하나님은 만족해하지 않았다. 또 트집을 잡아 더없이 분노하였다.

"내가 언제 가축들까지, 곡식들까지 도륙하라고 하였더냐? 저것들이 너희에게 언제 앙심을 품은 적이 있었더냐? 저것들이 언제 너희에게 칼을 들고 대적하더냐!"

신성모독을 하지 않기 위해, 이런 이야기가 신의 영역에서가 아니라 사람들 사이에서 벌어졌다고 가정하고 생각해보자. 아무리 충성스런 종이나 아랫사람이라 해도 이런 상전이나 주인님은 비위 맞추기가 대단히 어려울 것이다. 아니, 그보다 그 속내조차 가늠하기가 지극히 어려울 것이다. 어쩌면 정신병자로 느껴질지 모른다.

사람이 다른 이와 소통하고 공감하고 서루 믿고 사랑하기 위해 일차적으로 필요한 것은 감정이입을 통하여 상대방 안의 선의를 감지하는 일이다. 아무리 노력하여 헤아려보려 해도 납득이 안 가면 상호신뢰는커녕 내밀한 교감 자체가 끝장이다. 형식적인 관계나 권위주의적인 질서를 어찌지 못하여 복종하는 척하거나 그 울타리 안에 머물러 있는다 해도, 속마음은 이미 그를 떠나 있을 수밖에 없지 않겠는가?

인지상정으로는 이런 신화는 결코 곧이 믿거나 수긍하고 받아들일 수 없다. 성서를 신성하다 여기는 많은 신자들은 성서의 기록들이 그냥 신화가 아니라 역사적인 기록이라고 주장한다. 이렇게 나오면 설상가상이다. 위에 예로 든 이야기가 그냥 신화라면 그런 신화를 지어낸 사람들이 이상하지만, 만에 하나 그것이 역사라면, 진짜 신이 이상하고 당신들 모두가 이상하다. 도대체, 어떻게 이렇게 이상하고 납득 안 가는 신과 당신들 말을 믿으라는 말인가?

세상의 보편적인 도덕성을 무너뜨리는 것이 바깥의 온갖 이유들 이전에 인간 안의 이기성이라고 할 때, 그 이기성이나 자기중심성을 제어하여 인간을 도덕적이게 하는 준거는 과연 어디에서 도출되어야 하는가의 문제에 대하여, 아무리 어마어마한 신이나 무서운 법 제도라 해도 밖으로부터 부여되는 규범이란 특히 집단적일 때는 언제나 명백한 한계를 가질 수밖에 없다는 점을 꿰뚫어 보자. 오로지 인간 내면에 본래적으로 존재하는 진실한 선의나 자비의 정신이야말로 인류가 끝까지 의거하고 믿을 수 있는 고귀한 가치임을 우리 모두가 속히 깨달아야 한다.

서양 사회는 이렇게 무도하게 동방의 대륙들을 침탈하고 점령하고 원주민들을 몰아내고 죽이고 노예화하고 착취함으로써 인간 자신의 가치나 인간의 도의보다는 물질적 풍요가 모든 것인 정신 나간 근대사를 주도했다. 이것은 거대한 인류사의 비극이다. 인류의 역사에 정말 인간적인 새 장이 열리려면 얼마 오래되지 않은 이러한 비극에 대하여, 동서양의 사람들이 함께 지극히 통렬한 반성을 먼저 해야 한다.

조선 효종 때, 네덜란드의 상선 하나가 일본 나가사키로 가다가 제주도 연안에서 폭풍으로 난파, 표류하여 그 배에서 서기 일을 하던 하멜 일행이 1653년에서 1666년까지 13년 동안 조선에 머물다 탈출해 간 일이 있었다.

표류한 배가 동인도회사에 소속된 무역선이었기 때문에 하멜은 회사에 그동안의 노임을 청구하기 위해 돌아간 다음 표류기를 썼는데, 이것이 조선이라는 나라의 존재가 서양에 비교적 구체적으로 알려지게 된 계기가 되었다고 한다. 하멜의 기록 자체가 그런 성격으로 쓰인 보고서였으므로 거기 나타난 뉘앙스로는 이들이 조선 조정에 억류되어 큰 고초라도 겪은 것처럼 보일 수도 있겠지만, 당시의 조선으로서는 이들을 구조하여 보호하고 매우 인도적으로 대하였다고 할 수도 있다.

우선 조선 조정은 그들에게 미리 조선에 와 정착하여 관직에 있으면서 살고 있던 네덜란드인 벨테브레(박연)을 보내어 상황을 파악한 다음, 왕 친위대에 배속되도록 벼슬까지 알선해주었고 당연히 먹고 살 만큼 녹봉도 주었을 것이다. 이들로부터는 총포에 관한 것이나 다른 서양 문물, 과학기술에 대해 박연에게서만큼 그다지 얻을 것이 없었지만, 당시의 벼슬아치들이나 백성들은 그들의 신기한 춤이나 코로 퉁소를 부는 따위의 공연을 좋아해서 빈번히 잔치 같은 데 초대하기도 했다고 한다.

그들이 원하는 것이 네덜란드로 돌아가거나 처음 목적지로 했던 일본으로 가는 것이었을지라도, 항해술이 완전히 다른 조선 배를 내어줄 수는 없었고, 당시 일본에서는 도쿠가와 이에야스 시대에 기독교도들의 변란이 일어난 후 국내외인을 불문하고 기리시단Christian이라면 모조리 처단하던 때였으므로 그들을 사지로 보낼 수 없는 인정 넘치는 처우였다고 짐작할 수도 있다. 의사소통이 많이 불완전한 것, 문화적인 충격 등은 당연히 애로가 되기도 했을 것이다.

그래서였는지 그들은 한 차례 탈출을 기도하다 배를 몰 수가 없어 실패한 적도 있었는데, 급기야 두 사람이 마침 한양에 와 있던 청나라 사신단에 무단으로 뛰어들어 구조를 요청하는 소동을 벌이기도 하였다. 이 사건은 병자호란 이후 예민해져 있던 청나라와의 관계에 비추어 적잖이 엄중한 일이었으므로 이들을 모두 처단해야 한다는 여론이 일었으며, 결국 다 곤장 50대씩을 맞게 되었으나 이마저도 효종 임금이나 왕가 사람들이 온정을 베풀어 면해주고 남쪽 전라좌수영으로 내려보냈다. 이는 일종의 귀양이었으므로 조정에서 벼슬하던 때와 생활이 같을 수는 없었을 테고, 마침 흉년이 들어 먹고사는 것에 누구나 어려움을 겪기도 하였다. 먼저 하멜을 비롯한 일곱 명이 조선인 친구를 큰돈을 벌게 해주겠다고 속이기도 하고 웃돈을 얹어 배를 구한 다음 일본으로 탈출하였으며, 조선에서는 남은 사람들도 그들의 의중에 따라 일본으로 보냈다.

그들이 함께 결국은 네덜란드로 돌아간 것인데, 표류기를 기록한 하멜의 태도는 온당하다고 할 수만은 없다. 하멜은 조선인들로부터 기독교인으로서 부끄러울 정도로 좋은 대우를 받았다면서도, 조선의 풍습이나 조선 사람들의 기질을 묘사할 때는 몹시 잔인하고 야만적인 것처럼 악의적으로 기록하여 보고한 것이다. 예컨대, 나중에 남쪽에 내려와 지낼 때, 매우 호의적인 불교

승려들과 대화하며 매우 친밀한 시간을 보냈으면서, 조선의 절들은 '매춘의 소굴'이라고 난데없고 터무니없는 기술을 하고 있다고 한다. 숭유억불정책 하의 조선 사찰이 조정과 양반 권세가들로부터 이루 말할 수 없는 수탈과 탄압을 견뎌야 했던 당시의 상황에 비추어 이런 매도는 전혀 객관적이지 않고 근거 없는 것이다. 1726년 영국의 작가 조나단 스위프트가 쓴 〈걸리버 여행기〉 같은 허구적인 풍자소설이라면 몰라도, 인정에 따라 이방인들에게 도리에 따라 '인사'하고 선의를 베풀어준 사람들에 대해 이런 악의적인 진술을 일삼는 것은 기독교와 같은 중동산 종교의 정복주의적 사고나 제국주의 시대 서구인들의 오만무례한 태도를 그대로 보여주는 것이다.

대다수의 역사가들이나 서구적 사고에 길들여진 요즘의 한국인들은 이때의 조선 조정이 하멜 일행으로부터 그들이 가진 과학기술을 얼른 전해 받지 못한 것이나, 후에 일본처럼 일찍감치 개항이나 교역에 나서 메이지유신과 같은 변혁과 자기탈바꿈을 이루지 못하고 도태되어 망국의 길로 간 것이 몹시 전근대적이고 시대착오적인 것이었다는 점만 한탄하는 경향이 많다.

서세동점西勢東占! 중국의 아편전쟁이나 우리의 개항 이선에 있었던 수차례 양요洋擾에서 보듯이, 과학기술의 진보와 물질문명의 발전을 선점한 서구의 열강들은 예를 갖추어 앞선 것을 전수해 주려 하거나 개방을 제의하고 교역을 해보자며 문을 두드린 것이 아니다. 교활한 술책과 정복자의 논리로 그들이 바라던 이권과 패권을 관철시키려 했을 따름이다. 수많은 동방의 나라와 민중들이 이러한 서구 제국주의의 희생양이 되었다. 동료애나 양심을 저버린 소수의 친 외세 세력만이 침략자들과 똑같은 짓을 하며 동족이나 같은 울타리 안의 사람들 위에 군림하고 이권을 얻었을 뿐이다.

어쨌거나, 현실의 기나긴 인류 역사는 단지 강자와 승자들이 약자와 패자를 탄압하고 지배하고 수탈하며 전횡하는 야만적인 사건의 연속이었고, 실제 벌어졌던 사실에 대한 당대나 후대의 역사적 인식 자체가 다분히 그들의 손에 의해 재단되어 왜곡되는 불공정과 거짓의 반복이었음을 부인할 수 없다. 크고 강한 것이 선택되고 살아남으며, 결국 옳고 나은 것으로 여겨지는 것은 자연계와 인간 역사의 냉정하지만 어쩔 수 없는 법칙이기도 하다. 그러나 이것을 체념으로 긍정하기만 하는 것 또한 인간적으로 너무 비극적이고 애석한 일이다. 우리의 내면에 적의와 야심만 있고, 어울림에 경쟁과 싸움만 있지는 않지 않은가? 더구나 그것이 우리 자신이나 모두의 궁극적 행복을 위한 길이 결코 아님은 너무나 분명하다.

역사도 인생도 참 덧없다! 나라들도 사람들도 부강해지기 위해 그렇게들 몸부림치지만, 다 덧없이 명멸하는 불꽃이나 물거품 같은 한때의 해프닝을 위해 벌이는, 결국은 실패하고 몰락하고 마는 게임 같은 것. 월드컵의 토너먼트 경기 같은 것.

과연 인생의 성공이란 무엇일까? 인간이 참으로 위대해진다는 것이란?

혹자는 세상에서의 성공이란 이를테면 자식들처럼, 죽은 후에라도 참으로 가까웠던 사람들에게서 성공이란 이를테면 자식들처럼, 죽은 후에라도 참으로 가까웠던 사람들에게서 존경받는 사람이 진정으로 성공한 인생이라고 했다. 그런 사람들이 위인이라고……. 진정 우리는 이기기 위해서만 사는 것이 아니다.

다음은, 참으로 진실하고 큰 사랑을 가르쳐 보여주고, 남겨두고 먼저 가신 분들을 생각하며 최근에 쓴 시 두 편.

내리사랑

마루에 누우면
비가 내리고
개울물 소리 내리고
사랑이 내린다.
너와 나를 살게 하는 사랑은
내리는 것이다.
우러나 진실한 사랑은,
거래처럼 주고받지 않는 사랑은
단지 내리는 것이다.

바람은 불어오지만
사랑은 내려온다.
물소리가 말한다.
내리기 위해선 먼저
너 자신이
가벼워져 떠올라야 하지 않겠는가?
씻고 씻으며 내리던 물이

말라 없어진 듯하다가 구름이 되듯.
하여 돌아보니,
누구의 가슴에서 솟고
누구의 손길에서 드리웠을지라도
참다운 사랑은
우리를 낫게 하고, 끌어올리고, 새록새록 살게 하는
자비의 감로라 불러도 좋았다.

사랑하기 위해서는 먼저
사랑함으로써
그대 스스로 공기보다 무게를 줄여
저 창공처럼 높아져야 하리라.
사랑은 사랑하는 자를 데리고 떠올라
하늘 닿게
높아지는 것이므로.

아무리 어린아이여도
더없이 비천한 차림이어도.
사랑을 품은 사람의 작은 가슴
숭고하였다.
눈물겨웠다.

그러니 너 천민이여,
고결해지려거든 먼저 사랑하라.
왕좌 따위와는 비교할 수 없는 절대의 고도에서 고결하게 쏟아져 내리기 위해.
한때의 뜻 없는 곤두박질이 아니라
그지없이 자비로운,
물 같은 순환이기 위해.
그저 내려 부서지는
사랑의 장대비이기 위해.

한마디

아주 어린 날
아버지의 비밀 노트에서 한 문장을 보았다.
'사나이라면 그 가슴에 큰 뜻을 품어야 한다.'
갑자기 아버지의 가슴 속을 훔쳐본 것처럼
내 가슴이 뛰었다.
크고 미더운 손으로
묵묵히 일만 하시던
너무 막강하여
감히 엿볼 수 없었던
아버지의 큰 뜻은 무엇이었을까?
큰 뜻이란 무엇일까?
우리가 이뤄야 할,
이룰 수 있는,
지금처럼 아버지가 계시지 않아도
나라도 세상에 남아

이어가야 할,
함박꽃처럼 고결한 그 큰 뜻이란…….

할머니는 돌아가시기 전에
마지막 말씀으로 당부하셨다.
"아가, 크게 되어라, 와."
지금도 할머니의 그 원願은 내 안에 살아있다.
할머니 따라 돌아가시지 않고
뿌리처럼 파고들고
덩굴처럼 번져
밑동이 점점 크게 자라고 있다.
아직도 알 수 없고,
크게 된다는 것이 무엇일까 하는
의문도 따라서 커졌지만,
그 의문의 크기만큼 나도
이렇게 커져 온 것을…….

  고작 키 2m, 체중 100kg을 넘기 힘든 연약한 육체를 끌고 별의별 재주를 다 부려가며 이 광막한 우주 공간에서 인간이 스스로 위대해지려 발버둥 치는 것이 얼마나 웃기는 일인가? 온갖 응원과 야유의 함성 속에서, 무시와 질시와 부담스런 격려 속에서, 자칫하면 시비가 나는 불완전한 룰 속에서, 90~120×45~90m의 네모진 땅바닥에서 스타가 되어보겠다고, 먹고 살겠다고, 가족이나 나라나 우리를 위한다고 죽어라 뛰어다니는 축구

선수들처럼 안쓰럽기도 하다. 털어놓고 보면, 세상 전체가 참 우스꽝스럽고 황당한 똥자루들의 경합이다. 그러나 그 허름한 똥자루 안에 참으로 위대한 한 가지가 있으니, 그것은 아무리 무도한 적수를 만나고 아무리 극악한 상황에 처해도 우리가 정말 정신 차려 지키려 하면 결코 잃지 않을 수 있는 우리 안의 그 '선의善意'이다. 자신만이 아니라, 남이나 상대방이나 당신이나 모두를 위한 그 선의는 결코 손상당하거나 모욕당할 수 없이 고귀하고, 우주를 창조했다고 믿는 신이라 해도 넘어서기 힘든 거룩하고 위대한 보배산, 금산金山이 아닐 수 없다. 인간은 욕심이나 야망에 의해서는 결코 위대해질 수 없다. 상선약수上善若水! 오로지 이 물 같은 선의에 의해서만 그렇게 될 수 있다.

차제에 예멘 난민들을 동계올림픽 즈음 오대산 월정사 밑에 지은 명상마을에 보내어, 한동안 템플스테이나 좀 시키면 어떨까? 그들에게 진실한 온정을 베풀어, 모두가 함께할 수 있는 우리 내면의 진정한 평화의 길로 안내해보면 어떨까? 못 따라오는 놈이 있거든 곤장으로 엉덩이를 까서 내려치는 대신, 죽비로 어깻죽지라도 좀 후려치면서 밀이다. 농담 섞인 충정이다.

어디서 무엇이 되어 다시 만나랴

나이 든 사람들은 쉽게 젊은이들에게 끌린다. 늙은 말이 햇콩을 더 좋아한다던가?

그는 우크라이나 출신이었다. 나이 25세. 예닐곱 개의 언어를 자유롭게 구사한다는 그 청년의 눈엔 총기가 흐르고 골상에 기개가 서려 있었다.

듣고 보니, 바야흐로 출가하여 불도에 귀의하기 위해 머나먼 나라를 찾아왔다고 한다. 앳된 청춘에게 인생을 건 질문을 던져본다.

"왜 스님이 되려고 해요?"

"그것보다 더 좋은 것이 있나요?"

주저 없이 날아온 반문이 오히려 나를 흔든다. 확신에 찬 눈은 묵은 중을 직시한다. 잠시 말을 잃고 나는 내 젊은 날을 더듬는다.

나는 스물일곱에 집을 떠나 산으로 들어왔다. 그러나 그것은 스스로의 선택이나 결행이었다고 생각되지는 않는다. 복잡하고 많은 인연들이 만나 벌어졌으되, 너무나 단순하고 필연적인 하나의 사건이었던 것 같다. 아주 많은 가능성 가운데 하나가 현실로 나타난 것이라기보다는, 다른 모든 길들은 닫혀있고 단 하나의 외길이 열려있었으므로, 아마 아주 멍청한 한 마리 동물이었다 해도 필시 그 유일한 활로로 도망쳐 나왔으리라 생각하는 것이다.

"스님, 가르쳐주세요. 이 청년이 중 되는 것보다 더 나은 것이 뭐냐고 묻잖아요?"

우봉스님이 웃으며 나에게 말을 시킨다. 뭐라고든 둘러대야 했다.

"아무것도 되지 않는 것이 스님 되는 것보다 낫죠."

그러나 젊은이는 지지 않는다.

"저는 아무것도 되지 않기 위해 먼저 스님이 되려고 합니다."

고개를 끄덕인다.

'그대는 아마 뛰어난 수행자가 될 것 같다. 부디 그렇게 되어 지금 구하는 것을 꼭 찾기를……'

동유럽에서 출가하는 사람들이 많다. 그리고 그 대부분의 출가자들이 뛰어난 엘리트들이다.

지금 법화도량에서 동안거를 하고 있는 두 스님은 폴란드 출신이고, 한 스님은 체코 출신이고, 또 한 수행자는 러시아 사람이다.

한 사회의 최고 지성들이 출가하는 사회는 그래도 건강하다. 미래가 있다.

한국 사회는 싹수가 있는가?

제국주의의 패권경쟁에서 밀리고, 지난 세기의 동서냉전 구도에서 왼쪽 편에 줄을 섰다가 권위주의 관료체제의 온갖 부패와 비효율성에 시달려온 사회에서, 이젠 그 선각자들이 불문佛門을 두드리고 있다.

어떤 스님은 폴란드에서 태어났는데 쇼팽의 후신이었는지 어린 시절 피아노의 신동이라 불리었다. 그 자유롭고 천재적인 영혼은 자라면서 극도의 공산주의 혐오자가 되었다. 마침내 공산당사를 날려버리겠다는 음모로 사제폭탄을 제조하려고 이런저런 실험을 하다가 먼저 자신의 손가락을 날려버렸다. 인생의 꿈을 잃어버린 청년은 어느새 마약중독자가 되어있었다. 정보기관에서는 혐의를 두고 꼬리를 잡아내려고 갖은 시도를 다 했으나 아이큐가 180쯤 되어 보이는 머리를 따라잡는 것은 원천적으로 불가능했다. 결국은 경찰이 마약을 이 청년의 집에 미리 숨겨두는 식으로 함정수사를 펼쳐 체포해갔다. 그리고는 고맙게도 감옥에 처박아 두고 장시간에 걸쳐 마약중독증을 치료해주었다.

감옥에서 나온 후 그는 동방에서 온 대 스승 숭산스님을 만났다. 그는 금을 가루로 만들어 세제통 안에 타서 밀수하는 방법을 지하조직 사람들에게 가르쳐준 대가로 돈을 받아 어느 선원의 건립과 발전을 위하여 기부하고, 한국 선불교에 귀의하여 스님이 되었는데, 빵 만들 이스트가 없으면 김치에서 효소를 추출하여 제빵을 하기도 하고, 사제로 선원 난방에 필요한 장작보일러나 대단히 열효율이 높은 연탄보일러를 제작하기도 하며 요즘은 자신을 백제의 후예라고 칭한다.

우리는 다 무엇이 되려는 꿈속에서 알을 깨고 나오고, 허물을 벗고, 날개를 편다. 갈고 닦고, 대응하고, 겨루고, 목숨을 건다.

저마다 무엇이 되려고 하는 꿈들은 결집하고, 뒤엉키고, 가닥을 잡으면서, 세상을 흔들어 추동하고 방향 잡아 견인한다.

군대를 다녀와서 출가하기 얼마 전에 나는 억지 과외선생을 몇 달 해본 적이 있었다. 일주일에 불과 몇 시간만 봐주면 당시 대기업 신입사원보다 더 많은 월급을 받을 수 있다고 해서 방세와 생활비를 벌기 위해 시작했지만, 점차 그것은 내 성깔에 맞지 않아, 마음을 다해 할 수도 없고 무심히 할 수도 없는 일이라는 자각이 들었다. 심할 때는 마치 몸 파는 일처럼 천하고 자존심 상하는 일처럼도 여겨졌다.

흥미나 의미를 느끼는 일에 뛰어들어 몰두하게 되는 것은 매우 인간적인 일이다. 그렇지만, 과히 내키지 않는 짓을 몇 푼어치의 대가 때문에 한다는 것은 굴욕이자 괴로움이었다.

배움과 가르침이 세상사에서 가장 가치로운 일임에는 의심의 여지가 없었다. 개인적으로 나는 특히, 법이나 제도, 인간사회의 외형적 변화보다는 인간의 내면과 생명력을 믿고 싶었고, 따라서 다양한 형태의 교육을 통해서 일어나는 인간의 내적 성장과 깨어남을 아주 중요하게, 어쩌면 유일한 희망으로 생각하고 있었다.

문제는 내가 가르치게 된 그 강남의 아이가 공부에 추호도 관심도 의욕도 없을뿐더러, 필요성이나 의미를 하등 느끼지 못하는 녀석이라는 데 있는 것 같았다. 수업 도중에도 걸핏하면, "저 화장실 좀 다녀올게요.", "저 물 좀 먹고 올게요." 하고 끊임없이 따분하고 재미없는 지식주입으로부터 도망칠 핑계만 찾는 아이의 머리 회전에 번번이 좌절감을 느꼈다. 나는 돈을 받는 대가로, 성취동기가 제로인 이 아이에게 어떻게 하면 공부하고 싶은 욕심을 불러일으켜 볼까 줄곧 고심했지만, 그것은 애초에 없는 유전자를 조작해내려 하는 것처럼 원천적으로 불가능해 보였다.

어느 날 나는 아예 수업을 중단하고 아이에게 다음에 뭐 되고 싶은 게 있느냐고 물었다.

"저요? 없어요."

아이는 최첨단으로 유행하는 바지를 입은 다리를 흔들면서 무스 바른 머리를 흔들었다.

나는 이야기를 더 진전시키기 위해, 백지 위에 한 50가지 직업을 적은 뒤, 그나마 제일 되고 싶은 것부터 번호를 죽 적어 나가게 했다. 그러자 아이가 마지못해 매긴 순서는 가수, 영화배우가 1, 2위고, 48위 막일꾼, 49위 스님, 그리고 거지가 마지막 50위였다.

그러자, 나는 가수나 배우 같은 스타가 되기 위해서 왜 영어나 수학을 잘 해야 하는지 설명할 길도 막막했고, 막일꾼이나 스님이나 거지가 되지 않기 위해서 왜 대학에 가야만 하는지 아무것도 갖다 붙일 수 없어서, 더 기분이 좋지 않게 되었다.

그냥 다짜고짜 다시 수업을 계속하기로 하고 고등학생인 녀석에게 중학교 수학 문제를 풀어주기 시작했더니, 아이는 더욱 심하게 집중력을 잃어버렸다.

"…… 이 변에 있는 +3을 이쪽으로 이항하면 -3이 되지?"

"……."

"너, 이거 알아, 몰라?"

"몰라요."

"너 고등학생 맞아?"

"그래서요?"

녀석의 눈엔 반항심과 조소가 담겨 있었다. 한방 날려버리고 싶은 심정이 불쑥 일었으나, 꾹 참고 아무 말 없이 짐을 주섬주섬 챙겨 들고 아이의 방을 나섰다. 그것이 마지막 수업이었다.

나는 살면서 나 스스로를 경멸하지 않게 되기를 바라며 다시 막노동판으로 갔었다. 막일을 하는 동안에도 속으로는 마음을 챙겨 수행하려고 애썼다. 그런 노력이 쌓여 아마도 나를 본격적인 출가수행자로 만들었을 것이다.

결국 나는 막일꾼이 되었다가 스님이 된 셈이다. 거지까지는 되지 않았지만, 중을 걸사乞士라고도 하니, 거지든 중이든 그 행색이나 빌어먹는다는 점은 매일반일지도 모른다.

무엇을 한다는 것과 무엇이 된다는 것은 그 깊이가 다르다. 인생의 일차적 의미가 자기성장과 개선에 있다면 마음을 닦는 수행은 누구에게나 필요불가결의 책무이다. 그러나 수행자가 된다는 것은 거기서 더 나아가 인생의 궁극적 목적을 찾아 자기완성의 길 위에 서는 일. 그것은 지금의 자기 처지와 세상의 잣대를 돌아보지 않고 미래의 자기를 향해 존재를 던져 떠나는 일이다.

그 가장 위대한 모범은 역시 부처님의 출가였다.

사람들은 모두 이상적인 사회, 모든 사람들이 다 만족하고 안심하고 행복하게 살아가는 세상을 꿈꾼다. 장대한 인류사의 흐름이 만일 진보의 역사였다면 세상은 시간이 흘러오면서 아마 그런 방향으로 조금씩이라도 나아져 왔을 것이다. 그러나 현실을 보자면 인류가 지나온 시간이 온전히 그러한 진보의 과정이었다는 데

선뜻 동의할 역사가는 그리 많지 않을 것 같고, 고난에 찬 저마다의 삶을 꾸려가는 개개인의 입장에서는 더욱 비관적일 듯하다.

그야말로 완벽한 세상, 유토피아가 현실로 구현된다는 것은 너무나 까마득한 꿈이어서, 다분히 공상적이거나 신화적인 상상 속에서나 이루어진다. 그리고 그것은 흔히 사회제도나 시스템의 점진적인 개선이나 수정보완 같은 진화과정을 통해서가 아니고 극적인 한 인물의 출현이나 신의 개입 따위로 일어난다는 스토리로 되어있다. 대단히 신빙성이 떨어지는 이야기들이기 쉽지만, 지금까지의 세상의 꼬락서니로 볼 때, 그리고 일반적인 사람들의 의식 수준으로 볼 때, 혹시라도 그런 전설이 현실화된다면 그것은 아마도 그런 초인적인 영웅이나 절대자의 권능으로나 가능할 기적처럼 생각된다.

불교에는 전륜성왕轉輪聖王이라는 인물이 있다. 성주괴공을 반복하는 이 우주의 시간대 안에서 땅 위에는 몇십 번의 주기적 변화가 지나가는데 그 아주 좋은 시대, 그러니까 인간의 수명이 몇만 년에 이르게 되는 시기에 나타나, 무력에 의해서가 아니라 오로지 덕과 정의를 통하여 세계를 통일하고 이끌어간다는 성왕이다. 전륜왕은 그 징표로 부처님과 똑같은 32상 80종호를 타고 태어난다.

뒤집어서 관상학적으로 말하자면, 만일 2,600여 년 전 히말라야 기슭에서 태어난 고타마 싯다르타가 출가수행의 길을 가지 않고 세상에 남아 세상의 일을 했다면 그분은 아마 아시타 선인의 예견대로 전륜성왕이 되어, 이 사바의 세상이 한동안 진실로 퍼펙트 월드perfect world가 되도록 했을지도 모른다.

그러나 부처님은 이 세상을 구원하기 위하여 오셨다기보다는 이 세상의 중생을 건지기 위하여 이 거친 오탁악세五濁惡世에 몸을 나투신 것이다.

그분이 출가하신 직후의 일이다.
그 당시 인도에서 가장 큰 나라의 왕은 마가다의 빔비사라였다. 그는 어느 날 망루에서 아래를 내려다보고 있다가 문득, 세상 모든 것에 초연한 자태로 거리를 지나는 한 거룩한 사문을 발견하고 부하들을 시켜 어김없이 어전으로 모셔오도록 명령했다.
놀랍게도 그 사문은 출가 전 카필라국의 태자였던 싯다르타였다. 나이든 왕은 젊은 사문의 완벽하도록 아름다운 용모와, 깊이를 알 수 없는 기품 어린 인격과, 세상의 온갖 욕락을 초탈한 영혼의 순수한 향취에 온통 매료되었으므로, 자기도 모르게 다음과 같이 제안하였다. 마가다국의 반을 넘겨줄 테니 그 왕이 되어 함께 나라를 다스리지 않겠는지.
사문에게서 돌아온 대답은 정중한 사양이었다. 왕은 자신의 제안이 너무 초라했던 것을 부끄러워하며, 그렇다면 마가다국 전부를 드릴 테니 부디 왕이 되어달라고 부탁하는 한편, 그렇게 한다면 자신은 신하가 되어 충성을 바치겠다고 맹세하였다. 그럼에도 그 고결한 사문의 마음은 터럭 끝만큼도 미동이 없어 보였으며 왕은 자신의 처지에 오히려 깊은 비애감을 느끼고, 모든 것을 버리고 구도의 길에 나선 젊은 사문에 대하여 더욱 깊은 예경심이 솟아났다.
"그렇다면 사문이여, 부디 그 길에서 반드시 뜻하시는 바를 이루시고, 언젠가 인연이 닿으면 꼭 짐을 제자로 삼아 건져 주심시오." 하고 간청하였다.

　부처님은 그러겠노라 약속하고 숲으로 떠났고, 나중에 그 약속을 그대로 지키셨다.

　인류의 역사는 오직 인간 의식수준의 진화에 의해서만, 언제나 그와 궤를 같이하여 진보한다. 우리의 마음이 아직 동물적인 무지와 탐욕과 공격성에 사로잡혀있는데 저절로 민주주의의 황금꽃이 피고 태평성대가 제 발로 도래하는 일은 절대로, 절대로 없다.

　우리는 시대를 한탄하고 세상을 비관하기에 앞서 우리 의식이 얼마나 깨어났는지, 우리의 의식이 탐진치로부터 얼마나 자유로운지를 먼저 물어야 한다. 그것은 민주주의든 인간 해방이든, 믿는 신의 영광이든, 그 어떤 이데올로기나 신화를 위하여 일지라도, 아무리 숭고한 사명감으로 하는 일일지라도, 피 흘려가며 극단적인 투쟁을 하거나 자살폭탄테러를 감행하는 일보다 먼저 해야 할 일이다.

　어떻든 나는 송광사로 가서 스님이 되었다.

　그리고 어느 날 대중 울력시간에 대나무 빗자루로 절 마당을 쓸고 있었다. 이른 아침이라 왁자지껄한 관광객은 없었다. 도량은 적막감만으로도 청정한 느낌으로 가득했으나, 많은 스님들이 침묵 속에서 이슬이 덜 깬 흙마당을 쓰는 일은 차라리 속뜰에 비질을 하는 경건한 수행 같았다.

그때, 아까부터 누군가가 나를 줄곧 주시하고 있다는 직감이 들면서 그만 마음의 평온을 깨뜨렸다.

돌아보니, 촌티 나는 인정으로 가득한 표정의 어느 전라도 아낙네가 자기 조카뻘쯤 되는 젊은 스님을 걱정스럽게 보고 있었다. 나는 눈짓으로 혹시 무슨 용건인지 물었다. 그런데 역시 촌티 나는 그 대답은 자못 충격적이었고 힘을 쭉 빠지게 만들었다.

"아니, 어디가 워쩌길래 중이 되아부렀소?"

생각해보면, 정말 나는 어디가 많이 모자란 말세의 못난 중인지도 모른다. 그러나 나는 이제 거의 세상에서 살아온 세월만큼의 시간을 세상 등지고 중노릇을 해오는 동안, 내가 제대로 부처님 제자답게 처신하지 못하고, 수행 제대로 못하고, 출가수행자의 좋은 모범이 되지 못하는 것을 자책했을지언정, 그 젊은 날 출가했던 사실 자체를 후회한 적은 한 번도 없다. 누가 그래서 행복했느냐고 묻는다면, 나 그다지 행복하기를 구하지 않았으나 행복했노라고 말할 것 같다.

그러나 지난날을 돌아보니, 내가 이렇게 그나마 불문에 들어와 부처님 보시기에 부끄러운 짓이라도 하며 살아가게 된 복연은, 나를 잎시긴 많은 선배들의 아름다운 모범으로 하여 깃추이졌음을 부인할 수 없다.

가장 먼저 내 유년을 찾아와 영혼을 흔들던 분은, 1960년대 내가 태어난 고향마을을 찾아온 스님이었다. 스님은 탁발하러 우리 집에도 들어와 가슴이 울렁일 만큼 친밀하면서도 신비로운 음성으로 목탁에 맞춰 염불하며 천천히 마당을 도셨는데, 나는 정성을 다해 쌀 한 바가지를 퍼와 스님 등의 바랑에 담아 공양 올리는 어머니보다, 아마도 한결 경건한 눈길로 스님을 우러러보았었다. 나는 아직 말도 못 하던 나이였던 것 같고, 그 당시에는 전쟁에서 팔다리를 잃은 상이군인이나 좀 모자라는 사람들이 시골집들을 다니며 동냥을 하는 경우가 많았는데, 겉으로 하는 구걸의 행위가 아무리 같다 해도, 그 맑은 탁발승의 모습은 같은 비렁뱅이 동냥아치들의 행색과는 그야말로 하늘과 땅 차이가 나 보였다.

나는 어린 시절에 가장 친하게 곁에 있던 할머니에게 불쑥, "할머니, 나는 크면 스님이나 될까?" 하고 말하곤 했다. 그때마다 할머니는 화들짝 놀라면서 그러면 안 된다고 심각하게 타이르시곤 했다.

나중에 할머니는 돌아가시기에 앞서 나에게 유언처럼, "아가, 크게 되어야 한다."라고 하셨는데, 나는 고개를 끄덕여 그러겠노라 했지만, 속으로는 '무엇이 크게 되는 것인지 할머니는 아세요?'라고 반문하고 있었다.

나는 고등학교에 들어가자마자 학교가 있던 지방 도시의 시내에 있는 아담한 절에 가서 어느 스님의 법문을 듣게 되었는데, 그 스님의 인상과 말씀에서 매우 감동을 받아 며칠을 아주 딴사람이 된 것 같은 기분이 들었다. 법문의 요지는 우리 육신의 부정함과 세상의 덧없음에 관한 것이었는데, 스님의 가르침을 통해 그 진리를 뼈저리게 느끼고 보니, 놀랍게도 내 영혼은 오히려 이 세상의 생명들에 대한 연민과 존재의 기쁨으로 가득 차는 기분이었다. 그러나 나는 그 후, 형으로부터 부모님 은혜를 갚고 세상에서 제대로 살기 위해서는 종교에 빠지면 안 된다는 훈계를 듣고 더는 절에 갈 수 없게 되어버렸다.

세 번째로 어느 스님을 만난 것은, 대학생이 되어 지방에서 서울로 가는 고속버스 안에서였다. 스님은 내 옆자리에 고요히 앉으셨는데, '누군가 옆에 있는 느낌이 이렇게 편안하고 맑을 수 있구나.' 하고 느끼고 있을 때, 통로 건너편 옆자리에 앉은 아주머니가 스님에게 밑도 끝도 없이 성경의 창세기를 들먹이며 하나님을 믿어야 한다고 역설하기 시작했다. 나는 점차 기독교 환자의 역겨운 머릿속 냄새에 토하고 싶은 기분이 되었으나, 스님은 아주 편안한 표정으로 한마디도 대꾸하지 않고 고요히 눈을 감고 몇 시간을 견디셨다. 제정신이 아닌 것 같아 보이는 여자는 차가 터미널에 도착하여 승객들이 내리는 마당에도 스님을 향해 이제 승복을 벗고 교회에 다니라고 떠들고 있었다. 그러자 스님은 바랑을 매고 일어서더니 온화한 표정으로 합장하고 말하였다.

"보살님, 보살님이 말씀하신 하나님과 그 하나님이 창조하셨다는 우주가 보살님 마음속에 있습니다."

나는 차에서 내려 헤어지면서 그 스님께 깊은 공경심으로 손을 모아 예를 올렸는데, 그 스님은 나보다 훨씬 깊이 머리 숙여 세상에서 가장 겸손해 보이는 인사로 답하셨다.

내가 속복을 입고 마지막으로 만난 스님은 스승 법정스님이셨다. 스님은 1980년대 초중반, 군부독재 시절에 내가 재학 중이던 학교에 '선禪이란 무엇인가' 라는 제목으로 강연을 하러 오셨다.

선은 마음을 편안하게 하는 방법을 가르치기보다 마음을 즉각적으로 편안케 하는 법문이라고 말씀하시고, 임제스님의 '살불살

祖殺佛殺祖', 곧 부처를 만나면 부처를 죽이고 조사를 만나면 조사를 죽이라는 가르침을 소개하면서, 당시의 시대상을 풍자하여 대통령을 만나면 대통령을 죽이라고 말씀하셨는데, 쿠데타로 '서울의 봄'을 짓밟고 민주주의를 유린한 군부 파쇼의 독재에 대한 저항감으로 치를 떨던 젊은 지성들의 열화와 같은 갈채를 받았다.

스님은 달마스님의 가르침도 전해주셨고, 그 법문이 나를 송두리째 흔들어 깨웠다.

어떤 제자가 말했다고 한다.

"스님, 저를 속박에서 해탈케 해주십시오."

보리달마가 대답했다.

"누가 너를 묶어 놓았더냐?"

강연이 끝났을 때 학생들은 일제히 일어나 박수를 치기 시작했다. 사회자가 마이크를 들고 스님이 떠나시기에 앞서 장내 정리를 하고 마무리하기 위해 기립박수를 멈추도록 두어 차례나 멘트를 날렸지만 대강당을 가득 메운 수천 명의 학생들은 전혀 말을 듣지 않았다. 조금도 거침이 없고 군더더기를 몹시 싫어할 것 같아 보이는 스님은 갈채를 뒤로하고 산으로 돌아간다며 강연장을 나서셨다.

나는 따로 그날 일과가 없어 큰 감흥에 젖은 채 귀갓길에 나섰다가 뜻밖에도 한 열 발자국쯤 앞에 스님께서 조래기를 매고 교문을 향해 가고 계시는 모습을 보았다. 스님의 걸음걸이는 전혀 거침이 없었고, 조금도 군더더기 없이 활달한 내면을 그대로 보여주는 것 같았다. 나는 스님을 따라잡지 않고 그것이 무슨 예의

인 것처럼 일정한 거리를 유지하며 걸었다. 세상에 태어나 다시 두 번째로 걸음마를 연습하는 사람이 된 듯했다. 비로소 어디에도 묶여있지 않은, 아무도 묶을 수 없는 나를 보았다.

　'아, 자유인! 이제부터는 내가 곧 진리요, 길이요, 생명이 될 것이다.'

　나는 세상이 정한 길을 가지 않기로 했다. 장차 출가하기로 했다.

　스님이 먼저 온 시내버스 올라타 창가 쪽 자리에 앉으시자, 나는 보도에 서서도 아주 세밀한 표정까지 읽을 수 있을 만큼의 거리에서 스님의 모습을 보게 되었다. 그런데 스님의 안색은 뜻밖에도 너무나 평온했고, 불과 5분쯤 전에 그 많은 청중의 가슴을 흔들고 열광시킨 강연자가 가질 법한 도취되거나 상기된 표정은 티끌만큼도 찾아볼 수 없었다. 버스가 출발하여 로터리를 돌기 시작하자 스님은 고개를 들어 먼 하늘의 구름을 쳐다보셨는데, 도무지 버스에서 내려 법문을 하신 적도 없고 다시 버스를 타고 떠나는 바도 없는, 그냥 그렇게 구름처럼 왔다 구름처럼 가는 나그네 같았다.

　물 아래 그림자 지니 다리 위에 중이 간다
　저 중아 게 섰거라 너 가는 데 물어보자
　막대로 흰 구름 가리키고 돌아 아니 보고 가노메라

　조선 말 가사 문학의 거두 송강 정철의 시조다. 문학적으로 설정된 상황인지 작가가 실제로 겪은 일을 묘사한 것인지 모르나, 독자로 하여금 작품 속의 상황을 마치 눈앞에 보는 듯이 상상하게 하고 많은 여운을 느끼게 하는 명작이다. 그러나 필시 바랑을 매고 주장자 짚고 옛스런 다리 위를 휘적휘적 지나는 스님에게 던지는 송강 자신의 말투는, 조선 5백 년 숭유억불의 국시 아래 팔천八賤의 하나로 취급당하여 한양의 4대문 안으로는 출입조차 금지당하고 수많은 부역과 수탈에 시달리는 가운데도 근근이 수행의 길을 이어감으로써 부처님의 가르침을 지켜온 스님들을 대하여, 양반 기득권 계급의 천박하고 허위적인 오만이 묻어난다.

만일 송강이 그의 문학적인 천재성과 더불어 인생과 불교에 대한 더 깊은 통찰이 있어 조선조에 잘못 적용된 유학의 비루한 허위의식을 말끔히 떨쳐버린 사람이어서, 이렇게 읊조릴 수 있었다면 어땠을까?

물 아래 그림자 지니 다리 위 지나는 스님
어딜 향해 가시니까 소리쳐 여쭈오매
지팡이 끝 흰 구름 가리키며 돌아 아니 보고 가노메라

아주 최근에 그 옛날에 다니던 학교, 금생에 스승을 처음 만나던 그 장소에 다시 가보았다. 한번 떠나온 곳에 다시 고개를 돌리지 않는 습관 때문인지, 허구한 날 시위진압을 위해 투입된 전경들이 쏘아대던 최루탄의 연기와 그 더럽게 기분 나쁜 눈물이 나는 악취 같은 한국 현대사, 그 안에 수많은 꽃다운 젊음이 짓눌리고 찢기고 꺾인 피눈물의 역사가 내가 떠나온 세속이라고 기억

되어서인지, 너무 암담한 청춘은 청춘이 아니었음인지, 나는 금생에 그곳에 다시 갈 일이 없을 줄 알았었다.

그런데 아끼는 제자 전월이 졸업작품전을 한다고 한데다 다른 일로 서울 갈 일이 있던 차라 일부러 마음을 내어 겸사겸사 들르게 된 것이다. 학교 졸업한 지 무려 27년 만이었다.

교정은 정말 괄목상대할 만하게 달라져 있었다. 1980년대 초중반의 멋대가리 없는 시멘트 건물들만 황량하고 무표정한 모습으로 서 있던 캠퍼스는, 매우 세련되고 아름답게 디자인된 현대건축과 그사이에 건장하고 믿음직한 크기로 자라난 나무들이나 관악산의 생동감 넘치는 산세와 어우러져 몹시 근사해 보였다. 혹은 편안하게 뻗고 혹은 적당한 경사로 돌고 도는 길을 오가는 젊은 학생들은 그 시대의 청춘들과 표정도 다르게 몸매나 움직임도 다르고 그 안의 사고와 꿈과 지향도 달라 보였다.

마치 모진 비바람에 갈가리 할퀸 생채기를 큰 생명력과 꺾이지 않는 희망으로 스스로 치유하고 당당히 일어선 고목의 옷깃 여미게 하는 아름다움처럼, 한 세대 전 청춘들의 외침과 투쟁과 좌절이 헛되지만은 않아, 이렇게 시간을 건너서라도 이 어여쁜 청춘들로 꽃 피고 열매 맺고 성장을 지속하는 것 같아 콧잔등이 시려왔다.

30년 가까운 세월을 건너뛴 공간은 전혀 그전의 공간과 동일시되지 않았다. 마치 죽었다가 다음 생에 다시 태어나 이 생에 한동안을 살던 장소에 다시 와본 것 같은 착각이었다. 절 같은 데를 돌아다니다 보면 간혹 전생에 인연이 있는 장소에 되돌아온 듯한 감회에 젖은 적은 더러 있었지만, 내생의 시각으로 현생을 보는 듯한 느낌은 아주 처음이었다. 여기가 큰 수행센터나, 인류의 미래를 거시적으로 설계하고 연구하는 요람이었어도 좋겠다는 엉뚱한 상상까지 하게 되었다.

전월은 철학적으로 사유하고 구도자처럼 모색하는 작가다. 덕분에 그가 작품활동과 마음공부에서 알아차리고 깨달은 것들은 매우 신선한 충격으로 그의 작품을 보고 체험하는 사람들에게 전해진다. 그는 사람들이 일상 속에서 무뎌진 마음으로 간과하고 거기 매몰되고 마는 것들을 전격적으로 해체하여 재조립해 보여줌으로써 깜짝 놀라 눈을 크게 뜨고 다시 보게 한다. 그것은 필연적으로 그의 작품을 함께 나누는 사람들의 인식 확장이나 마음의 변화를 일으킬 것이다. 그런 맥락에서는 입체파나 초현실주의의 실험이나 고발정신보다 더욱 방향이나 의도가 분명하고 격이 높아서, 내가 보기에 전월은 아직 어리지만 장차는 새로운 예술의 지평을 열어가며 아마 미래가 주목하는 작가가 되지 않을까 기대된다.

이번 작품들을 통해서는 시공간의 경계나 우리 인식을 틀지우는 갖은 분별의 벽을 허물고 질타하는 작가의 안목을 보여주었는데, 그중 하나는 컴퓨터그래픽을 이용한 설치작품으로, 실내에서 워킹하는 운동기구 같은 데에 올라서서 걸으면, 눈앞의 화면이 근경은 우리 일상의 경험에서처럼 다가왔다 뒤로 지나가는데, 원경은 마치 뒤쪽으로 달리는 열차의 좌석에 앉은 것처럼 오히려 아득히 멀어져가 소실점으로 사라지는 영상을 보게 만들어져 있었다. 구하면 구할수록 멀어지고 잡으려 하면 할수록 도리어 잃어버리는 삶의 패러독스!

방패와 곤봉 등으로 중무장한 전경병력이 발을 위협적으로 쿵쿵 굴리며 지나던 중앙도서관 지층면의 보도를 나는 아무의 주의도 받지 않고 아린 기억 속을 걷듯 지났다. 옛 건물 난간 같은 데선 전경들의 초동진압을 피하여 시위를 주동하다 떨어져 죽은 학생들, 분신한 학생들의 환영이 떠오르고, 아크로폴리스라 불리던 광장에는 그 옛날 지사다운 용기와 시대적인 웅변으로 민주주의와 조국 통일 민중해방을 외치던 영웅들의 환영이 어른거렸다.
 지난날 나를 출가의 길로 이끈 스님 강연을 들었던 대강당 건물도 그 정체성을 확인할 수 있었다. 그렇게 보아서 그랬는지 모르지만 일부러 데모대를 봉쇄하기 위해 제작된 듯하던 학교 정문도 그대로였는데, 색깔만 진한 국방색에서 희끄무레한 최루탄 색깔로 바뀌어 있었다.

 시대의 어둠을 걷어내려 하기보다 해 뜨는 쪽으로 떠나는 사람의 심정으로 나중에 나는 결국 출가했고, 조계산 송광사로 가서 불일암에 계시던 법정스님의 제자가 되었다.

 우리는 다 무엇이 되려고 한다. 장차 무엇이 되려고 하느냐에 따라 인생의 길과 그때그때의 모습과 행동은 달라진다. 별 생각 없이 쉬고 놀 때도 있지만, 가끔 멈춰서서 어떻게 살아야 할까, 무엇을 해야 할까 가늠할 때면 내가 무엇이 되려고 하는지, 어떤 나가 되고 싶은지를 고민하게 된다.
 더러는 내면에서 샘솟는 에너지에 밀려 그 무엇이 되고 싶어지기도 하고, 혹은 어쩌다 만난 어느 멋진 역할모델에 매혹당해 그와 비슷한 존재가 되고 싶어지기도 한다.

탄월거사는 어릴 때 이발사가 되고 싶어 했다. 시골 이웃 마을의 이발사에게 반했기 때문이었다.

1970년대의 궁벽한 시골. 집집마다 베이비붐 세대의 자식들이 대여섯씩 딸린 시골 마을에선 이발하는 데 드는 돈도 만만치 않았던지, 온 동네 사람들이 일 년에 농사지은 쌀 말씩을 걷어 주고 연중 어느 때건 필요할 때 이발관에 가서 머리를 깎았다. 그 덕분에 그 시골 마을 이발사는 마치 식당의 요리사가 감자나 무를 깎듯이 수많은 사람들의 머리를 단시간에 깎아야 했고, 늘 대단히 숙련된 솜씨로 가위와 바리깡(이발기) 같은 도구를 다루는 달인이 되어 있었다. 한 사람 머리를 말쑥하게 다듬는 데 불과 몇 분의 시간이면 충분했고, 가위나 이발기 같은 도구들을 전혀 보지도 않고 전후좌우에서 집어 들거나 휙휙 던지면 제 자리에 척척 놓이는 것이 흡사 마술을 부리는 것 같았다. 누군들 그 진인의 명기에 압도당하지 않을 수 있었을까?

천상천하에 누가 가장 믿고 의지하고 따를 만한 스승이고 가장 아름다운 길잡이인가?
내가 알기로, 우리처럼 땅 위를 걷고 시간 속을 지났던 가장 위대한 족적은 출가사문 고타마 싯다르타의 것이다. 그분은 세존, 시방삼세의 모든 중생들이 진실로 존경하고 따를 만한 분이지만, 역설적이게도 그것은 그분이 그 누구의 공경도 필요로 하지 않기 때문이다. 영원히 우리를 매혹하는 진정한 스승의 위대함은 결코 당신을 끝까지 추종하거나 모방만 하도록 두지 않는다는 데 있다. 누구든 자기 길을 가도록, 오로지 자기답게 성장하도록 이끈다.

제자로 하여금 스승 당신이 선 자리를 지나 더 멀리 가도록 독려하고, 자기보다 더 멋진 꽃을 피우고 더 크고 많은 열매를 거두도록 한없이 용기를 주며, 어떤 때는 스스로 그 거름이 된다.

기왕 누군가를 사랑하려면 진정으로 존귀하신 분을 사랑하고, 싸 들고 따라갈 양이면 눈 밝은 사람을 따라가라. 부처님을 따라가면 천인사天人師, 곧 천신들과 인간들의 스승 부처님이 되고, 저 늑대소년처럼 늑대들 속에서 자라나면 늑대가 된다.

우리가 아직 부처님 자취가 남아있는 세상에 태어나, 가끔 모든 것을 버린 사문이 거리를 지나거나 깊은 숲속에서 수행만을 위해 살아가는 스님들이 있는 시대를 살아간다는 것은 얼마나 다행한 일인가.

누가 갈 길 몰라 우는가? 인생에 정도定道는 없다. 사실, 인간의 자아는 전혀 틀지워져 있지 않고 그 무엇으로부터도 자유롭다. 누구든 스스로 가는 곳이 곧 길이요, 진리요, 생명이다. 인간은 누구도 한 가지 모습으로 영원히 멈춰서 있을 수 없으므로 결국 시간 속에서 끊임없이 스스로를 재구성해 나가야 하는 존재다.

다만, 당장 무엇이 되어야 할지 모르겠거든 지금 나는 누구인지 물을 일이다. 어디로 가야 할지 혼란스럽다면 잠시 멈춰서서 내가 지금 어디 있는지를 보아야 하지 않은가. 무엇이 되려고 하기 전에 이미 나는 그 무엇이다.

다른 사람이 나를 평가하고 규정하는 것으로부터도 벗어나야 하겠지만 그보다 먼저 자기 스스로 자신을 규정하지 말아야 한다. 아상我相과 사이비 자기정체성으로부터 벗어나야 하며 자기 안의 무한한 가능성을 보아야 한다.

그리고 자유로워져야 한다. 우리들의 진정한 자아는 본래 자유로움 그 자체다. 그 어디에도 속하지 않고 그 무엇에도 묶이지 않으며, 그 누구의 노예도 아니고 그 누구와도 짝하지 않는다. 그 무엇도 아니며, 그 무엇도 될 수 있다.

스스로 모든 것으로부터 자유롭다고 느낀다면 그런 자기를 사랑하라. 긍정하라. 그러나 무엇인가에 묶여있다고 느낀다면, 자신을 묶고 있는 사슬을 풀어헤치려 들기 전에, 먼저 그런 자기를 아주 분명하고 철저하게 파헤치라. 필요하다면 거짓자기를 부정하고, 버리고, 넘어서라. 이때다 싶으면 모든 것으로부터 영원히 떠나고, 깡그리 단념하고, 자폭하라.

당장 그럴 수 없다 해도, 차라리 도발하라. 괴각이 되라.

포기를 위한 포기는 없다. 용기를 가져라. 가장 위대한 도박꾼이 완전 이상의 확신으로 천하를 걸듯, 불사조가 영원을 위하여 자신의 몸을 스스로 불태우듯, 그대 사라진 곳에 그대의 전 존재가 이룰 완전한 개화를 위하여 그렇게 하라.

거지가 되든 왕이 되든, 어느 경우에나 그대는 그대 자신의 것, 그대는 스스로 그대 인생의 목적, 그대 인생의 끝, 그대 밖에 주인도 왕도 신도 두지 말라. 왜 그대 스스로가 주인이요, 왕이요, 신이면 안 되는가? 무엇이 그대를 막는가? 무엇이 따로 필요하다는 말인가? 아무도 그대의 노예와 신하와 백성으로 두지 말고, 그대 스스로 주가 되고 황제가 되고 하늘이 되라.

이래도 한 세상 저래도 한평생. 악역을 맡을까 선역을 맡을까 따지기 전에 이 모든 것이 한판의 연극임을 직시해야 한다.

멋지게 연기하라. 필요하면 배우라. 그러나, 저 멋진 주인공을 언제까지나 하늘에 뜬 별이라 숭배하고 있지만은 말라. 날아오르라. 그대가 별이 되라.

언제나 허공의 뼈다귀는 그대로 있다.

제망제가 祭亡弟歌

○○야, 듣느냐?

이렇게 네 이름 부르는 '이것'은 무엇이고, 내 부르는 소리를 듣는 너의 '그것'은 무엇이냐? 너는 죽었고 나는 이렇게 살아있는데, 너의 무엇이 죽은 것이고 나의 무엇이 살아있는 것이냐? 이것들이 대체 같은 것이냐, 다른 것이냐? 꿈 깬 자들이 말하기를, 살아도 살아있지 않고 죽어도 죽지 않는 것이 있다는데, 정신 차려 살펴보아라. 그것이 과연 무엇이냐?

한세상 산다는 일, 그 일장춘몽一場春夢 참 허무하지 않으냐? 너 이제 한 생 다 마쳤으니 대답해 보아라. 산다는 게 무엇이고, 죽는다는 건 과연 무엇이냐?

지난 한 세상 꿈속에서 ○○○ 너는 내 사촌동생이었고, 나는 네가 태어나기 4년 전에 네 어머니의 친정집에서 네 외숙, 외숙모의 셋째 아들로 태어났다. 그러니까, 너의 어머니는 내가 갓난아기였을 때 나를 업어서 돌봐주시기도 했던 내 고모이셨고, 산 너머 마을로 시집갔다가, 우리나라가 도시산업화 되기 시작하는 초기에 네 아버지와 함께 맨손으로 고향을 떠나 피나는 노력 끝에 일가를 이룬 고된 인생의 반려이셨다.

이미 죽은 네 입장에서 보니, 너와 나는 한 할아버지 할머니의 손주, 외손주로, 네 지난 46년 또 한 차례의 꿈속 인생에서 그저 잠시 스쳤을 뿐이로구나. 그저 한번 불어 오가는 바람결 같은 한 세상, 날리는 먼지 같은 우리 만남이란 참 이다지도 덧없구나.

어려서 처음 만나 어울려 놀다가, 나는 너를 어깨에 목마 태우고 뒤로 넘어져 크게 다치게 할 뻔하기도 했지만, 내가 아는 수십 가지 옛날이야기를 주저리주저리 들려줄 만큼, 너를 많이 아끼고 좋아했던가 보다. 방학 때 네가 시골 외가에 다니러 왔을 땐, 시골 밥상이 변변치 않았을 텐데도 외숙모가 만든 무생채를 몹시 맛있어 하며 매 끼 거기다만 밥 한 그릇을 다 비우곤 하던 생각이 난다.

어린 시절부터 크면 어딘가로 멀리 떠나 전혀 색다른 삶을 살게 될 것 같은 예감에 젖은 채 성장했던 나. 고모부인 네 아버지께선 내가 대학에 진학하게 되면 너희 집에 와서 지내도 된다 하셨기 때문에, 나는 너랑 같이 살게 된다는 기분 좋은 꿈을 키우며 고등학교를 마친 후, 결국 대학시절은 대부분을 서울 근교의 너희 집에서 지내게 되었었다.

아마도 네 아버님은 한창 공부하여 성장하는 너희 형제에게 내가 뭐든 긍정적인 자극이나 영향을 주지 않을까 기대하기도 하셨을 법한데, 결과적으로 나는 거기에 크게 부응하지 못했었다.

나이로 보면야 제일 팔팔하고 무서운 것 없을 때였겠지. 그러나 불행히도 우리의 1980년대 초중반 한국 정치경제사회의 현실은 그야말로 암흑이었다. 그 시절 대학생들이 대개 그랬듯이, 나는 비합리적인 현실에 짓눌려 매우 심한 지적 갑갑증이나 절망감에 시달렸고, 그 때문이었는지 한때 폐결핵 환자가 되었었다.

나는 심신을 가둔 그 어두운 동굴에서 벗어날 출구를 물색하지 않을 수 없었고, 차츰 바쁜 사람들이 몰려가는 방향에서 벗어났다. 주변인이 되어 어둠 속을 서성일 때, 불교 수행이나 무술, 요가 등이 마치 멀리서 비쳐드는 빛처럼 암중모색 중인 청춘을 끌어당겼다. 언젠가부터 나는 그동안 몸담아온 학교 교육이나 대중이 휩쓸려가는 세속의 길을 서서히 등지게 되었다.

어쩌면 사춘기 전후의 어린 너나 동생들에겐 통기타를 흉내 내어 치면서 데모가 따위를 목청껏 부르고, 가끔 세상을 잊은 현자인 척 부처님 자세로 앉아있거나, 옥상에 쌓아둔 각목 따위를 고함을 지르며 격파하는 형의 객기나 겉멋이 그럴싸하게 보였을지 모르지만, 아버지 눈에는 나의 그런 작태가 결코 곱게 보이지 않고 심히 실망스럽거나 우려스러웠을 것이다.

당연히, 내가 너희들과 같이 지낸 결과는 좋지 않았다. 너는 고등학교 생활에 적응하지 못하여 학업을 중단하고 학교에서 자퇴를 하기에 이르렀고, 나는 그로부터 느껴지는 부담이 견디기 어려워 따로 나가 변두리의 낡은 아파트 방 한 칸을 세 들어 지내며 대학 졸업 전후로 공사판을 전전하다, 2년 반가량의 군복무를 마치고 끝내는 중이 되겠다고 입산하고 말았다.

뭘 찾겠다고 출가의 길을 나섰는지, 나는 세상의 인연들을 다 부정하고 버리려고 했다. 속세의 부질없고 비루한 갈망이나 너절한 가치 따위뿐 아니라, 온갖 도덕적 책무나 애증으로 얽힌 기억조차 깨끗이 비우려고 했었지. '내가 너희들을 찾을 때까지 나를 찾으려 하지 말라' 하고 출가할 때 친구들에게 남기고 떠나온 말처럼, 나는 입산 이후 한 20년을 출가 전에 알던 어떤 사람도 일부러 찾지 않았다. 이 때문에 결과적으로는, 이제 와서 비명에 일찍 생을 정리하고 만 너에게 무척 미안하고, 갑작스레 큰 부채를 떠안은 듯한 느낌을 지울 수가 없구나.

내 몰인정과 무관심에도 불구하고 너는 마치 부러진 자리를 스스로 더욱 견고하게 봉합하고 일어선 나뭇가지처럼 한때 매우 성공적으로 홀로서기를 했었지. 일찍이 군대를 다녀와서 뒤늦게 애써 다시 학업을 쌓고 대학에 진학하여 토목공학을 공부했다. 솔직히, 나는 네가 한 인간으로서 빗나가지 않고 꿋꿋이 일어서 준 것이 멀리서나마 얼마나 고마웠었는지 모른다. 더구나 네가 전공을 살려 취직도 잘하고 발전소나 댐 공사를 위해 토목 측량 등을 하고 다니며 직장생활도 퍽 원만한 데다 결혼해서 아이도 낳고 잘 살고 있고, 무엇보다 너의 부모님께서 이를 매우 대견스러워하시는 것 같아, 중이 되어 산중에서 떠돌면서도 나는 이런 네 소식에 내 일처럼 기뻐했었다.

그런데, 얼마 전 문득 날벼락 같은 소식이 들려온다. 네가 죽었다고 한다. 그것도 스스로 목숨을 끊었다고……. 무리한 사업을 벌였다 모조리 털어먹고, 끌어다 쓴 은행융자를 갚느라 아버지께서 평생 피땀 흘려 모으신 돈 다 날리고, 동생네 식구들까지 끌어들여 온통 곤경에 처하게 한 것을 비관해, 한겨울에 외진 숲속에서 나무에 목을 매었다고…….

동생이 와서 울면서 말한다. 잘 다니던 직장을 그만두고 웬 사기꾼 같은 사람에게 홀려 동업으로 해외 골프 관광 사업을 시작했었는데, 동업자는 일만 벌이고 형은 이리저리 돈만 끌어대다가 1년도 안 되어 일이십 억가량 되는 돈이 다 거덜났었다고. 그 후 1년여를 은행 부채를 이리 막고 저리 막고 해서 이제 겨우 가닥이라도 잡혀가는 국면인데, 그사이 형은 너무 지쳤고 평생 벌어 갚아도 헤어날 수 없을 듯한 부채의 늪에서 더는 아무런 삶의 희망도 보이지 않자, 결국 포기한 것 같다고. 경찰에서 연락이 와 신원을 확인하라 해서 가보니, 목에 새겨진 빨랫줄 자국, 목매달아 죽은 사람의 그 기괴스럽고 어이없는 표정, 시신을 보자마자 실신하시는 아버지······, 모든 것이 너무나 충격적이었다고. 남에게 눈물 한 방울 헤프게 보인 적 없던 아버지가 밤마다 수면제를 드시고도 잠을 못 이루고 땅을 치며 나와 우신다고. 유서에 썼듯이 형은 자신이 죽음으로써 부모님이나 동생들에게 미안한 마음을 씻으려 했을지 모르지만, 그런 상황에서 자신이 죽으면 자식을 앞서 보낸 부모 마음이 어떨지는 꿈에도 몰랐던 것 같다고.

○○야, 도대체 무엇이 어디서부터 잘못된 것이냐? 이제 시간이 좀 지나 너의 49재를 준비하면서 묻고 또 묻는다.

맨 먼저, 오늘의 세상을 움직여가는 경제 시스템이 본질적으로 너무나 불완전하고 흠집투성이며, 순진한 사람들을 일거에 도탄에 빠뜨리고 생의 파멸로 몰고 갈 함정이 곳곳에 도사리고 있다는 점에 생각이 미친다. 산업자본주의가 금융자본주의로 이행하고, 실물경제나 화폐경제가 신용경제로 전환되어가면서, 이 문제는 이미 너무나 심각해져 있는 것으로 보인다.

사람들의 재산은 이제 대부분 집에 있지 않고 은행에 있다. 사람들이 장롱이나 지갑 속에 가지고 있는 것은 통장 잔고의 숫자들이거나 신용카드 안의 보이지도 않는 디지털 정보 신호들일 뿐이다. 그 숫자나 기호들이 사람들을 울고 웃게 하고, 죽이기도 하고 살리기도 한다. 산업자본주의는 노동과 재화로 사람의 인생을 갉아먹고 잠식해갈 수 있지만, 금융자본주의는 단순한 숫자의 장난으로 순식간에 사람의 목숨을 흡입하는 무섭고 흉악한 괴물로 돌변하곤 한다.

인 타임〈In Time〉이라는 영화 생각이 난다. 모든 사람들이 팔뚝에 심어진 전자 칩이 나타내는 숫자에 따라 살고 죽는다. 일을 하면, 특히 체제 옹호적인 일을 많이 하면 숫자가 올라가 수명이 연장되고, 톱니바퀴 같은 체제에 들어가 기계처럼 일하기를 게을리하거나 체제를 거부하면 숫자가 급격히 줄어들어 0에 근접하고, 정확히 0이 되는 순간, 생존권을 박탈당해 죽는다.

호모 이코노미쿠스Homo Economicus? 경제학자들이 만들어낸 이 개념, 거의 모든 현대인들이 스스로를 규정하여 가두고 있는 이 인간에 관한 정의가 이제 인간을 체제의 형편없는 소모품으로 만들어가고 있다.

어떻게 '경제'가 인간의 모든 것, 혹은 가장 중요한 것이 될 수 있느냐? 경제는 고작 땅 위의 지고의 영靈인 인간이 자신의 발을 보호하기 위하여 신고 다니기 시작한 신발과 같은 것이 아니었더냐? 예사의 동물이 아닌 호모사피엔스는 적어도, '경제'가 삶의 가장 주된 주제가 되는 순간, 자신의 신발을 머리에 이고 다니기 시작한다. 그들의 삶은 동물들만큼도 태평스럽지도 않게 되고 식물들만큼도 자연스럽지 않게 된다.

경제를 '생각하는 사람'은 하늘의 태양도 달도 별도 구름도 바라볼 여가가 잘 없다. 봄햇살의 따스함도, 바람결의 감미로움도 느끼지 못하고, 발끝에 피어있는 야생화의 웃음도 듣지 못한다. '생각하는 갈대'가 되어, 바람에 온통 머리칼만 헝클어진다.

'생각하는 사람'은 '호모 이코노미쿠스'가 되면서부터 '계산하는 사람'이 되었다가, 이제 21세기에는 '계산하는 갈대'가 되어가고 있다.

본래 모든 인간은 그 자신이 바라보고 살아가는 세상과 우주의 주인이다. 어떻게 인간이 본질적으로 그가 소유한 것들의 소유, 그 노예가 될 수 있다는 말이냐?

사람들은 오늘날, 성실히 일하거나 아껴 모아 돈을 벌 수 있다고 생각하지 않는다. 머리를 잘 굴리거나 운이 좋으면 일확천금으로 팔자를 고칠 수 있다고 생각하며, 돈만 있으면 돈이 돈을 번다고 생각한다. 돈으로 목숨이나 행복도 살 수 있다고 심히 착각한다. 인과를 믿고 선의지와 높은 지향으로 살아가는 사람은 현실을 모르는 공상가로 치부되며, 돈과 권력과 총부리 따위에서 정의와 명분이 나온다고 믿는다. 이기적 맹목성과 탐욕에서 나오는 온갖 소유와 돈벌이의 수단이 민주주의의 허울 아래 자유와 권리의 이름으로 합리화된다. 전혀 합리적이지 않은 경쟁 구도에서 빈익빈 부익부를 조장하는 돈놀이나 투기, 탈법적이고 비도덕석인 상행위나 온갖 이권 다툼과 약자에 대한 수탈이 경제활동이나 경영이나 재테크나 투자라는 개념으로 세탁된다.

이 아수라장에서 얼마나 많은 선의의 피해자들이 굶주리고 내쫓기고 생존권을 반납하는지…….

그러나 사실 잘 살펴보면, 모든 문제는 밖에 있다기보다는 우리 안에 있다. 이것은 객관세계에 존재하는 숫자의 문제이기 이전에 우리 안의 탐진치貪嗔痴의 문제인 것이다. 우리는 모두 너무 순진하다. 미끼를 무는 물고기들보다 머리가 더 좋을 것도 없고, 자제력이 특별히 뛰어난 것 같지도 않다. 너무 겁 없이, 저 보이지 않는 제도나 거대 자본이 우리 삶의 길목 도처에 드리우고 있는 숫자의 낚싯바늘들을 덥석덥석 문다.

사실은 플러스마이너스의 숫자라는 것 자체가 온통 우리 머릿속에 있는 것 아니냐? 숫자는 우리 지고의 내면에도 없고, 백일하白日下의 엄정한 대상 세계에도 없다.

여기 돌멩이 하나를 망치로 열 조각을 내놓고 그 돌멩이들에게 물어보자. "너희들 몇 개냐?" 그럼 그 돌멩이들이 입을 모아, "본래는 하나인데 지금은 모두 10개예요." 하고 말할까? 그럼 귀엽기라도 하겠다. 또 그 조각들을 다 갈아서 돌가루를 만들어 놓으면 놈들이 "아, 우린 다 없어졌어요."라고 말할까?

어려서 숫자를 배우고 덧셈 뺄셈을 배우기 전에 우리는 먼저 알아차려야 했는지 모른다. 마치 대양의 일렁임처럼 존재계의 모든 것들이 그저 덧없는 흐름 속에 있을 뿐이며, 분별된 대상이나 숫자나 그 계산이란 그저 우리 마음속에 가상으로 존재하는 인식의 틀이나 패턴, 일련의 사고의 흐름일 뿐이라는 것을…….

이 세상 '소유'라는 것도 온통 우리 마음의 장난일 뿐, 그게 그 이상의 뭐란 말이냐?

어떤 물건이나 돈이 나의 것, 혹은 다른 누군가의 것이라는 게 뭐냐? 그저 나와 세상 사람들이, 그다지 공정하지도 않고 사실은 온통 모순투성이로 가득 찬 일정한 법질서의 비호 아래서, 그저 그렇게 여기는 것일 뿐 아니냐?

그것은 그저 공공의 약속 같은 것. 어떤 것이 내 소유권 하에 있다는 법적 사실에 다수가 추호의 이의 없이 동의한다 해도, 그것은 단지 우리의 생각이나 의견일 뿐이다. 예컨대, 어떤 사람의 재산이 대략 얼마 얼마라고 할 때, 사실 그것은 우리의 실제 존재와 별 연관도 없는 그저 마음속의 숫자가 아니냐는 말이다.

그 허황된 숫자들 때문에 때론 공연히 기분이 날아갈 듯하기도 하지만, 간혹 온통 밥맛과 살맛을 상실할 만큼 우울해지기도 한다. 여러 자리였던 숫자들이 갑자기 0에 근접하고 혹은 터무니없이 마이너스가 되었을 때, 그때도 우린 여전히 숨 쉬고 있고, 고개 들어 저 푸른 하늘을 바라볼 수 있고, 눈 쌓인 산길을 걸을 수 있고, 그리고 무엇보다, 도처에 내가 만일 배고프고 헐벗으면 언제든 밥 한 끼라도 나눠주고 입던 옷이라도 벗어줄 수 있는 이웃들이 있다는 사실은 거의 눈에 들어오지 않는다. 위로가 되기는커녕, 어떤 때는 오히려 조롱받는다고 생각한다.

한 생의 목숨을 뼈 빠지게 일하고 죽어라고 모으고 목숨 걸고 다투는 데 바치다가, 한순간에, 납득할 만한 순서도 없이, 억울하지 않을 수 없을 만큼 난데없이, 그저 무의미한 달력의 숫자였던 어느 날이, 바꿀 수 없는 저마다의 제삿날이 된다.

아, 우리는 거대한 이 스키너박스, 이처럼 험한 세상의 도박기

계들 앞에 던져지기 전에 정말 미리 배웠어야 했다. 요즘 우리의 2세들도, 정신없이 버튼을 눌러대는 게임에 노출되어 오래지 않아 하나둘 중독되어가기 전에, 미리미리 이 정신없는 컴퓨터의 2진법에 걸려들지 않는 연습부터 시켜야 한다.

무엇보다 근원적인 문제는, 인생의 파친코 레버를 잡고 있는 우리의 정신이 치명적인 불완전성이나 약점을 지니고 있다는 사실에 주목해야 한다. 우리는 모두 나면서부터 천부적으로 마음이 탐진치貪嗔痴의 독에 오염된, 혹은 오염될 수 있는 소지를 타고난다. 이 탐욕과 공격성과 어리석음은 성장하고 살아가면서, 교육과 사회생활을 통하여 제어되고 승화되는 것이 아니라 더욱 치명적이 될 때까지 방치되고 오히려 조장된다. 무한의 경쟁과 적자생존을 가르치는 오늘날의 교육시스템이 그렇게 되어있고, 이것은 컴퓨터나 온갖 전자매체의 놀라운 발전으로 무섭게 가속화되고 있다.

우리나라가 OECD 국가들 가운데 자살률 1위라고 한다. 이혼율, 저출산율도 역시 세계 최고 수준이며, 어떤 학자들의 진단에 의하면 이것들이 국민 1인당 부채율과 밀접한 관련이 있다고 한다. 이러한 수치들이야말로 세계를 놀라게 하는 고도성장과 '한류 열풍' 따위에 가려진 우리 국민들의 솔직한 현재 표정이며 실제의 행복지수다. 어쩌면 지금 지구촌 위의 '레 미제라블Les Miserables(불쌍한 사람들이라는 뜻)'은 프랑스 혁명 전의 중세 유럽 사람들이나 현대의 아프리카의 난민들이 아니라, 바로 21세기의 대한민국 사람들이다.

우리는 모두 성장의 노이로제에 걸린 채 인생을 살아왔다. 옛 사람들이 세상에 바라는 바는 '풍년'이거나 '태평성대'였겠지만, 현대인들에게 그따위는 그저 미적지근하고 아무런 참신성도 없는 풍월일 뿐이다. 현대사회 전체가 온통 치유되지 않는, 성장이나 발전의 강박증에 시달리고 있으며, 한국 사회는 특히 '고도성장', '급성장'의 노이로제에 붙들려 있다.

그러나, 보라. 해마다 몇 퍼센트의 성장이라는 것이 과연 얼마나 우리 내면의 성장과 행복에 기여해왔는지. 세월이 갈수록 경제지표를 나타내는 숫자들에 우린 그저 익숙해져 가고 도리어 더욱 공허해져 가는 것은 아닌지.

산속에 살아도 경기가 좋지 않다는 말을 수도 없이 듣는다. 밑 빠진 독 같은 우리들의 욕심이나 성장의 노이로제를 생각하면 사실 경기 좋은 시절이란 영원히 잡을 수 없는 무지개처럼 보인다.

우리 대부분은 민주주의를 믿는다. 그러나 반성적으로 돌이켜보면 그것이 얼마나 얄팍한 믿음이냐? 사회시스템의 전체적인 구조나 그 모순을 전혀 보지 못하는 사람들은 선거 때마다 깊은 생각도 없이 한 표를 행사하면서, 우리 사회가 충분히 민주적이고 여러 모로 성장하고 있다고 믿고 싶어 한다. 그러나, 현실의 일상에서 우리가 피부로 체감하는 사회는 그야말로 거대한 먹이사슬의 피라미드일 뿐이다. 물론 어떤 사회도 그 안에 수직적인 구조는 엄존하며 그것의 효율성 또한 분명히 존재한다. 다만 민주주의가 진실로 구현되는 사회라면 그 조직이 어느 정도 합리적이며, 그 성원들에게 적정한 수직 이동의 기회가 주어져야 하는 것 아니냐? 대부분의 우리들에게 이 먹이사슬 피라미드의 위로 언젠가 올라갈 수 있을지 모른다는 가정은 허울 좋은 민주주의가 제공하는 '기회'가 아니라, 그저 환상에 불과한 것 아니냐고?

　그래서 지금 생각나는 것은 트리나 폴러스Trina Paulus의 〈꽃들에게 희망을Hope for flowers〉이라는 책이다. 나는 이 책에서 은유적으로 설정한 상황만큼, 현대의 인류사회를 적나라하게 풍자하고 그 속에서 우리의 나아갈 길을 바르게 제시한 이야기는 거의 없다고 생각한다.

　막 태어난 애벌레 한 마리가 생의 여로에 오른다. 그런데 둘러보니 거의 모든 동료 애벌레들은 어딘가로 서둘러 가고 있다. 뒤질세라, 그 애벌레도 경주 같은 행렬을 앞서거니 뒤서거니 따라가 보니 그 끝엔 거대한 기둥이 하늘 위로 솟아 있다. 애벌레는 그 기둥 위엔 인생의 빛나는 답이 있을 거라는 기대로, 다른 애벌레들을 제치고 더러는 짓밟기도 하면서, 혈투 끝에 마침내 기둥의 최정상에 선다. 그러나 허탈하게도, 거기엔 아무것도 없었다. 그것은 온통 무의미하고 맹목적인 추종과 비교와 경쟁과 질주와 환각이었다. 놀랍게도 그 높이에서 바라본 세상엔 여기저기 아스라이 솟아있는 애벌레 기둥이 즐비했다.

　애벌레는 용단을 내리고 목숨 걸고 올랐던 애벌레 기둥을 내려온다. 다시 기둥 아래서 애벌레는, 한때 자신의 사랑이었다가 기둥에 기어 올라가기를 거부하고 자기 안에서 생의 참의미를 깨달은 노랑 애벌레를 만난다. 그녀는 자신에게서 나온 실로 고치를 만들고 그 안에서 죽음과도 같은 자기 침잠을 통해 탈바꿈을 이루어 노랑나비가 되어 있었다. 다행히 이 이야기의 해피엔딩은, 그 애벌레 또한 노랑나비의 인도로 고치가 되는 법을 배워 아름다운 나비로 다시 태어나, 함께 세상을 향해 꽃들을 향해 날아오른다는 것이다.

○○야, 우리가 한 방에서 먹고 자고 뒹굴던 시간은 불과 3년 정도. 내가 떠나 애써 너를 잊고 지내온 시간은 23년이 넘었구나. 그리고 이제, 네가 먼저 이 세상을 아주 떠났다.

이미 8년째 자살률 세계 1위. 아, 대한민국! 연간 1만 5천여 명, 인구 10만 명당 31.2명 자살. 고위급 정치인과 대기업의 총수들과 브라운관의 스타들이 끝도 없이 자살하는 나라.

반만년 역사 속에서 온갖 외침과 내적 환란 속에서도 웅녀의 '은근과 끈기'를 특유의 저력으로 삼아 꿋꿋이 살아온 피붙이들이 왜, 일제 침략과 복잡한 국제 패권경쟁 속의 동란을 치르고도 눈물겹게 살아온 사람들이 왜, 압제와 가난을 목숨과 청춘을 바쳐 극복해온 사람들과 그 후예들이 왜, 이렇게나 좋아졌다는 나라에서 앞다투어 투신하고 목매달고 분신하고 약을 먹고 죽어간다는 말이냐? 모든 일이 원인에 의해 벌어지는 것이라면 이 일은 도대체 어디서 기인하는 것이냐? 살아있는 것들은 살기 위해 세상에 왔고, 살 수만 있다면 무슨 짓을 해서라도 죽기 살기로 살려고 드는 것인데, 누구라도 그 어려운 자살을 결행하고 마는 데는 한 영혼이 도저히 감당하지 못하는 치명적인 이유가 있을 것이다.

10대, 20대, 30대 한국인 사망원인 1위는 바로 자살이다. 또 한국인 자살의 가장 큰 원인은 정신질환이며, 구체적으로는 우울증과 불안장애가 주범이다. 이러한 데이터는 한국인의 심리상태가 건강하지 못하다는 뜻이며, 기성사회의 비인간적, 탈자연적 분위기나, 과열된 경쟁주의의 교육풍토나, 현대사회의 전산정보화 등이 온통 사람들의 설 자리, 앉을 자리, 누울 자리를 뒤흔들고 있다는 것을 명백하게 보여준다. 정말 많은 사람들이 미쳐가고 있고 자살충동에 내몰리고 있다는 말이다.

물론, 그 근본적인 원인이야 누누이 말한 대로 인간의 탐진치를 벗어나지 않는다. 맹목적 생존의지보다 더 강한 의지는 뭇 생명체들이 가진 쾌락추구와 고통 회피의 의지이고, 그것의 뿌리는 바로 자의식인 것이다. 사실 자의식이란 인간 의식의 차원에만 있는 것이 아니라, 모든 무의식적 생명현상의 배후에까지 뿌리내리고 있는, 몹시 집요한 집착이다. 그리고 그것의 실체는 존재의 진리나 실상에 대한 '무지'인 것이다. 사실 자살충동은 생존의지의 빈곤에서 기인한다기보다는, 고통회피 의지에서 비롯한다. 그리고 그 저변에는 역시, 뿌리 깊은 '자의식'이라고 하는 최초의 병인이 잠복해 있는 것이다. 다시 말하면 자살은 이 자의식의 방어기제의 일종이라고 말할 수도 있다.

그렇다면, 한국 사람들이 그렇게 쉽게 자살하는 이유는 그들의 자의식이 다른 문화권의 사람들보다 상대적으로 높다는 말인가?

그렇다. 내가 보기에는 그렇다.

한국 근현대사의 질곡과 수많은 파란은 사람들의 심리에 매우 불안정하고 승화되지 않은 자기정체성을 조장해왔다. 불확실성이나 불안정성은 그 자체가 어떤 측면에서는 역동적 에너지이고 사람의 내부에서는 강한 성취동기 따위로 발현되기도 하지만, 많은 경우는 바깥의 대상 세계나 친소의 타자들과 조화롭고 편안하게 공존하기보다는 경쟁하고, 배제하고, 벗어남으로써 자아의 안정을 찾으려 하는 동인을 부여한다. 항상 흑백 사이에서 선택을 강요당하고 그 가운데 겪는 숱한 갈등과 혼란은, 여리고 흔들리기 쉬운 자아로 하여금 성급한 도박이나 극단적인 선택을 통하여 근원적이지 않은 가짜의 평안이라도 찾고 거기 안주하려 들게 만든다. 아마도 이런 심리가 몇몇 군인들에게 쿠데타를 일으키게 했을지 모른다. 경제주체로 급부상하여 한국경제의 급성장을 주도해왔으나 상당히 불명예스럽고 비도덕적인 이미지를 벗어나지 못하는 재벌들을 키워왔을지 모른다. 이렇게 파행적인 정치경제적인 변천사가 세계를 깜짝깜짝 놀라게 해온 것이 사실일지라도, 그 속에서 숱하게 많은 자아들이 내몰리고 박탈당하고 상처받고, 우울하고 비애에 찬 명멸을 거듭해온 것은 어떻게 보상받아야 할까? 아무리 전체 사회에서 개인의 희생이 높이 평가된다 해도, 한 인간의 존재는 신성불가침한 하나의 세계일진대, 누군가가 죽고 잊히고 버려질 때 그의 주검 위에 뿌려지는 꽃송이들이 정작 그 자신에게 무슨 의미가 있다는 말이냐?

'빨리빨리', '하면 된다', '안 되면 되게 하라', '억울하면 출세하라', '유전무죄 무전유죄有錢無罪 無錢有罪', '일등', '금메달', '첨단'……, 현대 한국 사회를 지배하고 흔들고 풍자해온 이런 말들은 건강하고 평화로운 사회의 용어들이 아니다. 전시체제나 비상시나 군사문화 속의 구호나 세뇌어들이다. 이는 아마도, 위대한 고대사로부터 어이없이 패퇴해온 우리 선조들이 내몰리고 침략당하고 짓밟히면서도 지켜온 염치나 자긍심과, 어질고 선량한 도덕성과, 자연과 보편의 질서에 대한 외경심과, 빛과 웃음을 향한 긍정적이고 여유 있는 해학의 정신과도 한참 동떨어진 것이다. 부모나 가족, 친지나 이웃의 자타를 허무는 사랑 가운데서 태어나 섬김과 대동大同의 사회관계 안에서 꿈을 펼치고,

산맥, 물길, 바람결을 타고 춘하추동으로 흐르는 시간의 돛단배를 띄워 아리랑 스리랑 아날로그의 가락으로 순항해오던 사람들이 왜, 왜, 왜 이렇게 불쌍하게 되었는지, 나는 모르겠다.

죽느냐 사느냐, 언제나 그것이 그들의 문제다. 사느냐 파느냐, 적이냐 동지냐, 결혼이냐 이혼이냐, 보수냐 진보냐, 영남이냐 호남이냐……. IT 강국인 한국 사람들은 이제 버튼 잘 누르는 사람들이다. 0,1,0,1,0,1…… 컴퓨터 2진법의 디지털 신호가 뇌 속에 유전인자처럼 박혀가고 있다.

아, 배달倍達의 부모형제여, 전력질주는 이제 그만하면 어떨까? 조금만 천천히 가면 안 될까? 진 빼지 말고, 아무 일에나 쉽게 목숨 걸지 말고, 그만 이 어리석은 무한경쟁에서 벗어나면 안 될까? 이기려고만 하지 말고 질 줄도 아는, 져도 멋지게 지는 미학을 배우면 안 될까? 지고 살면 어떤가? 결국 덧없고, 몇 푼어치 되지도 않는 이 도박판에서 2등, 3등이면 어떻고, 꼴찌면 또 어떻다는 말인가?

어떤 아이의 말이 떠오른다.

전에 어떤 절에 가히 신동이라 할 만한 총명한 아이가 도반스님 제자라고 와 있었다. 어느 스님이 그 아이 수동이와 이야기를 나누다. 애가 몹시 영특한 것이 대견해서 머리를 쓰다듬으며 말했다고 한다.

"수동아, 너 내년에 학교 가거든 꼭 1등 해라. 알았지?"

그러자 그 아이가 말했다.

"스님, 참 이상하시네요. 어떻게 꼭 1등을 해요? 해봐서 나보다 공부 잘하는 애가 한 명이면 난 2등 하는 거고, 두 명이면 3등 하는 거고, 애들이 다 나보다 잘하면 난 꼴찌 하는 거지. 스님, 어떻게 꼭 1등을 하라고 하세요?"

그 스님은 그만 말문이 막혀 아무 말도 하지 못했다고 한다.

정말이지 오늘날의 한국 사람들 중, 그 누가 이 아이의 논법 앞에서 무너지지 않을 수 있겠는가?

나는, 처자들의 목을 미리 베고 지기 위해 전장으로 간 계백장군의 서릿달(霜月) 같은 기상과 초연함이, 한국 역사에 가장 굵은 선으로 새겨진 민족정신이라고 믿는다. 오늘을 사는 우리 겨레는 제발, 질 수도 있고, 져도 괜찮고, 어떤 때는 주저 없이 지는 것이 답이라는 것을 배워야 한다.

장부가 없는 세상이다.

두어라, 생사 앞에서 혼비백산하는 오합지졸이 다 무엇이냐. 생사를 초월한 중도中道 위에 열반으로 백척간두진일보百尺竿頭進一步하는 활로가 있다. 하물며, 개미집 같은 저 세속의 이해타산이 어찌 장부의 눈길이나 한번 끌 수 있으랴?

애벌레들이여, 나비가 되어 날아라.

○○야, 너는 생의 허무를 깨달았으면 그 먹이사슬의 피라미드에서 내려와 고치가 되는 법을 배워 숲속으로 갔어야지. 왜 나뭇가지에 목매달 생각을 했느냐? 목이 너냐? 목숨이 너냐? 몸뚱어리 죽여서 무엇 하느냐? 몸뚱이가 저 알아서 지은 허물이 어디 있느냐? 그저 이 마음의 그림자일 뿐. 또 마음이 과거와 현재에 짓는 어떤 허물이 있다 해도, 본래 그 바탕은 비고 청정하고

물들지 않는 것이거늘……. 죽어 없어져야 하는 것은 우리 자의식의 환영이고, 매달아 죽여 마땅한 것이란, 결코 만족을 모르는 우리 안의 갈애와, 동료를 경쟁자로 삼아 일으키는 우스꽝스런 적의라는 것을 어찌 몰랐던 것이냐?

왜 그사이에 가끔이라도 나를 찾아오지 그랬니? 동생이 출가한 형을 찾아가 상의해보면 어떻겠느냐고 했을 때, 네가 "지은 죄가 많아서 그럴 수 없다."고 했다던데, 형이 무슨 죄를 심판하는 사람이더냐? 출가한 사람이란 죄가 있는 사람이라도 그 죄업에서 벗어날 길을 찾아주는 사람이어야지. 부처님의 자비하신 법은 악인을 처단하는 것이 아니라 일체의 생명을 악업으로부터 구원하는 것이 아니냐? 생에서 사로, 사에서 생으로 돌고 도는 중생을 그 생사의 수레바퀴에서 훨칠하게 뛰어나와 열반의 저 언덕이 이르게 하는 것이 아니냔 말이다.

어떻게 이놈의 세상에서 죄 안 짓고 살 수가 있겠니? 모두가 죄업 가운데 있지만, 이 세상 사는 자들의 죄업 가운데 정말 씻기 힘든 죄는 오직 하나, 우리 모두를 이 죄업에서 건질 길이 있음에도 그것을 믿지 않고, 찾지 않고, 가지 않는 것이다.

고해에 빠져 허우적거리면서, 이리 무거운 탐진치의 무거운 돌짐들을 다들 왜 지고 있는지 산 사람이나 죽은 넋이나 괴롭기는 마찬가지. 너 이제 천근만근의 굴레를 풀어헤치고 생사고의 어두운 바다 및 수압을 벗어나, 어서 그만 물 위로 떠오르거라.

앞서거니 뒤서거니 서둘러 저 언덕으로 가자.

물 위로 나와 보면 소승의 뗏목도 있고, 대승의 큰 배도 있다. 우리 다 함께 가자. 못다 간 길 있거든 곧, 우리 다음 생에서 다시 만나자. 모두 다 이 죄업에서, 탐진치에서, 고해에서 하루속히 벗어나지 않으면, 대동강 강물 같은 우리 눈물 언제 마르랴?

마침내 묻노라. 한세상 끌고 다니던 네 몸뚱이는 이제 한 줌 재가 되었나니, 죽었다는 것도 살아있다는 것도 네 마음이 일으킨 한방울 물거품 같은 생각일 뿐이거니, 이 모든 생각 없을 때 그 무엇이 너이더냐?
한반도는 삼천리, 산은 산, 물은 물.
너의 마흔여섯 생애에 향 사르고 꽃을 바친다. 술 대신 샘물 끓여 차를 한 잔 따른다. 자, 그만 취생몽사醉生夢死에서 깨어나라.
눈 뒤집어쓴 아침 소백산도 맑게 맑게 깨어나고 있다. 역사力士가 거친 정으로 암벽을 떨어낸 듯, 선 굵은 저 산경山景을 너도 한번 보아라.

씨앗과 열매

어떤 분이 얼마 전에 도량 사무국으로 이런 편지를 보내오셨는데, 내용은 이렇다.

〈편지 전문〉
제가 답답한 마음에 이렇게 염치없는 부탁을 드립니다. 이 글을 덕현스님께 보여드리고 답장을 받아보았으면 합니다. 따로 연락이 되지 않아서요.
일전에 딸과 저의 관계에 대한 고민이 깊어 스님을 찾아뵌 적이 있는데, 다행히 지금은 제 딸과의 문제는 잘 해결되었습니다. 애가 자신의 올해 목표는 효도라고 하면서 저한테 너무 잘하고 있어요. 그래서 새해부터는 정말 잘 살아 봐야겠다고 생각하고 있었는데, 갑자기 날벼락 같은 소식이 왔어요.
제 언니 딸이 제 딸과 나이도 비슷하고 결혼도 비슷한 시기에 해서 아이를 낳고 이제 50일이 되었는데, 그만 쇼크사를 했어요. 아기 이름만 부르다 절명했습니다.

그런데 제가 더욱 기가 막혀 하는 건, 이 날벼락 같은 일이 그 얼마 전에 제가 언니에게 보낸 카톡메시지 때문에 생긴 게 아닌가 하는 생각 때문이에요.

지난번 서울에 갔을 때, 저희 돌아가신 부모님 위패를 용화사에 모셔놓고는 잘 못 가본 것이 마음에 걸려서 한번 들렀습니다. 제가 예전에 축서사에서 공양주를 한 적이 있었는데, 용화사 앞에서 당시 제 뒤를 이어 공양간 일을 했던 보살님을 만났습니다.

반갑게 만나서 우리 집에도 같이 오고 그랬는데, 그 보살님이 얼마 전에 중국에 있는 저에게 문자메시지를 보냈어요. 왜, 그런 글 있잖아요, 이 글을 읽고 같은 글을 20명에게 보내면 축복이 오고 안 보내면 안 좋은 일이 생긴다는 글이요.

별생각 없이, 아니 솔직히 안 좋은 일이 생길까 조금은 염려스러운 마음에, 제가 언니와 조카에게도 보냈는데 며칠 뒤에 이런 일이 일어나고 만 거예요.

제가 너무 놀라고 속상해서 언니에게 뭐라고 위로의 말을 해야 될지 모르겠어요. 메시지로 무슨 말을 보내고 나면 그게 오히려 언니의 마음을 후벼 파는 일이 될 것 같고, 언니는 명이 다해서 갔다고는 하지만, 제 마음이 전혀 편치가 않아요. 언니는 교회를 다니는데 천사같이 맑고 마음도 바르고 능력 있는 사람이 지금 너무 힘들어해서 제가 어떻게 언니를 위로해야 할지 모르겠어요.

그 글을 보낸 그 보살님이 원망스럽기도 하고, 그래서 제가 그런 사정을 이야기했더니, 재미로 보낸 걸 가지고 무슨 소란이냐며 오히려 화를 내서, 제가 잘못했다고 했어요. 그러면서 옛날 축서사에 온 신도에게 스님께서 기도를 하라고 하셨는데 안 하더니 그 아들이 죽었다는 얘기를 해요.

아무튼 가장 중요한 건, 저에게 지혜가 없어 이 모든 일이 일어난 것 같은데, 도대체 언니에게 어떤 위로를 할 수 있을까요? 그 죽은 조카는 제가 가장 좋아하던 아이였고요. 제가 언니 입장이라도 제가 아주 원망스러울 것 같아요. 그 편지의 저주를 제가 조카와 언니에게 보낸 격이 되어버렸어요. 무슨 말로 위로해야 할지. 한국에 가지도 못하고 있으니 말이에요. 그리고 종교도 다르니 제가 불자로서 교인인 언니에게 뭘 어떻게 해야 할지 모르겠어요.

여러분이라면 여기에 어떤 좋은 대답을 줄 수 있겠는가? 도대체 뭐가 문제인 걸까?

먼저, 이분하고 따님하고의 이야기를 내가 아는 범위에서 잠깐 해야겠다. 이 보살님이 축서사에서 공양주를 하신 적이 있다고 했는데, 나와는 그때 알게 된 인연이다. 나중에 법화도량 생기면서 우리 절에서 공양주를 잠깐 해주신 적도 있는데, 음식솜씨도 솜씨지만 손길이 얼마나 매섭고 부지런한지, 떠나시기 전에 틈틈이 일궈서 갈아놓으신 채소 등속을 그해 내내 대중이 얼마나 잘 먹고 지냈는지 모른다. 그분 따님도 가끔 엄마를 찾아 절에 들르곤 해서 매우 좋은 인상으로 기억하고 있던 사람이 있는데, 그때 본 두 사람은 여느 모녀 이상으로 매우 살갑고 좋아보였다. 근년에는 따님이 결혼해서 좋은 사위를 맞았고, 아이 둘이 생겨서 이 보살님은 손자손녀 보는 할머니 역할을 즐거이 자임했다고 한다. 그런데 그렇게 착하고 총명하던 딸이 어느 때부턴가 마치 다른 사람처럼 변해서 이런저런 투정만 해대고, 살면서 마음에 안 드는 일이 있거나 짜증스러운 일이 있으면 엄마한테 화풀이하듯이 마구 쏟아붓곤 한다는 것 아닌가. 엄마 입장에서는 손자손녀 봐주면서 딸을 돕고 지낸다고 생각하는데, 줄곧 딸이 자신에게 신경질만 부린다며 너무 힘들어했었다. 물론 여기까지 얘기는 일방적으로 엄마 쪽에서만 들은 얘기이긴 하지만. 그러다 어떤 무당한테 들으니까 천도재를 지내야 한다고, 딸한테 뭐가 붙어 있는 것 같다고 했단다. 고민하시던 끝에 연락을 해오셨는데, 결론적으로는 무당한테 천도재를 지낼 바엔 법화도량에서 하는 편이 낫겠다고 하셔서, 실제로 작년 하안거 해제일에 합동 천도재를 함께 지냈던 일이 있다. 그래서인지 어쩐지 몰라도, 다행히 두 분 사이는 지금은 굉장히 편안해져서 아무 문제가 없어졌다고 했는데, 얼마 전 이런 뜻밖의 일이 생기고 말았나보다.

이런 편지 한번쯤 받은 기억이 있을지도 모르겠다. 나는 그런 편지가 있다는 이야기는 들어봤지만 직접 받아본 적은 없어서, 좀 전에 보각스님에게 물었더니 보라고 하나 보내주셨다.

〈문자 내용〉

숙제 하나 보내오니 4일 이내에 풀고 복 많이 받으세요. 진짜로 좋은 일이 일어나네요. 저도 숙제 중이에요.
돈으로 집은 살 수 있어도 가정은 살 수 없다. 돈으로 시계는 살 수 있어도 시간은 살 수 없다. 돈으로 침대는 살 수 있어도 잠은 살 수 없다. 돈으로 책은 살 수 있어도 지식은 살 수 없다. 돈으로 의사는 살 수 있어도 건강은 살 수 없다. 돈으로 지위는 살 수 있어도 존경은 살 수 없다. 돈으로 피는 살 수 있어도 생명은 살 수 없다. 돈으로 관계는 살 수 있어도 사랑은 살 수 없다.

이 속담은 행운을 가져다주며 네덜란드에서 유래되었습니다. 이 속담은 지구를 열 바퀴 돌았으며 이제 당신이 받았으니 당신이 행운을 가질 차례입니다. 이 메시지는 유머가 아닙니다. 이 메시지를 정말 행운이 필요한 사람에게 4일 안에 보내세요. 콘스탄틴은 1953년도에 처음 이 메시지를 받고 그의 비서에게 이 메시지 20통을 사람들에게 보내라고 지시했어요. 9시간 후에 그는 9,900만 달러 복권에 당첨되었어요. 카를로스는 같은 메시지를 받았으나 메시지 20통을 보내지 않았어요. 직장을 잃었습니다. 그 후에 마음을 바꾸고 메시지 20통을 보낸 뒤에 부자가 되었어요. 1967년에 브루노는 이 메시지를 받았으나 단지 웃어버렸어요. 며칠이 지난 뒤에 그의 아들이 매우 아팠습니다. 그래서 그는 속는 셈 치고 이 메시지를 20통 만들어서 보냈어요. 9일 후에 그의 아들이 건강해졌습니다. 메이는 이 메시지를 받고 즉시 20통을 보냈어요. 메이는 다음날 시험이었는데 모두 찍었는데도 불구하고 평균 94점이 나왔어요. 이 메시지는 행운을 위해 만들어졌습니다. 당신은 4일 이내에 이 메시지 20통을 보내야 합니다. 만약 이 메시지를 가족이나 친구, 또는 아는 사람에게 보내면 당신은 4일 안에 놀라운 소식을 듣게 될 것입니다. 이 메시지를 보내고 좋은 소식이 오기를 기대하세요. 주의사항: 수정하지 말고 그대로 복사해서 보내세요. 멀리 아프리가 말라위 김대식 신부님께서 보내주셨대요. 귀찮더라도 이행하세요..

난데없이 이런 우편물이나 전자메일 등을 받으면 처음엔 기분이 좀 묘하고 별로 좋지는 않을 것 같다. 그런데 몇 시간 지나면 마치 최면에 걸린 듯 같은 내용의 서신을 다른 데 전하라는 지령이 자꾸 마음에 걸리고. 기한이 임박해오면 찾아온다는 행운에 대한 기대보다는 혹시 하라는 대로 하지 않았을 때 신상에, 혹은 주변 사람에게 닥칠지 모르는 액운을 걱정해서라도 여기저기 생각나는 대로 보내는 경우가 생길 수도 있을 것 같다.

만약 이런 메시지를 받으면 어떻게 해야 할까? 시키는 대로 했다 치자. 그 후에 정말 좋은 일이 일어났는가? 모르긴 몰라도, 아무 일도 없었다는 대답이 대부분일 것 같다.
자, 당하고만 살 일이 아닌지도 모른다. 보다 적극적으로, 이를테면 이런 문자 메시지를 보내 보면 어떤 일이 일어날까?

"나의 이 문자를 받은 당신에게 이제 곧 큰 행운이 다가올 것이다. 일생일대의 행운을 위해 당신이 해야 할 일은 매우 간단하다. 이 문자를 받은 뒤 4일 이내에, ○○○○계좌로 1,000원을 송금하라. 그리고 이 문자의 내용을 한 글자도 바꾸지 말고 당신 주변의 행운이 필요한 사람 100명에게 전달하라. 단, 그 100명은 아직 이 문자를 받아본 적이 없는 새로운 사람이어야 한다.
이 메시지는 고대 그리스의 신탁에서 유래했으며 지구를 이미 수백 바퀴 돌았다. 소크라테스는 자기 철학을 믿고 이를 무시했다가 며칠 안 가 독살당해 죽었으며, 디오게네스는 단돈 천 원을 송금하고 제자들에게도 똑같이 하도록 시킴으로써 평생 일 안 하고도 잘 빌어먹고 살았다. (어쩌고저쩌고…….)"

사람들이 충분히 순진해서 이 사람 저 사람에게 겹치지 않게 충실히 전달할 경우, 처음 100명이 각각 100명에게 전하면 만 명이 되고, 그다음 단계엔 백만 명이고, 그다음엔 1억 명이고 그다음엔 100억 명인데, 지금 지구상의 인구가 75억 정도 된다고 보면, 다섯 단계 만에 지구상의 모든 사람이 당신의 문자를 받아 보게 될 것이다. 이때, 조금 머리가 모자라거나 너무 순진해서 겁이 많은 사람이 열 명 중 한 명만 된다 해도, 그 사람들이 제각각 내 통장으로 별 부담 없이 단돈 천 원씩 보낸다 치면, 나는 20일 안에 현금 7천 5백억을 가진 갑부가 될 것이다.

만일 여러분이 조금 더 영리하다면 사람들에게 터무니없이 천 원을 부치라고 할 것이 아니라, 원가가 천 원인 물건을 2천 원 남짓에 팔아넘기면서 그렇게 하면 된다. 내친 김에 더 교활해지기로 하면, 번 돈 7천 5백억 중에서 눈 딱 감고 10분의 1만 떼어 그 중의 또 10분의 1은 여러분 말을 신실하게 받아들이고 충실히 이행하여 단돈 천 원으로 일거에 1억을 번 사례를 한 100개쯤 만들어 두고, 나머지 6백 5십억은 사회복지단체 등에 기부해서 대단한 독지가의 명성을 쌓아둘 수 있다면 아주 좋을 것이다. 만에 하나, 여러분이 사기 등의 혐의로 감옥에 가게 된다 해도, 그쯤 되면 여러분 덕을 본 수많은 수혜자들이 아마 발 벗고 나서서 구명운동을 벌여줄지도 모르는 일 아닌가.

여기까지 이야기가 진행되면 이미도 많은 사람들이 소위 '다단계판매'라는 것을 머릿속에 떠올리게 될 것이다. 주위에서 심심치 않게 그런 사람을 만나보았을 테니 말이다. 다단계판매 때문에 애꿎게 몇십만 원, 몇백만 원을 홀랑 날린 사람, 친구나 가족 간에 크게 의를 상하게 된 사람, 거기 걸려들어서 주위로부터 온갖 비웃음이나 욕을 먹어가면서도, 생기는 소홀치 않은 수익 때문에 미적거리며 발을 못 빼고 있는 사람……

혹 듣기 거북한 분들이 있을지 모르지만, 다단계판매에 걸려드는 사람은 내가 보기엔 반드시 다음 둘 중 하나다. 첫 번째, 머리가 너무 안 돌아가는 사람. 두 번째, 머리가 너무 잘 돌아가는 대신 도덕성이 심하게 결여된 사람. 왜 그럴까?

다단계판매의 내막이 무엇인지 훤히 속이 보이도록 좀 단순화해보도록 하자.

이제부터 100만 원 투자해서 단박에 1억 원 버는 법을 알려드리려고 한다.

이 비법을 공개하려면 1인당 100만 원은 받아야 하는데……. 그리고 좀 어리숙하면서도 목돈이 좀 생겼으면 하고 간절히 바라는 사람 100명이 꼭 필요하다.

그 놀라운 비법이란 다름이 아니라 그렇게 걸려 모여든 100명한테 일단 100만 원씩 걷는 것이다. 그리고 이렇게 말하면 끝이다.

"자, 보세요. 지금 제가 번 돈이, 백만 원, 이백만 원, 삼백만 원……, 합계 1억 원이네요. 아셨죠? 여러분도 제가 시범 보여드린 대로 똑같이 하시면 돼요. 이렇게, 100만 원 가지고 1억 원 버는 법을 알려주겠다고 광고한 다음, 걸려든 사람 100명에게서 100만 원씩 받고 나서, 여러분도 저처럼 하세요, 하면 된다고요."

지금 이 말을 듣고 머리가 좋은 사람들은 즉시 더 치밀하고 짜임새 있게 응용할 수 있을 것이다. 그래야 사기나 강매 같은 범법행위가 되지 않고 법망을 피할 수 있을 테니 말이다. 예를 들면, 그냥 100만 원을 걷는 게 아니라 100만 원짜리 물건을 200만 원에 파는 형태를 취하는 것이다. 물론 그것도 공정거래법 등에 걸릴 소지가 있으면 단가를 적정선까지 팍 낮추면 된다. 욕심을 조금만 줄여도 얼마가 되든 가만 앉아서 돈 버는 건 시간문제다. 일단 1단계에서 자기한테 걸려든 사람들이 또 돈 벌 욕심으로 주위 친지들한테 기를 쓰고 물건을 갖다 팔 테고, 그 이익금 일부는 이 놀라운 비법을 전수해준 대가로 여러분에게 가져오도록 계약하면 된다. 이것을 다른 말로 피라미드 판매라고도 하는 데서 알 수 있듯이, 이 판매구조는 즉시 2단계, 3단계로 벌어져 가면서 먹이사슬의 꼭대기에 올라앉은 당신에게 엄청난 불로소득을 안겨줄 것이다.

의외로 이 비법의 함정은 알기 어려운 데 숨어있지 않다. 아까 예에서 뻔히 보이듯이, '다단계'라는 말이 무색하게도, 이 꺼림칙한 판매법은 아무리 피라미드의 하부에 속한 세일즈맨들이 뛰고 날아도 몇 단계 못 가서 더는 살 사람이 없어진다는 것이다. 대여섯 단계 지나면 전 국민이 다 사고, 세계 사람이 다 산다고 해도 더는 물건을 사줄 사람이 없게 된다. 당연히 다단계의 하부에 속한 사람들은 구조적으로 손해만 보고 울면서 나가떨어지게 되어있는 것이다. 이 피라미드 구조에서 떼돈 버는 사람들은 당연히 저 스스로 1딘게니 최상부에 있는 놈들뿐이다. 그러니 다단계多段階라는 말부터 거짓이 된다. 절대 소단계少段階에서 끝나지, 다단계를 거치면서 물건을 팔 수 없는 구조라는 말이다. 다단계판매로 돈을 벌려면 매물을 바꿔가며 자기가 피라미드의 최상부에 앉아 시작하되 얼른 치고 빠져야지, 몇 단계 뒤에 끌려들어 가서는 자기 돈만 날리게 될 뿐, 결코 돈을 벌 수 없는 것이다. 이 함정을 모르고 금방 떼돈을 번다니까 달려드는 사람들은 조금 머리가 안 좋은 바보들이고, 이것을 알고도 상부구조에서 그런 짓을 하는 놈들은 교활한 사기꾼들이라고 한 이유가 바로 여기서 기인된다.

그런데 법조인들이나 소비자단체 등에서 사회정의를 위해 선의를 가지고 애쓰는 사람들도 이 다단계판매를 사기 혐의로 고소하거나 처벌하기가 매우 어려운 것 같다. 우선 법적으로 문제 삼기가 대단히 어려울 정도로 교묘한 데다, 사람들이 다단계판매라는 것의 농간을 알아채지 못하도록 질적으로 하자가 없고 때론 매우 우수하기까지 한 매물들을 선정해서 팔기 때문이다. 다단계를 통해 샀다고 해도 산 사람이 전혀 손해 보거나 속았다는 느낌이 들지 않도록 하는 것이다. 이런 판매구조에, 사람들이 유입된 과정에서조차 자발적이기까지 했다면, 어떻게 문제시할 수 있겠는가?

이 피라미드 판매술을 맨 처음 생각해낸 사람은 미국의 어느 유대인이라고 들었는데, 우리나라에도 조선조 말에 그와 유사한 천재 사기꾼이 있었으니, 바로 그 이름도 유명한 봉이 김선달이었다. 대동강 물을 팔아먹은 사람이다.

어느 날, 어디서 굴러먹던 놈이 나타나 멀쩡하게 흘러가던 대동강 물이 자기 거라면서 사람들에게 떠서 팔기 시작한다.

처음엔 다들 뭐 저런 미친놈이 있나 하고 거들떠보지도 않는데, 놀랍게도 이 사람 저 사람 가서 값을 물어보더니 그 강물을 사기 시작하는 것 아닌가! 한 동이에 자그마치 천 냥이라는데. 그런데 더 놀라운 건, 저만큼엔 방금 산 강물을 다시 사주는 사람이 있다는 것이다. 그것도 삼천 냥씩이나 주고. '아, 그래서 이 사람들이 이 미친 거래를 하는구나.' 하고, 고개를 갸웃거리던 사람들은 갑자기 가슴이 설레기 시작한다. 알고 보면 놈들은 물론 봉이 김선달과 그가 데리고 다니는 바람잡이 일당들인데 말이다. 이제 곧 낚싯밥을 무는 물고기들이 생겨난다.

이 희한한 물장사 소식은 들불 같은 입소문을 타고 평양 바닥에 삽시간에 알려졌다. 이내 돈 욕심 많고 계산이 빠른 장사치들의 마음에 불길을 댕기게 될 것이다.

그들은 곧 큰 수레에다 동이를 있는 대로 싣고 와서 김선달에게서 물을 산다. 소위 사재기가 시작된 것이다. 물이 불티나게 팔리는데, 그 상인들은 이제 한 동이에 삼천 냥씩 받고 넘기기만 하면 수중으로 벌릴 돈이 얼마일지 속으로 주판알을 튕기면서, 마소가 끄는 수레를 몰고 가서 줄 서서 기다린다.

그런데 물을 잘 사주던 저쪽 사람이 그만 현금이 떨어졌다면서 돈을 가서 더 싣고 오겠다고 어딘가로 가는 것 아닌가. 두말할 것 없이, 잠적이지.

여러 식경을 초조하게 기다리던 사람들이 애가 타서 강 쪽을 보니 봉이 김선달도 이제 물 그만 팔겠다며 수레 가득 돈을 싣고 어디로 가버린 뒤였다. 상황 끝.

상인들은 한 동이에 천 냥씩 주고 산 그 물로 무엇을 했을까? 자기 머리 위에 들이붓지 않았을까? 분을 못 삭여 소리소리 지르며 동이를 두드려 깬 사람들도 많았을 것이다.

장사라는 게 뭘까? 재화나 용역을 생산하여 그것이 필요한 다른 사람들에게 공급해주는 대가로 원가에다 일정한 이문을 붙여 팔아서 돈을 버는 일이다. 이는 자급자족에서 벗어나 훨씬 풍족하고 다채로운 삶을 영위케 하는, 우리 생활에 필요불가결하고 매우 가치 있는 인간 활동임에 틀림없다. 그렇기 때문에 그것은 많은 사람들에게 생계의 수단이나 이재의 방법이 될 수도 있지만, 거기에는 반드시 보편적인 도덕률이나 직업정신이 필요하게 된다. 사고파는 일은 기본적으로 상호 간의 신의와 공정성은 물론이고, 어느 정도의 서비스 마인드까지 따라줘야 하는 것이다.

우리 주변에도 그냥 물건 팔아 돈만 버는 것이 아니라 주변에 늘 큰 기쁨과 이익을 주고, 직업적인 자기 일을 마치 수행처럼 해 나가며 내적으로 깊이 무르익어가는 사람들을 간혹 볼 수 있다. 헤르만 헤세의 소설 〈싯다르타〉에 나오는 주인공도 바로 그런 사람에 관한 이야기다.

소설 속 주인공 이름이 바로 싯다르타인데, 그렇다고 부처님의 일대기를 소설화한 것은 아니다. 불교가 지금처럼 서양 사회에 널리 알려지기 이전, 헤세가 부처님의 출가 전 이름인 싯다르타를 가공의 소설 주인공한테 붙인 것이다. 그러나 한 수행자의 구도와 깨달음이 그 줄거리이긴 하다.

원래 싯다르타는 산중에서 깊은 명상과 사색만 하던 사람이었는데, 어느 시점에서 세상에 내려가 세상의 흐름에 직접 뛰어들어 도를 배워야겠다는 생각에 하산을 한다.

그 과정에서 정신없이 살아가는 사람들의 방탕과 소란이 들끓는 골목을 지나는데, 어느 여인을 보고 그 아름다움에 넋을 잃고 만다. 그리고 그녀에게 용기를 내어 다가가 당신을 사랑하고 싶은데 내 사랑을 받아줄 수 있느냐고 묻는다. 몸을 파는 직업을 가졌던 그 여자는, 젊은 청년의 맑고 깊은 눈동자를 보며 대답한다.

"돈이 있으세요? 저를 데리고 자기 위해서는 그 누구라 해도 상당한 액수의 돈을 지불해야 하는데요."

순진한 청년은 자기가 이제 막 산에서 내려왔기 때문에 무일푼인 데다 세상 물정을 잘 모르는 사람임을 솔직히 고백하고, 어디로 가야 돈을 벌 수 있는지 묻는다. 여자는 돈을 벌려면 아무래도 돈이 많은 사람에게 찾아가봐야 하지 않겠느냐며, 외국으로 무역을 다니는 큰 상인의 집을 알려준다.

경험 많은 상인은 한눈에 이 젊은이가 전혀 세상일을 해보지 않았음을 간파하고는, 돈을 벌려고 찾아왔다는 청년에게 대뜸 무엇을 할 줄 아느냐고 물었다. 젊은이가 망설임 없이, 그러나 퍽 진솔하게 한 대답은 다음과 같았다.

"저는 사람의 마음을 이해할 줄 알고, 참을 줄 알고, 기다릴 줄 압니다."

이처럼 뜬금없는 대답에 상인은 잠시 생각하더니, 이윽고 그를 두말없이 받아들여 장사를 가르친다. 젊은이의 순수함과 지혜로움은 곧 기대 이상으로 거부였던 그 상인의 신임을 얻었고, 이듬해에는 상당한 규모의 상난을 이끌고 몸소 다른 나라로 가서 운송해간 물건을 팔고 그 지역에서 나는 물건을 싼값에 사오라는 막중한 임무까지 맡아 떠난다.

오랜 시일이 걸려 긴긴 험로를 여행한 끝에 마침내 도착했지만, 일행은 크게 낙담하고 말았다. 그 나라의 형편은 전혀 장사를 할 수 없는 지경이었기 때문이다. 무서운 가뭄이 닥쳐, 그해 그 나라 사람들은 먹고 살아남기도 어려운 처지라, 진기하고 새로운 물건을 살 여유는커녕 당장 생업에 필요한 물건도 구할 돈이 없었던 것이다. 같이 갔던 경험 많은 상인들조차 크게 맥빠져 하며 올해는 너무 운수가 좋지 않다고, 헛걸음만 했으니 당장 돌아가는 것만이 피해를 최소화하는 길이라고 말했다.

그러나 젊은 리더 싯다르타는 신중하게 고심한 끝에 뜻밖의 결정을 내렸다. 그것은 굶주림 속에서 아무 대책을 찾지 못하고 있는 현지인들에게 팔려고 가지고 간 물자들을 무상으로 나눠주는 것이었다.

이해할 수 없다고 투덜거리는 사람들을 데리고 귀로에 올라 그 사업을 맡겼던 대상인에게 상황과 경과를 보고한다. 듣고 있던 늙은 상인은 아무런 질책의 말도 하지 않았으며 그 지위에서 그대로 일하게 했을 뿐만 아니라, 다음 해 그 무렵이 되자 똑같은 임무를 주고 다시 그 나라로 가서 장사를 하라며 떠나보낸다.

그런데 그해에는 상황이 전년과 완전 딴판이었다. 예년에 드문 풍년이 들어 새 희망에 찬 사람들은 지난해의 고초를 만회하려 하고 있었고, 작년 그 어려울 때 팔려고 가져왔던 물건들을 구호품으로 베풀어주었던 젊은 상인이 다시 오기를 학수고대하고 있었다. 전년도에 돈을 지불하지 않고 거저 얻었던 물건값까지 톡톡히 쳐주는 사람들이 대부분이었고, 다른 상인들에게 사려던 물건까지 다 이 젊은 상인에게서 사 가는 것이었다.

수행자였던 젊은이는 그만의 소신과 깊은 마음으로 장사에도 크게 성공했고, 나중에 그 아름다운 여인과 결혼하여 행복하게 살았다. 만년에는 비록 그녀를 잃고 사랑하던 아들도 떠나보내는 등 심적인 큰 고비를 겪지만, 거기에서 오히려 큰 깨달음을 이 뭐 인생을 달관하게 되었다는 줄거리다.

다단계판매를 생각해낸 사람이나 봉이 김선달 같은 사람이 감히 어떻게 싯다르타 같은 상인의 내면이나 정신세계를 알겠는가? 장사를 하는 것이 돈이나 세는 헛된 인생이 되지 않도록 하려면, 먼저 이해타산이나 세상의 정글에서 살아남기 위한 집요한 투지나 이기심보다 한결 소중한 것들이 우리 안에 있고, 바로 그것을 자신이 일상에서 직업적으로 하는 일에 꽃피워 내는 것이 궁극적 성공과 행복의 길이라는 것을 잘 이해해야 한다.

상거래에 종사하는 일뿐만 아니라 사람이 생계를 해결하고 사회에 긍정적으로 기여하기 위하여, 임하는 거의 모든 부문의 직업에 똑같이 인생을 꿰뚫는 철학과 건강한 정신자세가 필요하다. 특히 공공의 가치나 사회적 영향이 큰일들에는 특별히 정의로운 가치가 요구되곤 한다. 사회의 체제나 법치法治를 논하기에 앞서, 낱낱 성원들의 자질이나 인식이 먼저 갖추어지지 않으면 우리가 서로 얽혀 안전하고 신뢰할 만하고 복된 공동생활을 해나간다는 것은 거의 불가능한 일이다.

그렇기 때문에, 사람늘의 성신이나 영성의 형성과 작용에 직접적 영향을 미치는 교육이나 종교 분야에서 일하고 살아가는 사람들에게는 각별히 매우 철저하고 드높은 기준이 있어야 한다고 본다.

교육에 있어서는 무엇을 가르칠 것인가 못지않게 그것을 어떤 방식으로 전수하고 어떤 그릇에 담아 전달할 것인가가 무척 중요하다. 예를 들면 우리 경험에 비춰볼 때, 같은 내용을 배운다 해도 어느 학교에서 어느 선생님으로부터 어떻게 배웠는가에 따라 교육의 질이 달라지고 교육의 효과나 성취도도 판이해지는 것이다.

오늘날 우리 교육은 학교에서 학생들에게 가르치는 것이 나중에 성장한 아이들이 사회생활이나 세상살이를 할 때 거의 쓸모 있는 것들이 없다는 비난을 면키 어렵다. 교육의 방법이 지나치게 경쟁적이고 일방적이고 획일화되어 있다는 것이 주된 이유이기도 하다. 서민의 가정마다 아이들에게 드는 교육비는 집의 기둥이 휠 정도이고, 다른 용도를 다 포기하고도 아이들의 장래를 위해 잘 가르쳐보겠다고 모든 것을 쏟아붓는데도 불구하고, 그런 교육을 받은 자녀들이 커서 반드시 행복하게 잘 사는 것도 아니고, 부모들에게 교육시킨 보람을 안겨주는 것은 더욱 아니다. 투자나 장사라고 보면, 밑지는 정도가 아니라 거의 사기당하는 꼴이라고 할 수 있을 것이다. 뒤에 오는 결과가 너무 초라하거나 전혀 없는 것은 둘째 치고라도, 교육시키는 과정에서부터 학생, 학부모, 심지어는 교사조차 전혀 행복하지도 않을뿐더러 오히려 온갖 수고와 고초만 따른다는 것은 깊이 생각해볼 일이다. 좋은 세상을 만들어 그 안에서 보다 의미 있는 생애를 보내고 싶다면, 처음부터 끝까지 정말 다시 검토해 보아야 할 첫 번째 것이 바로 교육이다.

장사를 할 때도 무엇을 거래하는가에 못지않게 중요한 것은 그것을 '어떻게' 사고파는가다. 다단계판매 같은 것은 그것이 아무리 합법적이고 문제 삼기 어려운 것이라 해도, 양심과 선의가 있는 사람이라면 하지 말아야 할 짓이다.

고대에 국가가 형성되고부터는 늘 있어온 일이니 대부분 당연시 하긴 하지만, 그 효용과 비효용을 따져볼 때, 과연 '정치'라는 게 필요한 것일까 회의를 해볼 수도 있다. 예컨대 무정부주의 같은 것도 있으니까. 특히, 사람들의 인지가 발달하고 사회의 민주화가 진행될수록 사람들의 의식은 탈정치화하고, 직업적 정치인의 존재에 대해서는 비판적이거나 냉소적인 관점이 많아지고 있다. 더이상 사람들은 많이 알려진 정치지도자나, 투표에서 다수의 득표를 하여 선출된 자기 국가의 수반 등을 존경하거나 우러러보지 않는다. 도리어 정치의 정의롭지 못한 면과 기만성, 정치인의 부정직성을 희화화하고 풍자하는 것은 현대 코미디나 농담의 단골 메뉴가 되곤 한다.

어느 지방 경찰서에 교통사고가 접수되어 경찰관이 조사차 현장에 갔다.

고급 승용차 한 대가 시골길을 달리다 굴러 떨어졌는지 논바닥에 거꾸로 처박혀 있었는데, 차 안에 탔던 사람은 보이지 않고 저쪽에서 농부로 보이는 사람이 땅에 뭘 묻고 있더란다.

"혹시 여기 교통사고 있었던 거 아셨어요?"

"예. 내가 직접 목격했죠."

"그래요? 그런데 운전자나 승객은 왜 보이지 않죠?"

"아, 한 사람, 운전하던 양반이 뒤집힌 차에서 빠져나왔는데, 아무개 국회의원이라고 하대요. 내가 지금 여기 땅속에다 묻고 있는 중이에요."

"네? 왜 사람을 묻어요? 그 국회의원 죽었던가요?"

"아니, 자기는 안 죽었다고 하는데, 정치하는 사람 말을 도대체 믿을 수가 있어야지."

"네?"

"내가 일하다가 사고 나는 걸 보고 달려와 차에서 끌어내 주면서, '당신 좀 과속했죠?' 했더니, 아니래요. 내가 다 봤는데. '음주운전이네요.' 했더니, 또 아니래요. 술 냄새가 풀풀 나는데 말이죠. 이 사람 입에서 나오는 말은 죄 거짓말이로구나 생각하면서, '당신 살아있는 거 맞소?' 했더니, 그렇대요. 그래서 지금 여기 묻은 거예요."

인류의 정치사는 온통 투쟁과 기만과 착취와 전쟁의 역사라고 할 수 있다. 인간의 본성은 원래 선한 것이고, 사람들은 우리가 잘 믿지 못해서 그렇지, 생각보다 훨씬 착하다. '법 없이도 살 사람'이라는 말이 있는데, 이 말은 '법'이라는 것이 사람들의 권익을 보호하고 사회질서를 확립하기 위해서 기능하기보다는 권력과 소수 기득권자들의 이익을 지키는 도구로 쓰여 왔다는 것을 암시한다. 권력투쟁의 장에서 온갖 음모와 계략과 폭력으로 헤게모니를 장악한 자들이 자신들의 입지를 정당화하고 민중을 기만하여 착취하기 위해 상투적으로 동원하는 것이 바로 '법치法治'나 '정의', '민주', '번영' 따위의 기치나 구호이니 말이다.

지금부터 하려고 하는 얘기는 이제까지의 인류 역사 속에서 정치보다 훨씬 교묘하고 부도덕한 방법으로 사람들을 속여온 '종교'에 대한 것이다. 특히 'Made in 중동'의 종교들이 세계시장으로 진출하면서 유별나게 그래왔다. 여기서 생긴 종교들은 유달리 팽창주의적 성향이 강하다. 영적 구원을 내세우면서도, 탈속하기보다는 늘 세상의 정치, 경제, 사회를 장악하여 사람들의 생활 전반을 지배하려 든다. 복음이나 구원의 메시지라고 하며 도그마를 퍼뜨리는 방식도 그다지 평화적이라거나 자연스럽지 못하다.

　이 지역의 종교들은 초기에는 정치권력으로부터 견제를 당하기도 했지만, 곧 적대적인 관계를 청산하고 대신 공생하고 야합하며 밀월의 시간을 보내왔다.　실제로 이 종교들이 사람들 위에 군림하며 누려온 권력은 어마어마한데, 공유나 나눠먹기가 본질적으로 어려운 권력의 속성에도 불구하고 정치와 종교가 대개 평행선을 그으며 공존해올 수 있었던 것은 무엇 때문이었을까?　종교는 정치권력에 이데올로기와 통치를 정당화하는 명분을 헌납하고, 정치는 권력의 힘을 이용하여 사람들의 종교에 대한 믿음이나 헌신과 희생을 종용한 것이다.　정치와 종교는 서로를 영리하게 이용하여 사람들로 하여금 미래에 대한 희망에 순한 양들처럼 속아 넘어가 고분고분 말을 잘 듣고 절대 체제를 거역하지 않도록 했을 뿐만 아니라, 힘과 야심이 뻗쳐 다른 문명권이나 나라들을 침탈할 때는, 탈을 쓴 종교인들도 정치권력이 파견한 군대와 함께 출전하여 앞서거니 뒤서거니 하며 그 지역의 국가권력과 미개한(?) 신앙이니 기치를 함께 무너지게 했다.　그리고 저쪽 세력의 힘이나 저항이 막강할 때는 정치권력과 종교권력이 민중들을 함께 종용하여 신의 이름이나 내세의 영광을 위하여 나가 싸우도록 끊임없이 부추겼다.

　사실 민중들로서는 이런 정치와 종교에 이용당하고 희생되었을 뿐이지 얻은 것이 아무것도 없었다.　가산을 털어 면죄부를 샀다고 해도 회개나 구원은 살 수 없는 것처럼, 사람들은 정치나 종교의 권력에 속아 재산과 인생과 목숨을 털어 바치기만 했지, 땅을 얻은 것도 아니고 돈을 얻은 것도 아니고 더구나 신의 가호나 내세의 영광을 얻은 것은 더욱 아니었다. 민중들이 뒷날 조금씩 얻게 된 인간의 존엄이나 자유나 평등과 같은 민주적 가치들조차 정치나 종교의 발전으로부터 하사받은 것이 아니라, 오히려 그것들과의 목숨 건 지난한 투쟁으로부터 겨우겨우 얻어낸 것들이었으니 말이다.

중세유럽에는 분명히 돈을 받고 지옥이나 연옥에 가는 대신 천국행 티켓을 파는 면죄부 판매라는 것이 있었다. 그것을 시발로 마르틴 루터의 종교개혁이 시작되었고, 결과적으로 프로테스탄티즘이 기존의 가톨릭교회로부터 분화하긴 했지만 프로테스탄티즘은 다시 그 나름의 상업적 논리나 훨씬 교묘한 선교의 방법들을 동원하여 다른 문명권에 교세를 확장해왔다.

지금까지 종교들이 선교 되어온 방식을 보면 그다지 합리적이거나 좋은 방법으로만 이뤄졌다고 보기 어렵다. '칼이냐, 코란이냐.' 하는 말도 있지만, 대개 그렇게 원색적이지는 않아도 대신 훨씬 교묘한 방법이 사용되어 왔다. '안 믿으면 지옥 간다. 심판이 곧 올 것이다. 믿기만 하면 천국 간다. 영생한다.' 하는 식으로, 사람들 안에 있는 불안이나 모든 것의 인과를 꿰뚫어 보지 못하는 무지를 이용해서 선교를 해온 것이다. 내세우는 논리는 합리적이지도 않아서, 조금만 생각해보면 그 허위성이 분명하고 과학기술 등이 발전해오면서 뻔한 거짓임이 판명된 것이 대부분이다. 교의를 믿게 하려 한 궁극의 목적이 사람과 세상의 구원에 있었다기보다는 그것으로 종교적 권력을 향유하고 생계와 축재의 수단으로 삼으려는 소수의 사람들이나 세력의 이익을 위한 것이었다. 그들의 바람은 사람들이 그렇게 믿어서 모두 진실한 구원을 얻는 데 있는 것이 아니라, 교회에 나와 헌금하는 것이었을 뿐이다. 인류의 구원이나 사람들 내면의 진실한 평온을 위해서보다는 다분히 상업적인 목적으로 더 큰 이익을 위해서 투자하듯이 자잘한 미끼를 던지기라도 하면, 사람들은 일시적인 위안이나 세속적인 작은 이익에 속아 더욱 순순히 끌려와 평생 교회에 돈을 바친다.

더욱 나쁜 경우에는 종교라는 것도 구원, 혹은 현세나 내세의 복락과 같은 것을 약속하고 사람들에게 그것을 팔아먹는 다단계 판매와 같이 되어버린다. 약하고 어리석은 사람들이 그것을 쉽게 구매하고, 사이비종교일수록 교묘하고 악랄한 방법으로 사람들의 권위에 대한 두려움, 미래에 대한 불안의 심리 등을 이용하여 거의 강매나 사기에 가까운 방법으로 혹세무민하여 거짓된 구원을 팔아먹는다. 흔히 엉터리 종교적 교의를 팔아먹거나 거기 빌붙어 살아가는 사람들이 여러 단계로 형성되며 거대하고 복잡한 경제조직이 된다.

경제활동에서 사고파는 것은 재화와 용역인데, 사람들이 그것들을 대가를 지불하고 구매하는 것은 그 재화나 용역이 가치나 효용이 있기 때문이다. 이때, 매물이나 서비스의 질이 상식이나 상도덕을 벗어난 것이어서는 안 되며, 그 거래의 방법 또한 합법적이고 공정하지 않으면 안 된다. 사이비종교가 기만적인 방법으로 구원의 약속을 남발하며 사람들의 재산과 인생을 거덜 내는 것은 오늘날에 이르기까지 무수히 계속되어온 비리요, 사기행각이다. 그런 종교단체가 파국에 이르러 실상이 노출되기 전에는 사람들이 겹겹의 장막이 둘러쳐진 그 내막을 알기도 어렵고, 순진한 사람들이 걸려들어 그 실체를 알아갈 무렵이면 자신이 이미 너무 깊이 연루되어 빠져나오기가 어려운 경우가 대부분이다.

그 무엇보다, 최소한 종교는 선의의 가르침이어야지, 상술이어서는 안 된다.
보다 엄밀히 말하자면, 바른 종교란 인과의 진리에 대한 가르침일 뿐 그 이상이어도 그 이하여도 안 된다. 믿더라도 인과를 믿도록 하고, 알더라도 인과법을 알도록 하며, 닦는 것도 인과대로 닦도록 하고, 깨달아도 연기를 깨닫도록 해야 한다.
그 존재조차 확실치 않은 절대자나 초월자, 혹은 권위적이고 진실하지 않은 교주나 종교지도자를 믿고 거기에 맹목적으로 기대거나 속아 넘어가 인생과 가정과 재산을 파탄에 이르게 하는 것들은 종교가 아니다.
유감스럽게도 현대사회에서 사람들이 지금 사용하는 '종교宗敎'라는 개념은 다분히 그런 뉘앙스로 쓰이고 있다. 대부분의 사람들이 종교란 하늘이든 다른 어떤 세상이든, 자기 밖에 따로 존재하는 절대자를 믿는 것이라고 생각하지 않던가? 심지어는 흔히 무슨 무슨 '경經'이라고 부르는 오래된 책들에 나와 있는 얼토당토않은 신화神話나 지극히 불합리하고 초 경험적인 교설이나 이야기들을 역사적 사실이라고 믿는 것이 종교라고 생각하기 일쑤다.
이것은 다분히 서구 문명의 영향이다. 오늘날의 과학기술 문명은 서구의 르네상스나 산업혁명으로부터 시작되어 제국주의 시대를 거치며 다른 대륙의 모든 문명권에서 오래 발전해온 지역적 가치나 전통적 의식구조, 생활양식 대대적으로 유린하고 파괴해가며 서구적 근대화를 견인해왔고, 이제는 동서양을 막론하고 지구촌 전역이 그 획일적 흐름에서 자유로울 수 없게 되었다.

학문적으로든, 일상적으로든 우리가 가진 사고의 틀이나 쓰는 개념들마저 서구적 영향이 미치지 않은 것들은 거의 없다. 아까 말한 '경經'이라는 용어도 그렇지만, '종교'라는 말도 마찬가지다.

원래 종교라는 말은 불교에 있던 말이었고, 이는 도교나 유교와 같은 동양 사상에서도 쓰이지 않던 말이다. 종지宗旨, 종취宗趣, 종문宗門이라는 말에서와같이 불교에서는 본사本師이자 교조敎祖인 석가모니부처님이나, 불교 안의 한 종파의, 근원적이고 기원이나 기준이 되는 핵심의 가르침을 의미하는 말이었던 것이다.

이것을 서구 제국주의 열강에 대적하는 대신 화친조약을 체결하고 서구 문물을 전격적으로 흡수하여, 동양에서는 유일하게 제국주의의 대열에 발빠르게 나서서 주변국들을 침탈하고 식민지화하려 했던 일본이, 그 시발이었던 메이지유신 시기에 서양의 'religion'이라는 말을 번역하면서 가져다 쓴 것이다. religion은 라틴어 'religio'를 어원으로 하는데, 그 문자적 의미는 '재결합하다'라고 한다. 원죄로 하여 신으로부터 축출되었던 인간이 죄를 용서받고 신과 다시 결합한다는 의미다.

좀 더 깊이 그 의미를 새기자면, 중생이 무지와 업장에 가려 본성을 등지고 있다가 깨달음으로 그것들을 걷어내고 본성에 돌아간다는 의미라고 갖다 붙일 수도 있겠지만, 고대로부터 서양의 신관神觀은 매우 이원론적이었고, 신은 언제나 인간 위에 있는 '타자他者'였지, 인간 안의 본성이 결코 아니었다.

씨앗과 열매 267

모든 것의 근본이고 제일원인第一原因이라 할 수 있는 '진리'에 대해서도 고대로부터 서양의 철학이나 믿음은 항상 동양의 사상이나 '종교'보다 피상적이었고, 논리나 이분법적 사고의 틀을 벗어나지 못했었다.　필연적으로 서양 사람들이 생각하는 '신'은, '정신精神', '신령神靈하다'와 같은 동양적 언어에 담긴 신과는 달리, 인간 밖에 매우 고압적으로 군림하는 '제왕적 신'이 되고, 그러고 나면 인간은 그 발아래 납작 엎드려야 하는 '죄인'이나 '종'이나 '불쌍한 어린 양'이 될 수밖에 없었던 것이다.

　인연이 갖추어지면 생겨나고 인연이 다하면 소멸한다는 연기연멸緣起緣滅의 법은, 부처님이 깨달아 증험하신 진리, 다르마Dharma이며, 공空, 원각圓覺, 불이不二, 일심一心 등과 같이 불교의 수많은 경전에서 각각 다른 말로 표현된 궁극의 근원, 존재의 실상實相이다.　이 우주 안에서 정식情識을 가진 모든 유정有情의 안팎을 꿰뚫는 유일한 진리는 바로 이것뿐이다.　인격신도 인연 따라 잠시 있는 신이요, 그 신의 '말씀'이나 신의 로고스나 의지나, 천상세계나 우주 안의 다른 어떤 외계나, 심지어는 시공간 자체도 다 인연 따라 있다 없어지는 것들일 뿐이다.　인연 따라 생하고 멸하는 일체의 것들이 다 무상한데, 그 가운데 무상하지 않은 오직 한 가지가 있다면 그것이 바로 '인연법因緣法'인 것이다.
　그 누구도 인연법을 벗어날 수 없고, 이 인연법 위에 '초법적超法的' 존재란 없다.
　세속에서도 나라를 지배하고 만민이 따라야 하는 규범이나 질서를 법이라 하고, 만인이 그 법 앞에 평등하여, 한 체제의 수반이라 해도 초법적인 위치에 있지 않은 것을 '법치주의法治主義'라 하는데, 이 우주와 법계가 바로 '인연법의 법치' 아래 있는 불국토라고 말할 수 있는 것이다.

'부처님'의 존재는 무엇인가?

석가모니부처님은, '연기緣起를 보는 자는 나를 보고, 나를 보는 자는 연기를 본다.'고 하셨다. 부처님의 참존재가 부처님이 깨달으신 진리, '연기법'과 둘이 아니라는 말씀이다. 펼쳐 보이면 '연기'이지만, 꿰어서 말하면 '공'이라 할 수도 있고, '마음'이라 할 수도 있고, 때에 따라서는 '부처'라고 부르는 것이다.

부처는 중생과 다른, 중생들 위에 군림하여 법을 자의적으로 집행하는 제왕과도 같은 인격신이 결코 아니다. 참부처는 연기이고 공이며, 금강경에서 설하시듯 통달무아법자通達無我法者 즉명제불卽名諸佛, 즉 무아연기無我緣起의 법에 통달한 자를 다 부처라 이름하는 것뿐이다.

그렇다고 어리석은 사람들이나 사견에 사로잡힌 외도들이 오해하듯이, 무아나 공으로 돌아갔다 해서 아주 사라져 죽어버리거나 무의미하고 토목와석土木瓦石처럼 건조해져서 아무 용처도 없어져 버리는 것은 결코 아니다. 그들이 바른 수행과 깨달음 없이 함부로 개념화한 공은 진공眞空이나 중도中道의 공이 아니라, 단멸斷滅의 공이며 무기공無記空이며 완공頑空이라고 한다. 반대로 부처님과 바른 불제자가 중도의 수행과 깨달음을 통해서 계합하는 공은 대해탈과 열반의 경지다. 그로부터 일체의 인과를 비추어 아는 반야의 광명이 발한다. 모든 유정에게 인연 따라 무위의 자비심으로 드리워져 자타를 생사의 괴로움으로부터 영원히 건지는 것이다.

연기는 참으로 공정한 것이며 인간의 내면과 자연계에 이미 있는 것이다. 콩 심은 데 콩 나고, 팥 심은 데 팥 나며, 아니 땐 굴뚝에서 연기가 날 리 없다.

모든 사람들이 바른 인과를 믿고 살아갈 때, 세상이 평화로우며 정의가 행해지고, 사람들은 성실하고 진실하게, 시종 의미 있게 살아간다.

신이 모든 것을 마음대로 좌지우지하거나, 우연히, 혹은 아무 맥락이나 질서도 없이 세상일이 무작위로 벌어지는 것이라는 견해 위에서는 그 어떤 지속가능한 도덕 기준도 세울 수 없을뿐더러, 만인이 의지하고 찾아나서 실증해낼 진리 자체도 상정할 수 없게 된다. 세상에 만인이 수긍하고 따를 수 있는 보편적 규범도 존재할 수 없고, 인간의 가장 이상적 가치라 할 행복이나 대자유나 참진리를 추구하거나 구현하는 것 또한 공허한 이상이 되어버리거나, 존재가 묘연한 절대자의 선처나, 횡재나 재수대통 같은 우연적인 것에밖에 기댈 데가 없게 되어버린다는 말이다. 그런 통념이 지배하는 사회에서 사람들은 악행을 서슴지 않으며 세상의 덧없는 것들을 찾아 부유하며 세월을 허송하게 된다. 온갖 사회악이 난무하고, 서로가 서로를 믿지 않고 사랑하지 않으며, 아무도 행복하지 않고, 미래는 암담해진다.

분명하게 말하지만, 진정한 종교는 인과법을 꿰뚫어 가르치신 부처님의 가르침밖에 없다. 부처님과 부처님의 가르침을 믿는다는 것은 곧 인과를 믿고 선한 인행因行을 쌓으며 살아가는 일이고, 그 가운데서 다른 생명들과 더불어 편안해지고 지혜로워져

가며, 함께 부처님 같아져 가는 일이다.

불교는 가르침을 전하고 중생을 교화하는 행조차 자연스럽고 선의에 차 있으며 지극히 자비로울 뿐, 사기 공갈 같은 강압적이고 무례한 방식을 절대 택하지 않는다. 악행의 결과로 중생이 자초한 고통에 처하는 것을 경계하여 계율을 말하기도 하고, 궁극적 진리를 향하여 단박에 나아갈 수 없는 사람들에게 디딤돌을 놓아주듯 방편의 가르침을 베풀기도 하지만, 모두가 자비심과 선의를 여의지 않는다. 이 모든 일들이 본래 인연 따라 그렇게 되도록 되어 있다.

진정한 불제자는 사람을 믿기보다 인연법을 믿는다. 사실 그것이 모든 사람을 믿고 구경에는 나와 남을 함께 온전히 믿는 길이기도 하다.

옛날, 박정희 정권 시절에 청담스님이 불교계 대표로 청와대의 만찬에 초대되었던 당시의 일화다.

그 자리엔 다른 종교의 고위 성직자들 역시 와 있었고 만찬이 끝나갈 무렵, 돌아가며 각자 대통령과 정부 각료들에게 조언이나 덕담을 할 기회가 주어졌다. 가톨릭과 개신교의 순서가 끝나고 마이크가 청담스님에게 놀아왔다.

"현재 우리나라 국민들 중에 제일 나쁜 놈들이 누군 줄 아시오?"

"......"

"바로 가톨릭의 신부 놈들이오."

금방 주위가 술렁거리고 누군가의 얼굴이 빨개졌다. 청담스님은 아랑곳하지 않고 신부나 가톨릭성직자들의 숨겨진 비리를 나열했다.

"그런데, 그 신부 놈들보다 더 나쁜 놈들이 누군 줄 아시오? 바로 개신교 목사 놈들이오."

이어 스님은 잘못된 목사들의 처신과 행태를 까발려 비판했다. 이번엔 더욱 분위기가 살벌해져서 그곳이 청와대만 아니었다면 당장 고성이 오가고 판이 깨질 지경이었으나, 스님은 태연했다.

"자, 그런데 그 목사 놈들보다 더 숭악하게 못된 놈들이 있소. 누구겠소?"

"……"

"바로 중놈들이오."

스님이 그 '중놈'들의 작태에 대해 훨씬 힘주어 얘기를 풀어나가자, 장내의 험악한 분위기는 곧 다 풀어지기 시작했다고 한다.

수많은 사람을 겪어보며 우리는 이미 사람 함부로 믿을 게 못 된다는 것을 잘 알고 있다. 사람들이 예같이 순박하지 않아 아무도 잘 믿으려 들지 않기 때문에 현대사회는 차츰 탈종교화하고 있다고 한다. 그러나 그것도 깊이 들여다보면 이제 봉건적인 의식의 감옥에서 벗어난 사람들이 신이나 권위적인 것들을 맹목적으로 인정하거나 추종하지 않게 된 탓이라고 해야 할 것이다. 그 교의가 전혀 강압적이거나 비합리적인 데가 없는 데다, 그 실천적 검증과 체험의 방법으로 수행의 길을 열어놓고 있는 불교만은 이 현대의 물질문명 속에서도 문명의 선구자들이나 지식인들에게 훨씬 폭넓게 검토되고 받아들여져 실천되고 있으며, 자기 종교가 불교라고 공언하는 사람들이 가속적으로 많아지고 있으니 말이다.

우리가 흔히 '신이 아닌 이상, 사람이니까 실수할 수 있다'는 말을 쓰곤 하는데, 그 말은 신에게는 오류나 실수가 있을 수 없다는 것을 암묵적으로 전제하고 긍정하는 표현으로 보인다. 이처럼 잘못된 통념이나 세계관은 그런 식으로 우리 뇌리를 파고들어 쉽사리 자리 잡고 우리 이성까지를 점거해버리는 것이다. 그러나, 왜 신이라고 실수하는 일이 없을까? 성경을 보면, 신의 결정과 행위가 온통 실수투성이로 보이지 않던가? 그걸 믿는다면 오히려 인류사가 다 신의 실수로 점철된 역사로 보이지 않을까?

'신은 실수하지 않는다. 왜냐하면 신이니까. 신은 절대자이고 완전하니까.' 이런 논리는 그 자체로 오류라고 할 수 있다. 순환논법에 빠져있기 때문이다.

성경무오류설도 마찬가지다. '성경의 '말씀'은 한 글자도 오류가 없다. 왜? 하나님의 말씀이니까. 그것이 하나님의 말씀인지 어떻게 아는가? 성경에 그렇게 나와 있다.' 이런 식이지 않던가?

성경에도 정말 깊이 있는, 좋은 가르침들이 아주 없다는 건 아니다. 그런데 그건 금이 금광석 안에 온갖 잡석들과 함께 섞여 있는 것과 같은 것이라고 할 수 있다. 금을 제외한 나머지는 털어버려야 한다. 다 순금이라고 주장하면 곤란하고 거북해진다.

무엇을 믿어야 할까?

그런데, 반드시 무엇인가를 믿어야 할까? 물론 아무것도 믿지 않는다는 사람도 있을 수 있다. 데카르트도 그의 '코기토Cogito'를 도출하기에 앞서, 그 무엇도 확신할 수 없고 단지 모든 것에 대해 회의할 수 있을 뿐이라고 생각했다.

부처님 재세시在世時에 어떤 장조범지長爪梵志가 찾아와 논쟁을 걸었던 일이 있다.

당시 사상계의 일반적 동향으로 보인다. 그런 대론對論은 매우 격렬하고 심각해서, 만일 패배하면 어떤 유파의 스승을 자처하던 사람이 자신을 추종하던 제자들을 다 잃어버리기는 일까지 생기기도 했다.

범지는 브라만 계급에 속하는 수행자를 부르던 말이고, 장조長爪는 손톱이 길다는 뜻이니, 아마 머리털이고 손발톱이고 깎지도 않고, 몸을 씻지도 않고 극단적인 자유방임주의를 표방하고 가르치는 외도였을 것으로 추측할 수 있다.

먼저 범지는, "내가 만일 이 대론에서 지면 나 스스로 목을 베어 바치겠습니다."라고 호언했다.

세존께서는, "그대의 교의는 무엇으로 종지를 삼는가?" 하고 물으셨다.

"나는 어떤 법도 받아들이지 않고 모조리 부정하는 것으로 교의를 삼습니다."라고 외도가 대답하자, 세존께서는

"모든 것을 다 부정하고 받아들이지 않는다는 종지 자체는 받아들이는 것인가, 그것마저 부인하는 것인가?" 하고 물으셨다.

그 물음 끝에 장조범지는 소매를 털고 물러나 가버렸는데, 제자들과 한참을 가다가 갑자기 돌아서더니, "돌아가서 세존께 사과드리고 머리를 베어 바쳐야겠다."고 하는 것이었다.

이에 그의 제자들은, "저희가 보기엔 스승께서 보기 좋게 이기신 것 같은데 어찌 스스로 머리를 베겠다 하십니까?"라며 의아했다. 그에 범지는 결연하게 말했다.

"나는 차라리 지혜 있는 분 앞에서 머리를 베일지언정, 지혜롭지 못한 사람을 이기는 것을 바라지 않는다. 아까 나의 주장은 두 경우에 다 지게 되어 있으니, 만일 그 종지는 받아들인다고 했더라면 뻔한 모순이 생기는 것이고, 반대로 그것마저 받아들이지 않는다고 했더라도 종지 전체를 부정하는 꼴이니 미묘하게 내가 지고 마는 것이다. 그때 벌써, 내가 진 사실을 대각 세존과 여러 보살들이 알았을 것이다."

범지는 세존께 돌아와 말했다.

"제가 아까는 깨닫지 못했지만, 그때 어떻게 대답했더라도 어떤 법도 받아들이지 않는다는 저의 교의는 모순을 피할 수 없고 제가 이미 진 것이니, 이제 세존께 참회하고 제 목을 베어 바치겠나이다."

그러자 부처님께서는 자비롭게 말씀하셨다.

"여래의 교법에는 논의에서 패했다 하여 목을 베어 바치는 법은 없다. 그런 각오이면, 목숨을 여래에게 바쳤다 생각하고 마음을 돌이켜 출가하라."

이에 장조범지는 그의 오백 제자와 함께 부처님께 귀의하고 출가 수행하여 저마다 도과를 이루었다.

그 어떤 이론이나 교설이라 해도 일면의 타당성은 있을지라도 반드시 허점이 있을 것이기에 아무것도 믿지 않고 따르지 않는다는 사람들이 가끔 있다. 그런 사람들이 대개 회의론이나 불가지론에 빠진다. 하나의 주장으로는 제법 객관적이고 독자적이고 비판적이어서 그럴 듯하지만 그런 견해에만 사로잡혀서는 진리의 길로 나아갈 수가 없다. 아무리 논쟁하고 다른 이론들을 깨부수며 그런 주장이 우월한 것처럼 자위할지라도 그로부터는 진리를 얻지 못하고 더구나 열반과 해탈은 성취할 수가 없다. 아무것도 믿지 않고 살아간다는 것도 능사는 아닌 것이다. 그 역시 자신의 소견에 집착하고 그것을 믿고 헛되이 거기 들러붙어 있는 것에 불과하다.

자, 무엇을 믿어야 할까?
인과를 믿어야 한다. 인과를 믿는다는 것은 단지 그런 이론을 고수하고 있는 것이 아니다. 그렇게 살아가는 일이며, 그것을 증험해가는 일이다.
거기에, '정법正法의 발원'이 뒤따라야 한다. 값싼 믿음에 안주하지 않고 바르고 궁극적인 진리를 찾아 나서 그것을 증득하겠다는 서원이 있어야 하는 것이다.
그리고 그 힘으로 당당하고 의연하게 살아가야 한다. 누군가 이것을 믿지 않으면 지옥에 떨어진다고 하니 수긍되지도 않는 것을 믿고, 반대로 믿으면 재수 좋은 일 있을 거라니까 욕심에 눈이 어두워 뭘 믿는 척해서는 안 된다는 말이다.
내가 악의를 가지고 한 일이 아니면, 내가 한 일과 벌어진 일이나 상황을 무작정 연결시켜 생각해서도 안 된다. 제정신 아닌 놈들한테 최면이 걸려, '아, 그래서 그랬나?' 하고 생각한다면, 그건 그런 짓으로 밥 벌어먹고 살아가는 교활한 사기꾼의 농간에 놀아나는 짓일 뿐이다.
사소한 일도 요행을 바라거나, 신이나 타인의 권위가 무서워서 행하지는 말아야 한다. 그것은, 악행은 아닐지라도 어리석어

뒷날 자신과 남에게 부끄러운 일이 되어버릴 테니 말이다.

　인과를 다 부정하고 아주 믿지 않는 사람은 아무도 없을 것이다. 우리의 일상과 주변이 온통 인과에 의해 지탱되고 있기 때문이다. 밥을 먹으면 배고픔이 사라진다는 것, 쌀밥은 쌀로 지어야 한다는 것을 믿지 않을 사람이 있을까? 무지한 사람도, 악인도, 외도의 삿된 소견을 가진 사람도 어느 정도는 인과를 믿고 살아간다. 과학을 신봉하고 그에 의지하여 살아가는 수많은 사람들 역시 과학이 철저하게 의거하는 것이 일정한 조건에서 원인이 있으면 반드시 동일한 결과가 뒤따른다는 인과율이라는 것을 안다.
　그런데, 부처님이 깨달아 가르치신 인과의 법과 사람들이 보통 믿는 인과율은 우선 그 정도에서 차이가 난다. 사람들은 인과의 법칙이 인생 전체 혹은 생사를 넘어 세세생생을 두고 작용하는 불변의 철리라는 것을 얼른 받아들이지 못한다. 기억력이나 예지력의 한계를 가지고 있고, 시간을 꿰뚫어 살피지 못하기 때문에, 매우 한정된 시간 속에서 어떤 행동이 곧바로 그에 상응하는 결과를 가져오지 않는 예들을 많이 보기 때문이다. 시절인연이 무르익어야 원인이 결실을 맺는다는 것을 철저히 보지 못하고 알지 못하는 것이다. 또, 세상의 모든 단면들을 낱낱이 뜯어보기 어려울뿐더러, 매우 복잡하고 다양한 변수들이 복합적으로 작용하면서 빠르게 진행되는 인과관계들을 살피기에는 범인의 지혜가 너무 모자라기 때문이다. 이것은 기상의 온갖 상황과 조건들을 다 고려하여 정확하게 일기를 예견하는 것처럼 어려운 일이다. 그럼에도 불구하고 모든 기상의 상황과 일기의 변화는 전적으로 인과율에 따라 일어난다는 것을 누가 부정할 수 있겠는가? 사람들이 대개 자연계의 사물과 현상이 인과관계에 따라 존재하고 변화한다는 것은 쉽게 받아들이지만, 인생 전체가, 혹은 세상사 전체가 인과에 의해서 움직여간다는 부처님의 가르침은 얼른 받아들이지 못하는 것은 대개 그런 이유들 때문이다.

그럼에도 불구하고, 사람들은 태어나 성장하고 배우면서 사리事理를 분별하려고 애쓰고 이것과 저것의 상관관계를 파지하려고 끊임없이 노력한다. 사실은 인과관계를 잘못 인식하고 잘못된 믿음에 사로잡히는 것 또한 그런 노력의 부작용이라고도 볼 수 있다.

우리가 충분히 지혜롭지 못하면 이 세상의 인과를 다 바르게 꿰뚫어 보지 못하기 때문에, 일의 앞뒤를 알 수 없고 그것이 미래에 대한 불안을 낳는다. 그러면 다른 사람의 말이나 가르침을 다분히 맹목적으로 받아들이고 거기 의지하려고 하는 성향이 강해진다. 어릴 때, 아직 철들지 않고 세상을 많이 살아보지 않아서 뭘 잘 모를 때, 부모님께서 가르쳐주시거나 친구들이 전해주는 말, 어른들이 하시는 말들을 별로 알아보려고도 하지 않고 거의 맹목적으로 받아들이던 것을 떠올려보면 쉽게 알 수 있다.

그런데 누구든 차츰 철이 들면서, 자기 스스로 판단할 수 있게 되고, 이성에 의거해서 사유도 해보고 조사나 실험도 해봄으로써 어떤 것이 진리인지 아닌지, 즉 바른 인과관계인지 아니면 단지 미신적인 터부이거나 잘못된 오해인지를 스스로 가려보게 되지 않던가? 사실은 그렇게 정말 진리를 향해 나아가기 위해서는 우리가 내면적으로 더욱 성숙하고 매우 이성적으로 되어야 한다.

그런데 사실은 많은 종교들이 사람들의 이성보다는 반이성에 호소해서 교세를 확장하고 이익을 누려왔다는 것이다.

모든 것이 인과에 의해서 이뤄진다고 해도 우리가 인과를 다 알지 못하기 때문에 어떤 일이 생겼을 때, 이것이 무엇 때문에 생긴 줄을 정확히 모르는 경우가 많다. 그래서 엉뚱한 이유를 끌어다가, '이것 때문에 이 일이 벌어졌나?' 하고 생각하게 된다. 그러다가 그렇게 아주 잘못 단정하여 믿게도 되고, 매우 엉뚱하고 전혀 이성적이지 않은 확신으로 발전하여 나중에 진짜 원인이나 전체적으로 분명한 인과관계가 드러나도 잘 받아들이지 못하게도 된다.

예를 들어 어렸을 때, 아침에 검은 옷을 입고 간 날이면 그날따라 꼭 안 좋은 일이 생겼다고 해보자. 친구에게 욕을 먹기도 하고 시험을 망치기도 하고. 세 번, 네 번, 다섯 번을 그랬다면 어떻게 생각하게 될까? '아, 이 옷이 재수 없는 옷이구나. 이 옷만 입으면 나쁜 일이 생기는구나.' 하게 된다. 합리적으로 생각하면, 검은 옷을 입은 것하고 그날 나쁜 일이 일어난 것은 우연의 일치일 뿐, 아무 인과관계가 없다. 그런데 그게 여러 번 반복되면 우리의 분별심이 그 사이에 어떤 인과관계가 있는 것으로 판단하게 된다. 특히 우리가 어릴 때나 커서도 지혜기 모자라 뭔지 모르게 불안하면 한두 번만 그런 일이 있어도, '이 검은 옷 입고 갔다가 지난 번 시험에서 떨어졌어! 다음부터 시험 볼 때에는 이 옷 입고 가지 말아야지.' 라고 생각하게 된다는 말이다.

오비이락烏飛梨落. 어떤 가지에 까마귀가 앉아 있다가 날아갔는데 그 순간 배가 떨어졌다. 그런 일이 세 번, 네 번, 다섯 번 반복되는 걸 보면 인간의 마음은 즉시, '아, 까마귀가 앉아 있다가 날아가면 배가 떨어지는구나.' 하고 곧 어떤 이론이나 공식을 만들어내려고 든다. 이보다 더 어리석으면 그 모습을 한번만 봐도 '까마귀가 앉으면 저렇게 되니까 앞으로는 절대 까마귀를 앉지 못하게 해야지!' 이렇게 생각할 수도 있는 것이다.

범죄를 수사하고 그 인과관계를 밝혀내서 범죄인을 처벌할 때에도 그 인과관계를 어느 선까지 적용할 것인지를 분명히 해야 한다. 복잡한 정황에서 많은 일들이 얽혀서 범죄가 발생했을 때 인과관계의 선을 긋는 것이 조금이라도 지나치면 안 된다.

예를 들어 어딘가에서 누가 칼로 사람을 찔러 죽이는 사건이 벌어졌다고 해보자. 그러면 살인을 저지른 사람이 고의를 가지고 한 사람을 죽였다는 사실은 분명하다. 그의 칼에 찔려서 사람이 죽었으니 말이다. 이건 매우 명확한 인과관계가 있는 것이다. 그런데 사람을 찔러 죽이는 데 칼이 매우 직접적으로 쓰인 도구라 해서, 칼이 있었기 때문에 이 살인이 일어났다. 그럼 그 칼을 만든 사람이 칼을 만듦으로써 애초에 원인을 제공한 것이라며 그 사람을 살인죄나 살인방조죄로 처벌하려 들면 될까? 그건 맞지 않는 일이다. 어떤 것의 인과관계를 어느 선에서 정확하게 가려서 적용하고 시비를 논해야지, 아무것이나 끌어다가, 주변에서 동시적으로 인연이 되었다든지 혹은 옆에 있었다고 해서 함께 처벌할 수는 없는 문제라는 말이다.

어떻든 우리는 많이 부족한 중생들이지만 너나없이 세상살이 속에서 일과 일 사이의 인과관계를 파악하려고 매우 노력하고 있다. 그러면서 내면의 지혜가 자라나게 되는 것이다. 깨달음을 얻거나 성불한다는 것은 그 인과율을 총체적으로 꿰뚫는 대지혜의 안목이 열리는 것이라고 말할 수 있다.

누구나 그 길로 나아가야 이 무지를 깨뜨리고 모든 인과에 어둡지 않은 대자유인이 될 텐데, 그러기 위해서라도 가장 근본적으로 중요한 것은 이 세상 모든 것을 지배하고 있는 것은 '신'과 같은 초월자나 우연이 아니라 바로 인과율이라는 것을, 어떤 경우에도 바꿀 수 없는 대전제로 받아들이는 것이다.

요즘은 좀 격조 있는 술자리에서 '건배!'나 '위하여!' 따위를 외치기 전에 돌아가면서 '건배사乾杯辭'라는 걸 한다면서 친구가 들려주었던 이야기다.

"이 세상에 꼭 있는 것 같지만, 사실은 없는 것이 하나 있다. 바로, '공짜'라는 것이다.
반면, 꼭 없는 것 같지만, 분명히 있는 것이 하나 있다. 그것은, '내 마음속의 그대'다."

공짜가 없다는 것은, 모든 것이 인과대로 되어나가며 거기에 한 치의 오차나 헛된 것이 없다는 말이다. 인因이 있으면 언젠가는 반드시 과果가 따르고, 과가 있다면 반드시 그것을 불러온 인이 선행하여 있다는 것이다.

'내 마음 속에 그대' 있음이 분명하다는 것은 뭘까? 내가 나 아닌 것이나 남과 결코 나뉘어 있지 않고 모든 것이 서로 인연의 고리로 연결되어 마음 안에 있다는 이치다.

건배사로 쓰기엔 매우 아까운 법문이다.

마지막으로, 서두의 편지 보내신 불자님께 드리는 말씀이다.

불자님의 조카, 돌아가신 영가께는 깊은 조의를 표합니다. 인연 다해서 떠난 길이지만 다시 다른 좋은 인연을 만나, 부디 이 죽음의 고통, 때아닌 이별의 괴로움이 아주 다하고, 영원한 열반락을 향해 함께 나아가는 길에 서시기를 불전에 축원합니다.

불자님도 일말의 악의 없이, 다만 혹시라도 주변에 닥칠지 모르는 변고에 대한 두려움과, 인과를 다 꿰뚫어 보지 못하는 무지로 인해 보낸 메일이 혹시 조카의 죽음을 부르지 않았나 하는 터무니없는 억측에 사로잡혀 괴로워하시지 말기 바랍니다.

언니나 조카뿐만 아니라, 불자님 자신도 그 정신 나간 메일의 피해자가 아닐까요? 비명에 간 사랑하는 조카 때문에 얼마나 당황스럽고 괴로우세요? 20명에게 전달해 보냈으면 약속대로 좋은 일이 일어나야지 왜 사랑하던 사람을 잃는 불상사가 생겨요? 내 딸 아니니까 내 일 아니고, 아무 연고 없는 남에게 생긴 일이라고 할 수 있나요? 누가 남이예요? 다 내 마음속의 그대입니다.

설마, 언니가 그 메일을 또 다른 20명에게 건네 보내지 않아서 생긴 일이라고 생각하시는 건 아니죠? 기독교인인 언니도 그렇게 생각하지 않는데, 불자이기까지 한 사람이 혹시라도 그렇게 생각한다면 정말 부끄러운 일이에요. 바른 인과법에 대해 더 공부하고 수행하시기 바랍니다. 나중에라도 생을 바꿔 조카를 다시 만났을 때, 생로병사의 곤경에서 별로 도움을 주지도 못하고 또 발만 동동 구르고 가슴만 아파한다면 불자가 된 보람이 어디 있겠어요? 우리가 불자가 되는가, 기독교인이 되는가, 혹은 다른 종교인이 되는가도 다분히 인연 따라 그렇게 됩니다. 자기 지혜가 충분히 깊어 이 가르침이 훌륭한가 그렇지 않은가, 진리인가 아닌가, 이 가르침이 나에게 맞는가 저 가르침이 나에게 맞는가를 판단해서 어떤 종교를 선택하는 사람은 정말 많지 않아요. 예를 들어 이슬람 문화권에서 태어났다면 의문의 여지 없이 이슬람교도가 되어야지, 아니면 그 사회에서 살아갈 수가 없어요. 선택의 여지가 없죠. 그 정도가 아니어도 어려서부터 엄마가 교회에 다니는, 모태신앙으로 태어난 기독교인이라면 훗날 엄마의 뜻을 거슬러 타 종교인이 되기는 참 어렵겠죠.

모든 게 지난날의 인연을 따라 벌어져 가는데 우리가 이미 정해진 인연 속에서 살아가면서 지금 자기의 지혜나 의지로 어떤 판단이나 결정을 내려 결행하기가 참 어려워요. 할 수 있을 때, 작은 것이라도 소홀히 하지 않고 부지런히 좋은 인연을 심어가고, 지금 이미 작은 진리의 인연이 있으면 그 끈을 놓치지 않고 잘 따라가고 잘 증장시켜가야 합니다.

우리가 정말 깊이 마음속에서 발해야 할 원 중의 하나가 바로 정법正法의 발원이다. 어쩌다 지금은 불법을 만나고 바른 수행을 해나가게는 되었지만, 이것도 정말 아슬아슬한 일, 확률적으로 일어나기 정말 힘들고 힘든 일이다. 이건 그나마 내가 전생에 그만한 선근을 심었고 불가와 인연을 맺어두었기 때문이지, 우연히 재수가 좋아서 되는 일은 전혀 아니다. 이 생에서 지금 내가 정법의 발원을 분명히 하지 않으면 다음 생에서 내가 정법을 만나는 일이 아주 요원해질 수도 있다.

그리고 다시 강조하지만 불교의 인과법을 제대로 이해해야 한다. 더러 이 인연법을 숙명론으로 오해하는 사람이 있다. 지금 우리에게 일어나는 상황들은 모두 과거로부터 결정되어 있어서 어쩔 수 없다는 것이다. 그런 것을 믿게 되면 점쟁이들이나 찾아다니게 된다. 미래가 이미 결정되어 있으니 점쟁이에게 물어볼 수밖에 없는 것이다. 올해 재수가 있을 것인지 재앙이 닥칠 것인지, 나는 모르지만 점쟁이는 알겠지, 하며 돈을 들고 가서 묻는 것이다. 그런데 그런 걸 알아서 뭐하겠는가? 좋은 일이면 그 일이 실제로 벌어져도 이미 알고 있던 뻔한 일이 되어버리고, 나쁜 일이라면 어차피 닥칠 일이라 막지도 못하면서. 그 일 닥치기도 전에 온갖 초조와 불안에 시달릴 텐데 그걸 제 인생 어떻게 살지도 모르는 점쟁이한테 돈 줘가며 묻는다는 말인가?

불교의 인과법은 그런 결정론이 아니다. 지금 여기서 벌어지고 있는 일은 모두 내가 과거에 한 일의 결과, 마음이 지난날 희탐과 집착으로 원했던 바이지만, 언제나 새롭게 마음먹고 새롭게 행동하며 새로운 씨앗을 심을 수 있는 소지는 열려 있는 인과법이다. 또 과거의 내 행위로 인하여 닥쳐오는 어떤 일도 지금 내가 받아들이는 자세나 태도를 바꿔 얼마든지 좋은 쪽으로 돌이키고 다시 방향 잡아갈 수 있는 인연법이다. 여기 의지하여 우리는 이 생을 아주 잘 살아가야 한다. 그 방향타를 내가 잡고 나아가는 것이다.

더 나아가, 인과법이 적용되는 세계는 모두 마음 밖으로 벌어진 환영의 세계지만, 그 환영을 꿰뚫어 본질인 연기의 법을 보면 상대적인 고락을 떠나 무루無漏의 절대적인 안락, 열반을 얻게 되므로, 이 환영의 세계는 우리로 하여금 열반을 찾아 나아가는 길이 된다.

  덧없고 공한 것이지만 이 생을 살며, 우리 모두 불생불멸한 자기 마음자리로 돌아가야 한다. 거기엔 이별도 없고, 잘잘못도 없고 시비분별도 없다. 영원히 헤어짐이 없는 그곳으로 돌아가 모든 그리운 것들과 궁극의 만남을 꼭 이루시기 바란다. 서로 잘잘못을 따질 일도 없고, 오직 감사해하며, 함께 기쁨만을 나누는 그 나라가 바로 우리 안에 있다. 그곳을 먼저 찾아내고, 나의 사람들을 그곳으로 초대하라.

하린이 소린이

"스님, 아빠가 스님한테 수행 어떻게 하는지 배워오랬어요."
"수행이 뭔데?"
"몰라요. 모르니까 배워야죠."
"이 절에 모인 사람들은 다 수행하러 온 건데, 아니?"
"그래요?"
"여기 사람들이 뭐 하고 지내는 것 같아?"
"밥도 먹고 일도 하고 예불도 하고……."
"그리고?"
"또 법당에 모여 뭔가 하는 것 같은데, 되게 조용해요."
"다 벽 보고 조용히 앉아 있는 거야."
"그게 수행이에요?"
"그렇게 앉아서 뭐 하는 것 같아?"
"속으로 뭐 하는 게 있어요?"
"그래. 사람은 겉보기에 아무것도 안 하거나 어떤 다른 일을 하고 있는 것 같이 보여도 속으로 전혀 딴 일을 하고 있을 때가 많잖아?"

"네. 저도 그래요."
"하린아!"
"네."
"방금 뭐가 '네.' 하고 대답했어?"
"저요. 하린이."
"글쎄, 지금 '저요, 하린이.' 라고 말하는 게 뭐냐고?"
"마음?"
"지금 '마음?' 이라고 말하는 게 뭐냐니까."
"…… 모르겠어요."
"방금, 네가 모르는 바로 그것이, '모르겠어요.' 라고 말했다."
"네. 그건 알아요."
"그렇지. 그런데 그건 뭐가 아는 거니?"
"이것이요. 지금 '이것' 이라고 말하는 이것."
"그러니까 아주 모르는 것도 아니네."
"야, 진짜 알쏭달쏭하네. 이걸 아는 게 수행이에요?"
"꼭 아는 것이라고 할 수도 없으니까 깨닫는 거라고 하지. 수행은 그걸 깨닫기 위해서 속으로 그게 무엇인지 묻는 것이야."
"스님은 깨달으셨어요?"
"글쎄, 내가 깨달았는지 못 깨달았는지 네가 알아봐라."
"누구한테 물어봐요?"
"나한테 물어봐야지."
"……. 음, 방금 '나한테 물어봐야지.' 하고 말씀하신 게 뭐예요?"
나는 할 수 없이 방바닥을 때렸다.
"아. 마음은 밖에 있다고?"

나는 고개를 젓는다.

"아, 알았다! 말로 대답하면, '그렇게 말씀하신 게 뭐예요?' 하고 또 말꼬리 잡힐까봐 그러시죠?"

"글쎄……."

"……아, 방바닥 때리는 놈이 바로 그놈이니까!"

나는 고개를 끄덕여준다.

"그럼 다르게 대답해도 되겠네요."

"해볼래?"

"네."

"방금 '네.' 한 게 뭐야?"

하린이는 오른발을 쓱 내밀고, 뜻밖에도 여지껏 가만히 듣고 있던 네 살짜리 소린이도 손을 번쩍 든다.

나는 아이들을 하나씩 덥석 안아 든다.

"어린 애들도 깨달을 수 있어요?"

"물론이지. 그런데 너희들은 깨달았니?"

"모르겠어요."

"금방 시원찮아졌네. 뭘 깨달아야 되는데?"

하린이가 발을 동동 굴러 보인다.

"설악산에는 오세암이라는 절이 있어. 오세五歲면 다섯 살이지? 다섯 살배기 소년이 깨달음을 얻은 암자라서 그런 이름이 붙은 거야."

"와, 다섯 살? 난 여덟 살인데, 그럼 그전에는 오세암이 아니었어요?"

"그 전엔 관음암이었지."

"어떻게 그 어린애가 깨닫게 됐어요?"

"그래. 그 얘기 해줄게."

"빨리요."

"원래 관음암에는 젊은 스님 한 분이 홀로 수행을 하고 지내셨어."

"스님 관음암은 무슨 뜻이에요? 다 '암' 자가 붙어있네요. 오세암, 관음암."

"음, '암'은 암자, 즉 작은 절이라는 뜻이야. 관음암은 그러니까 관세음보살님을 모신 작은 절이라는 뜻이지."

"관세음보살님이 누군데요?"

"관세음보살님은 부처님처럼 다 깨달으신 분이지. 그러니까 법당을 지어 부처님 자리에 모시고 공경히 절도 하고 예불도 드리는 거야. 특히 이분은 정말 자비로우셔서 누구든지 어디가 아프거나 정말 어려운 일이 생겼을 때 '관세음보살, 관세음보살…….' 하고 당신 이름을 부르며 기도하면 서른두 가지 모습으로 직접 나타나시거나 아니면 나타나지 않으시고도 반드시 고통에서 구해주시거나 도움을 주는 분이시지."

"스님은 진짜 그런 분이 있다고 믿으세요?"

"그럼. 넌 아까 산타클로스가 정말 있다고 믿는다며?"

"네. 그러니까 해마다 크리스마스 선물을 주시죠. 한번은 나한테 영어로 편지를 써주시기도 했단 말이에요."

"그건, 다른 사람들이 그렇게 선물이나 편지를 너 자는 사이에 놓아두고 밤새 산타클로스가 다녀갔다고 하는 것인지도 모르잖아?"

"헐. ……쪼금 이상하긴 했어요."

"스님. 빨리 얘기해주세요. 난 스님이 말씀하시는데 언니가 끼어드는 게 제일 싫어."

갑작스런 소린이의 의사진행발언이다.

"얘도 듣고 있었네. 스님, 소린이는 네 살인데 저도 다섯 살 되면 깨달을 수 있다고 생각하나 봐요."

"좋아. 곧장 얘기 속으로 들어가 보자.

관음암은 설악산 깊은 산속에 있었기 때문에, 필요한 물건이 생기면 그 스님은 산길을 한참 걸어 내려가 신흥사라는 큰 절에서 얻어오곤 했지. 그런데 어느 해인가, 동안거가 다가오자 스님은 겨울 식량 등을 구하러 큰 절에 내려갔는데 거기서 새로 절에 와서 지내게 된 어린 동자를 만난 거야. 놀랍게 영특한 데다 너무 해맑게 생겨서……"

"아, 전에 스님께서 데리고 지내시던 동자스님처럼요?"

"그래."

"그 동자스님은 지금 어디 있어요?"

"인연 따라 갔어."

"인연 따라?"

"바람 따라 갔다고도 할 수 있지. 하린이 소린이도 바람 따라 왔다고 할 수도 있고."

"우리가 바람 따라 왔다고요?"

"내가 다시 물어볼게. 정신 차려 대답해봐. 하린이, 소린이 어디서 왔어?"

"엄마 뱃속에서요."

"아니, 지금 '엄마 뱃속에서요.' 하고 대답하는 그놈이 어디서 왔는지 대답해야지."

"아!" 하며, 하린이가 방바닥을 힘껏 때린다.
"이게 바람 따라 오는 거예요?"
"그래. 바람은 어디서 불어오니?"
다시 하린이가 방바닥을 친다.
"좋아. 그런데, 빨리 다시 그 스님과 동자승 얘기로 돌아가야겠다. 그래서 채비를 마친 스님이 관음암으로 돌아가려 하는데, 그새 흠뻑 친해진 오세 동자가 자기도 스님 따라가서 오세암에서 살고 싶다는 거야. 거긴 말 걸어줄 다른 사람도 없고, 밥하고 김치 따위뿐, 맛있는 것도 없고, 놀거리도 없고, 찬바람과 겨우내 눈 덮여 있는 산밖에 없다며, 그냥 지금처럼 큰 절에서 지내고 있으면 봄에 해제하고 스님이 보러 올 거라고 아무리 설득해도, 동자는 마음을 딱 정하고, 못 데려간다니까 너무너무 상심해 하기만 하는 거야."
"그래서 어떻게 됐어요?"
"할 수 없이 스님은 큰 절 어른 스님들께 그 말씀을 드렸고, 스님들은 동자가 그렇게 고집부리고 따라가겠다고 하는 걸 보니 아마 깊은 인연인 것 같다며 데리고 가서 둘이 동안거를 하라고 권하셨어."
"야, 잘됐네요."
"결국 두 사람은, 가끔 멈춰서서 휘이 휘이 겨울바람이 솔숲 지나는 소리나 듣다가, 또 연신 이마에 송글송글 맺히는 땀방울 훔쳐가며, 산길을 오르고 올라 마침내 오세암에 도착했지. 그리고는 같이, 적막하고 쓸쓸하지만 가슴엔 맑은 행복이 고이는 겨울 한 철을 살기 시작했어. 어린 동자는 언제나 스님 하시는 일을 열심히 거들려고 애썼고, 불을 지피거나 관음전에 예불 모시는 일까지도 척척 해냈기 때문에, 스님은 그전에 혼자 지내던 것보다 자신의 수행에도 한결 보탬이 된다고 생각하며 동자에게 오히려 깊이 감사하게 되었지.

그런데 그렇게 겨울이 깊어가고 깊어가는데 언제부턴가 스님 마음에 근심이 생겼어. 무슨 근심이었을까?"

"동자승이 엄마 보고 싶다고 울기 시작했어요?"

"아니."

"식량이 떨어졌어요?"

"맞아. 바로 그거였어. 해제 하려면 아직 멀었는데 생각했던 것보다 쌀이랑이 훨씬 많이 들었고, 아끼고 아꼈지만 쌀독은 금방금방 줄어들어 이젠 바닥을 박박 긁어야 할 지경이 된 거야. 결국 쌀을 다 먹고 감자로만 며칠을 버티다 그것도 곧 다 먹고 말았어."

"빨랑 큰 절에 가서 다시 가져오면 되잖아요?"

"맞지. 그런데 문제는 길이 없다는 거였어."

"왜 길이 없어요? 왔던 길 있잖아요?"

"너 깊은 산속엔 눈이 얼마나 많이 오는지 아니?"

"아, 눈에 길이 막힌 거예요?"

"그래, 오대산 설악산 같은 덴 쌓인 눈이 지붕 처마에 닿을 만큼 많이 오는 수가 있고, 한번 내린 눈은 추우니까 봄 될 때까지 녹지를 않아."

"큰일 났네요."

"그렇다니까. 그 스님은 전에도 동자 몰래 몇 번 기회를 보아

허리까지 빠지는 눈길을 헤치고 산을 내려가 보려 했지만 너무나 위험한 일이라 포기하고 돌아와야 했어."

"어떡해요?"

"정말 이러지도 저러지도 못 하는 형편이었지.

이리저리 생각하다가 마침내 스님은 결심을 하고 동자를 불러 식량이 떨어진 일을 사실대로 얘기하셨어. 그리고 큰 절에 다녀올 테니 하루나 이틀 혼자 기다려야 한다고 말했지. 지금 산길은 동자승 키가 훨씬 넘을 만큼 눈이 쌓여 있으니 같이 갈 수는 없다고.

듣고 있던 동자는 다행히, 그럼 혼자 기다릴 수 있으니 어서 다녀오시라고 말했어."

"소린이 같으면 따라가겠다고 떼썼을 텐데."

"난 언니가 스님 말씀에 끼어드는 게 싫다니까."

"하하. 오세 동자는 소린이보다 한 살 더 먹었잖아.

스님은 말없이 앉아 있다가 오세 동자를 불렀어.

'동자야.'

'네.'

'넌 관세음보살님을 믿니?'

'관세음보살님을 믿는다는 게 무슨 말이에요?'

'음, 예를 들어 네가 배고플 때 관음전에 가서 '관세음보실 관세음보살……' 하고 기도하면서 속으로, '관세음보살님, 저 배고파서 밥 먹고 싶어요.' 하면 관세음보살님이 틀림없이 밥을 가져다주실 텐데, 그걸 믿느냐고.'

'네, 스님 말씀이시니까 믿어요. 저 관세음보살님 믿어요! 스님, 그러니까 제 걱정 마시고 얼른 다녀오세요.'

동자의 그 의연하고 어른스런 마음에 힘을 얻어, 스님은 혼자 남을 동자에게 여러 가지 도움이 될 만한 것을 다 알려주고 나서 몇 번이나 뒤를 돌아보며, 눈을 헤치고 산을 내려가기 시작했어."

"그래서 어떻게 됐어요? 성공했어요?"

"음, 반쯤."

"반쯤? 반만 가다 돌아오셨어요?"

"아니. 빠지고 넘어지고 떨어지고, 사경을 헤매며 천신만고 끝에 큰 절에 도착하긴 했는데, 큰 절 마당에 이르러서는 아주 탈진해서 쓰러져버리신 거야. 스님을 발견한 사람들이 부랴부랴 따뜻한 데로 옮겼지만, 스님은 그 길로 거의 정신을 못 가누고 몸져 누워버리셨어. 혹시 이대로 돌아가시는 건 아닌가 걱정하며 큰 절 스님들은 밤낮으로 정성을 다해 간호했지. 한편으론 관음암에 남기고 오셨을 동자 걱정도 했지만 그 눈 속을 뚫고 산길을 올라가 본다는 것은 꿈조차 꿀 수 없는 일이었으니까 다들 땅이 꺼지도록 탄식하며 안타까워할 뿐이었어.

며칠이 지나 스님은 겨우 정신을 차리셨는데, 그러자마자 동자를 두고 왔다며 무작정 길을 나서 산을 다시 올라가려 하셨어. 그러나 그건 아예 시도조차 불가능한 일이었지. 스님은 다른 스님들의 만류를 무릅쓰고 눈 속을 기어 올라가다 번번이 떨어지고 떨어지고. 나중엔 실성한 사람처럼 삽으로 미친듯이 눈을 파헤치면서 울부짖기도 하다가 도로 앓아누워버렸어.

결국 가끔 정신이 들면 동자 이름을 불러대며 통곡하다 또 넋을 잃고……. 그렇게 그해 겨울이 다 가고 끝내는 봄이 왔어. 그렇지만 봄이 오면 뭐하니? 동자는 그사이에 죽었을 텐데."

"죽어요? 왜요?"

"그럼 살았을 것 같니? 몇 달을 굶었는데, 어떻게?"

"관세음보살님 계시잖아요?"

"너 관세음보살님을 믿니?"

"그럼요!"

"그런데 그 스님은 동자에게 관세음보살님을 믿게 해놓고 자신은 막상 완전히 믿지 못했나봐. 어른들은 흔히 그러지."

"어른들은 이상하네요. 자기가 믿지 않는 것을 왜 남에게 믿게 해요?"

"그러게. 세상을 오래 살다 보면 그렇게 되나봐. 믿는다고 생각했다가 다시 의심하고, 믿어야 할 건 믿지 않고 엉뚱한 것을 믿으려고 기를 쓰고, 결국 사실은 믿지 못하면서 믿는다고 착각하기 일쑤지. 그러다가 믿는 도끼에 발등을 찍히기도 하고."

"왜 도끼를 믿어요? 자기가 조심해야지."

"하하하."

"애들은 안 그래요?"

"애들은 뭐든 잘 믿는 편이야. 너무 잘 믿는 편이지. 그런데 뭘 믿는다고 해서 그게 다 사실일까?"

"아닐 것 같아요."

"그래. 그래서 애들이나, 애들처럼 순진한 사람들은 속기도 쉽지."

"관세음보살님은 진짜 믿을 만해요?"

"그럼. 관세음보살님을 믿었다가 나중에 속았다고 생각하거나 실망하는 사람을 난 아직 한 번도 못 봤어.

자, 그런데 관세음보살님은 어디 계실까?

'관세음'이 무슨 뜻인지 아니? '관觀'은 본다는 뜻이야. '세음世音'은 세상의 소리. 그러니까 관세음은 세상의 모든 소리를 본다는 뜻이지."

"어떻게 소리를 봐요?"

"응. 여기서 '관'은 그냥 보는 게 아니라, 눈을 통해서든 귀를 통해서든 아니면, 마음을 통해서든, 모습이든 소리든 생각이든, 잘 보고 꿰뚫어 보고 자비로운 가슴으로 깊이 느낀다는 말이야. 하린아, 물어볼게. 이렇게 세상의 소리를 잘 보고 꿰뚫어 보고 자비로운 가슴으로 깊이 느끼는 것은 무엇이 하는 일일까?"

"아, 바로 이거요." 하린이 다시 방바닥을 쳤다.

"아주 좋아. 관세음보살님은 어디 계시지?"

"바로 여기라니까요." (다시 한번) 탁!

"너 관세음보살님을 믿니?"

"어떻게 이것을 안 믿어요?" 탁!

"그래. 어떻든 사람들의 기다림에 비해서 너무나 늦었지만 마침내 설악산에도 봄이 와서 날이 풀리기 시작했고, 다행히 따뜻한 봄비가 며칠 내려 그 많던 눈이 거의 녹았어.

그러자 겨우내 앓고만 있던 스님은 어디서 힘이 나셨는지 간단히 길 떠날 채비를 하고는 사람들에게 말도 안 하고 다시 혼자 산길을 올랐지."

"되게 빨리빨리 올라가셨겠네요."

"물론이지. 그러나 스님 가슴은 찢어지는 듯 아팠고 암자에 도착할 즈음에는 흐느껴 울고 계셨어.

"어떡해요……?"
"암자 어귀에 들어서며 스님은 울부짖듯이 동자를 불렀어.
'동자야!'
'동자야!'
그때였지.
'네!'
스님은 자기 귀를 의심했어. 내가 실성해서 환청이 들리나 보다 생각하며 다시 불렀어.
'동자야!'
'네! 스니임!'
놀라지 마. 정말 저기서 동자가 맨발로 뛰어오는 거야.
'스님, 지금 오시는 거예요?'
스님은 동자스님을 번쩍 안아 들어 올렸어.
'동자야. 너 진짜 동자 맞지?'
'그럼요, 스님. 스님도 진짜 스님 맞아요?'
'그럼 그럼.'
두 사람은 꼭 껴안고 한동안 말을 잊었어.
'그런데 너 어떻게 살아 있었어? 뭘 먹고?'
'뭘 먹다뇨? 매번 관세음보살님이 밥이랑 다른 맛있는 기랑 다 갖다주셔서 먹었죠. 스님은요? 스님은 잘 지내셨어요?'
'나? 난 그동안 지옥에 갔다 온 것 같다. 그렇지만 지금은 극락에 있다. 하하하.'
'극락세계요?'
'그래. 네가 있는 곳. 그리고 관세음보살님 계시는 곳…….'"

하린이 소린이가 박수를 친다.

"와! 정말 좋아요."

"뭐가?"

"스님 얘기가요. 오세 동자랑 스님이랑 관세음보살님이랑……."

"관세음보살님은 어디 계셔?"

"여기요!" 탁!

"여기가 어디야? 하린이 소린이는 어디 있어?" 탁!

"그런데 오세 동자스님은 어떻게 깨달으셨어요?"

"아, 깨달음을 위해서는 우선, 너희들처럼 부처님이든 관세음보살님이든 스승이든, 정말 믿을 만한 분을 조금도 의심하지 않고 완전히 믿는 마음, 두 번째는 내가 어리든 너무 늦었든, 스님이든 아니든, 여자건 남자건, 사실은 자신이 본래 바로 이것(탁!)임을 완전히 믿고 가지게 된 자신감, 세 번째는 이것(탁!), 즉 부처님 또는 관세음보살님, 혹은 진짜 자기가 무엇인지 끝까지 알아보려는 탐구심이 있으면 돼. 오세 동자는 이 세 가지 마음을 가지고 있었을까, 아닐까?"

"당연히 가지고 계셨겠어요. 그 세 가지를 완벽하게, 다."

"그러면 깨닫는 건 금방이야. 시간문제지. 아침이 오면 해가 뜨고 바람이 불면 바람 따라 겨울 솔가지가 솔바람 소리를 내는 것 같지."

"우와!"

"너희도 바람 따라 이 도량에 잘 왔어."

"네."

보현이 보원이

"어, 보현이 보원이도 부모님 따라 다시 왔네!"
"스님, 삼배 드리겠습니다."
"네. 편하게 앉으세요. 어떠셨어요, 작년 한 해 잘 지내셨어요, 거사님?"
"네. 정말 작년은 국가적으로도, 저희 집안도 그야말로 다사다난多事多難했던 것 같아요. 처음엔 저희 어머니 돌아가시고 나중엔 장인어른께서 말기 암 판정을 받으시고……. 생사대사生死大事라는 말이 어느 때보다 실감이 납니다. 그런데 저로서는 작년 들어 비로소 불교 공부를 시삭하고 불법 수행에 들어섰고 그 덕분인지, 예전 같으면 몹시 좌절하고 혼란스럽기만 했을 텐데, 스스로 느끼기에 조금 덜 흔들리는 것 같고 초연한 마음으로 일을 담담하게 바라보려고 하고 있어요."
"보살님은 아버님 그렇게 아프신 중에도 이번 동안거에 직접 동참해서 일주일 정진까지 해보셨는데, 어떠세요?"

"사실 저는 투병하신다기보다 곧 임종을 앞둔 저희 아버님 위해서 기도한다 생각하고 왔었어요. 인제는 가족이나 집안의 어른들 돌아가시고 서로 이별하는 일이 먼 남의 일이 아니고 언제나 직면하고 있었던 바로 내 일이라는 생각을 절실하게 했고, 그 아픔에서 서로 벗어나는 길은 이 수행밖에 없다는 확신이 분명해졌어요."

옆에는 보현이와 보원이가 앉아있다. 보현이는 대학 진학을 앞둔 누나, 보원이는 고등학생인 남동생.
"보원아, 내가 오늘은 시간이 많지 않으니까 가장 중요한 것 하나만 물어보자."
"네."
"그래, 묻겠다. 이 세상에서 가장 중요한 게 뭐냐?"
"네? 세상에서 가장 중요한 거요?"
"그래."
"…… '나' 요. 나 자신."
"좋다. 도도의 길목은 알고 있구나. 그런데 그 '나' 가 뭐냐?"
"네? 저죠. 보원이."
"지금 '저, 보원이' 라고 말하고 있는 그것이 뭐냐고? 뭐가 그렇게 말했어?"
"……"
긴장하고 당황해하는 보원이 얼굴. 금방 상기되는 표정이다.
"모르겠어요."

"좋다. 너 소크라테스가 했던 가장 유명한 말이 뭔지는 아니?"

"너 자신을 알라?"

"그렇지. 그런데 보원이는 자기 자신이 누구인지 모르네. 하긴, 소크라테스가 제자들한테나 세상 사람들에게 항상 주문처럼 그 말을 했는데, 사실은 그 말을 듣고 '아, 나는 내가 누구인지 알아.'라고 생각한 사람은 아무도 없었을 거야. 그래서 어느 날은 한 제자가 또 그렇게 말씀하시는 스승에게 물었지.

'그럼, 스승님께선 당신이 누구신지 아십니까?'

'나도 모른다.'

'그렇다면 스승님과 저희들이 뭐가 다릅니까? 스승님이 저희에게 항상 그렇게 말씀하시는 게 무슨 의미가 있냐구요?'

'나도 내가 누구인지 분명히 모른다. 그러나 나는 내가 그것을 모른다는 사실을 언제나 잊지 않고 있다.'

보원아, 지금 소크라테스가 말하는 이 점은 굉장히 중요한 포인트다. 그가 말한 대로, 사람들은 자신이 누구인지를 모른다는 사실을 알지 못하면서도, 그 모른다는 사실을 자각하려 하기보다는, 그것을 애써 외면하거나, 조금도 알아보려고 하지 않거나, 심지어는 아는 척 자타를 속이면서 살아가고 있지.

바로 여기에서 허위와 무지에 기린 삶과 밝은 철인哲人의 진리에 입각한 삶이 갈리는 것이다. 진실한 사람은 이와 같이 무지한 채로 자신을 포장하거나 내세우거나 과시하고 욕심을 채우면서 이기적이고 추하고 초라한 삶을 살아가는 대신, 자신의 무지에 대하여 참으로 정직하며 끝없이 진리를 사랑하는 길을 나아가 결국에는 진리와 하나가 되어 자기를 완성하고 영원한 행복과 절대의 자유를 실현하며, 끝없는 이타심으로 다른 생명을 또한 삶과 죽음을 초극한 그 궁극의 목적을 향하여 이끄는 위대한 스승의 길을 가는 것이다.

사실 철학, philosophy라는 말의 희랍어 어원은 philos(사랑)와 sophia(지혜)로써, 철학이란 결국 이 존재계의 가장 높은 가치라 할 수 있는 지혜를 사랑하는 일에 다름 아니다.

소크라테스, 이 고대 서양 철학의 태두는 바로 그런 삶을 충실히 살았던 위인이요, 진인眞人이었다. 내가 보기엔 그 이후 현대까지 이어져 온 서양 철학사에 소크라테스처럼 간명하게, 그러나 그토록 극명하게, 진정한 철학이 무엇이고, 지혜란 무엇이며, 진정으로 지혜를 사랑하는 사람의 생애란 어떠해야 하는지를 보여준 철학자는 다시 나타나지 않았다. 그리고 그가 말하는 지혜를 사랑한다는 일이란, 바로 자기가 누구인지를 모른다는 것을 자각하는, 너무나 단순하고 가까우면서도 역설적인 깨우침이었던 것이다.

겉보기에 소크라테스의 인간적인 삶은 다소 비극적이기도 했다. 자신이 누구인지는 물론이고 자신의 남편이 누구인지 일말의 감도 잡지 못했던 악처惡妻에게 매일 바가지를 긁히며 살았고, 유럽이 로마가 기독교를 국교로 채택하면서 중세의 암흑기로 빠져들기 이전, 헬레니즘의 등불이 빛나던 시기의 아테네에서 허구한 날 젊은이들에게 너 자신을 알라고, 자신의 무지를 자각하라고 경종을 울리며, 교설을 주저리주저리 늘어놓는 것이 아니라 단지 질문을 던져, 제자로 하여금 스스로 자기 안의 모순과 무지를 벗어나 지혜를 향해 나아오도록 하는, 저 유명한 '산파술産婆術'로써 시대의 지성들을 일깨우던 소크라테스는, 당대의 보수적인 시민들에 의해 '젊은이들의 정신을 부패하게 하고 나라의 신을 믿지 않는다'는 명목으로 고소되어 결국은 사약을 받고 처형되었지.

그러나 그는 독배를 들이켜고 죽어가면서 주변의 제자들에게 이렇게 말했다고 한다.

'목이 불타는 것 같다. 그러나 나는 괜찮다.

이젠 뱃속이 온통 타오르는 것 같다. 그래도 나는 괜찮다.

이젠 사지가 굳어온다. 그러나 나는 괜찮다.

하체가 다 마비되었다. 그래도 나는 괜찮다.

드디어, 머리가 굳어오고 혀를 움직이기 힘들다. 그러나 나는 괜찮다…….'

감히 어떤 범부가 이렇게 초연히 죽음의 고통을 바라보고 또 거기서 자유로울 수 있겠니? 소크라테스는 마치 선사禪師처럼 살고 선사처럼 죽었다. 그리고 그런 그의 힘과 지혜는 바로 자신의 무지에 대한 통찰로부터 나온 것이다. 다시 말하지만, 자신의 존재에 관한 무지를 철저히 경험하고 그것을 꿰뚫은 자가 생사의 굴레나 모든 무지와 사람들의 어리석음을 벗어나 참으로 자신의 주인이 되고, 개념과 언설과 분별을 넘어 참지혜를 얻어 사람들 인생의 등불이 된다는 것은 세상에서 가장 신비한 패러독스가 아닐 수 없다.

나는 소크라테스라면 인류사에 나타난 성인 가운데 한 사람으로라도 칭송할 수 있을 것 같다. 아쉽게도, 그의 가르침의 전통 안에서는 플라톤, 아리스토텔레스 같은 대철학자가 나오고 그들로부터 서양 철학사가 펼쳐지긴 했음에도 불구하고, 그들마저도 스승과 같은 성인이었는지 미지수이긴 하다. 철학이나 사상이란 아무래도 인간의 분별적인 생각과 앎으로부터 나오는 것이어서, 이는 인간의 무지에 편승해서 '종교'라고 하는 다분히 도그마틱하고 권위주의적이며 어떤 때는 기만적일 수 있는 인간의 정신문화 현상에 묻혀버리거나 맥을 못 추게 되기 십상이니까. 그러니까, 사이비나 엉터리 종교보다는 철학이 비교할 수 없이 이성적이고 고차원적인 것이지만, 또 철학이나 인간의 이성이 도저히 넘보거나 어쩌지 못하는 우리 실존의 난제들을 생각하면 다시, 가장 높고 진정성 있는 참종교를 바라보지 않을 수 없다. 다만, 이 진정한 종교의 가르침은 단순히 이데올로기적인 이상이어서도 안 되고, 소박한 인간의 희망이나 욕구를 미끼로 하여 제 몸집이나 부풀리는 사기꾼들의 공허한 약속이어서는 절대 안 된다. 그것은 철저히 체험적인 것이어야 하는 것이다.

모든 사람들이 구하는 영원하고 완전한 행복의 땅이 있다고 할 때, 누가 그 길의 확실한 길잡이가 될 수 있겠느냐? 그건 두말할 것 없이 이미 거기 가본 사람이다. 어디서 지도를 한 장 얻어 가지고 그 지도를 철저히 믿는 사람이나, 지도 판독을 누구보다 잘하는 사람이 있다 해도 그 사람을 믿고 따라가는 것은 여전히 위험하다. 세상에는 엉터리 지도도 많고, 심지어는 지도조차 없이 자기가 길을 잘 안다고 거짓말하며 사람들을 속여 아무데나 데리고 다니며 제 속된 욕심을 채우는 사기꾼도 얼마든지 있기 때문이다.

이런 관점에서 보아도 소크라테스는 정말 믿고 따를 만한 높은 스승이었으나, 아쉽게도 그로부터는 종교가 시작되지는 못하였다. 만약 그랬다면 그 이후 서양의 역사가 전혀 다른 양상으로 전개되었겠지. 당시 희랍사회의 정신문화적 토양이나 소크라테스 가르침이 플라톤 아리스토텔레스 같은 그의 후학들의 계승에 의해서 헬레니즘이라고 하는 서양 정신사의 한 획이 탄생했지만, 그 정신은 다분히 반이성적이고 권위주의적인 헤브라이즘에 오랫동안 밀려나 있다가, 근현대 과학 문명의 견인차가 된 르네상스를 기다려서야 비로소 고목에서 새싹이 돋는 것처럼 소생하기 시작했지 않니?

활발해지는 고대사 연구는 그 옛날에도 지금껏 우리가 생각해 온 것보다 훨씬 문명의 수준이 높았고, 지역 간 교류도 훨씬 폭 넓어 대륙을 넘나들었음을 보여준다. 특히 정신사적으로 중국의 춘추전국시대春秋戰國時代의 백가쟁명百家爭鳴이나 고대 희랍의 헬레니즘적 철학의 태동과 전개는 당대가 우리 인류사에서 마치 새로운 여명과도 같은 시기였음을 말해준다. 바로 그런 시대에, 가장 앞서 인더스 문명권에서는 그 이전 베다시대의 영적 전통과 당시 육사외도六師外道의 다양한 사상적 홍수 속에서, 부처님이 나타나 정각을 성취하고 법을 펼침으로써 사상계를 평정하였으며, 그 순수한 진리성과 중생을 건지는 실효성만으로 이후 각 문명권으로 전파되며 오늘에 이르렀다.

내가 보기에, 진정한 종교란 저 고대철학이 규명하려고 했던 인간 존재의 문제를, 검증할 수 없는 공허한 약속이나 맹신에 가두지 않고 생사를 꿰뚫는 그 길을 실증적으로 밝게 열어보여야 하며, 정치권력과 야합하여 무분별하거나 폭력적인 방법으로 사회를 통합하고 세상 사람들을 부자연스럽고 억압적인 삶으로 몰아가거나 다른 체제와 전쟁이나 온갖 비도덕적인 충돌을 빚어냄으로써 시대를 도탄에 빠뜨리는 엉터리 종교나 이데올로기들과 달리, 진실로 사람들을 살아있을 때 구원하고 해방시키며 사람들 낱낱의 내면의 평화로부터 동서고금의 시대에 평화를 가져오는 가르침이어야 한다.

보현아, 보원아! 사람은 다 죽는다. 태어날 때는 순서가 있어도 죽을 땐 순서가 없다는 말처럼, 너희처럼 젊고 예쁘고 잘생긴 사람도 저 세월호에서 죽은 아이들처럼 어느 날 갑자기 어이없고 황당하게 닥쳐온 죽음을 맞을 수 있는 것이다.

여러 종교들이 사람의 사후死後를 말하고 영생永生을 약속하지만, 누구든 자신의 이 문제는 자신이 해결해야 한다.

단지 어떤 약속만 믿고 있을 수 있는 문제가 아니다. 언제 탄로 날지 모르는 거짓말일지 어떻게 알겠니?

죽은 다음에 알아봐야지, 생각할지 모른다. 그러나, 죽음을 겪어봤다 해서 죽음이 무엇인지 알아지겠니? 정신 차리기 힘든 고통 속에서는 그 고통을 당하는 것밖에 할 수 있는 일이 아무것도 없다.

살아있는 지금을 믿고 거기 의지하거나 안주해서도 안 된다. 모든 것은 잠깐 사이에 변해가고 곧 다시는 돌이킬 수 없는 시간 너머로 사라져버리고 말기 때문이다.

삶이라는 게, 단지 우리가 이제껏 겪어온 것, 지금도 우리를 덮치고 있는 고통뿐이고 거기 어떤 출구나 목적도 없다면 그저 체념이나 해야겠지만, 만일 있다면, 그리고 이미 그 길로 나아간 사람이 많다면 정말 이러고 있을 일이 아니다. 누구나 어서 길을 찾아야지. 그리고 아까 네가 말했듯이 그 길목이 다른 데 있지 않고 바로 자신에게 있음을 이미 알았다면, 서둘러 그 길을 가야 한다.

　내가 아는 스님 한 분은 일찍 출가했었는데, 군복무를 해야 해서 입대했다가 사천에 있는 어느 공군부대의 군법사로 지낸 적이 있었는데, 어느 날 속가의 형님이 암에 걸려 매우 치료가 어려운 형편이라는 말을 듣게 되지.
　어떻게든 형을 살려야겠다는 생각에 여기저기 수소문하던 스님은, 인근 어떤 절에서 스님 한 분이 유황오리로 많은 말기 암 환자를 완치시킨 적이 있다는 정보를 얻고 서둘러 형님을 모시고 그 절을 찾아다니기 시작했는데, 그곳에서 아주 신기한 광경을 목격하게 되었다는 거야.
　암 환자를 치료하는 그 절 주지스님은 자기 딸과 함께 살고 있었는데, 그 딸이 보통의 여자아이가 아니었대. 스스로 전생의 그 스님 은사라고 하면서 항상 진짜 은사처럼 행동하고 처신했는데, 말도 항상 반말에다 자기 제자한테 훈계하는 투였지.
　'넌 이놈아, 그렇게 아파 죽게 된 사람 치료하는 것이 무슨 선업이라고 그러고 있는 거야? 아픈 사람 치료해놓으면 다시는 안 아프냐? 죽을 사람 살려 놓으면 다시 안 죽어? 네 공부해야지, 이놈아. 네 코가 석 자야!'
　이렇게 혀를 끌끌 차며 초치는 것이 매번 그 스님이 치료랍시고 하고 있으면 찾아와서 하는 일이었다.
　어떻든 몇 번 찾아다닌 끝에 형님은 암이 씻은 듯이 나았다. 가히 기적 같은 일이었지.
　그런데 얼마 지나지 않아 도반스님은 그 절 주지스님이 갑자기 돌아가셨다는 소식을 듣고 놀라, 다시 그 절을 찾아가지 않을 수 없었다고 했어. 그 많은 사람들을 암에서 살려낸 그 스님의 사인은 뜻밖에도 역시 암이었다는 거야.

그때도 역시 그 딸은 아빠의 시신 주위를 뒷짐 지고 어정거리며 구시렁대고 있었다는구나.

'내가 몇 번을 말했어? 네 앞가림도 못 하는 놈이 남 병 고쳐준다고 허둥대? 그게 중이 할 일이냐고! 생사에서 벗어나야지. 안 죽으려고 발버둥 쳐봐야 인연 다하면 누가 피할 수 있어? 이런 얼간이 같은 놈.'

그런데 그날, 내 도반스님은 돌아가신 스님의 유품을 정리하다가 그 스님이 매우 개인적인 소회를 적어온 일기장을 보게 되었다는 거야. 그 마지막 페이지는 다음 문장으로 끝나 있었단다.

'죽음이 오기 전에 죽음을 알아야 한다. 죽음이 오기 전에 죽음에서 벗어나야 한다.'

이 이야기를 잘 새겨야 한다. 사실은 세상 거의 대부분의 사람들이 정신없이 살다가 정신없이 죽지. 이 말은, 도무지 자기가 누구인지 알아보려 들지는 않고 무작정 살아보려고만 버둥대다가 다 속절없이 죽는다는 말이다. 왜 사람들은 자기가 누구인지도 모르면서 무작정 자기 편이고, 무작정 자기 잘난 맛에 살고, 무작정 살려고만 할까?

너희 참선해본 적 있니?"

"네. 요즘 조금씩이라도 시간 나는 대로 가족들이 함께 앉아서 좌선을 해보고 있습니다."

보현이, 보원이의 아버지 도월거사道月居士님 대답이다.

"대단히 훌륭하신 일이에요. 불교역사에는 가족들이 다 발심해서 수행하는 삶을 살다 가족이 다 함께 깨쳐 도를 이룬 예가 많아요. 가족이란, 속연으로도 수많은 생을 얽혀온 사람들이지만, 생사윤회의 길도 알고 보면 도 닦는 길이기 때문에, 서로 도연道緣이나 법연法緣 또한 깊다고 하지 않을 수 없어요. 당연히 함께 진발심眞發心해서 마음 닦는 길을 같이 가면, 따로 출가해서 구하지 않아도 필생의 도반과 도우를 얻고, 오히려 쉽게 도과를 이룰 수도 있습니다. 보원아, 넌 좌선을 어떻게 하니? 앉아서 뭐 해?"

"글쎄요. 아직 그것까진 잘 몰라서 대부분 그냥 앉아있어요."

"좋다. 그럼 오늘부터 참선할 때는 이렇게 해.

먼저, 너 스스로, '보원아!' 하고 불러봐. 다음엔, '네!' 하고 대답하고. 이렇게 되풀이하면서, 도대체 무엇이 이렇게 이름을 부르고 무엇이 이렇게 대답하는지 알아봐. 알아본다기보다는 참구參究하는 거지. 아까 여러 번 얘기했듯이, 그건 알 수 있는 게 아니고, 오히려 모르는 가운데 길 없는 길로 나아가 깨닫는 것이니까. 은산철벽銀山鐵壁에 부딪쳐 뚫고 나가려드는 느낌이어도 그것이 바로 생사를 벗어나는, 유일하게 열려있는 문이야. 이걸 완전히 믿어야 해. 수많은 고인들이 그렇게 은산철벽을 무너뜨리고 대해탈大解脫을 얻었음을 잊으면 안 돼. 어떻게 하라는 말인지 알겠니?"

"네."

"보현아, 너도?" "네."

나는 가족들에게 새해 선물을 하나씩 건넨다.

"거사님, 여기 '지무생사知無生死, 체무생사體無生死, 계무생사契無生死, 용무생사用無生死'라고 썼어요. 수행의 단계, 혹은 생사의 괴로움을 벗어나 중생을 또한 그 괴로움으로부터 건지는 길을 고인들은 이렇게 표현하기도 했어요. 먼저, 우리에게 생사가 온통 괴로움이지만 그 생사가 마음의 근본 자리엔 본래 없다는 것을 아는 것, 지무생사知無生死는 그리 어렵지 않아요. 법문을 듣고 알 수도 있고 경經을 보다 알 수도 있죠. 그러나 그다음엔 체무생사, 계무생사를 향해 나아가야 해요. 실참실오實參實悟, 즉 실제로 자기가 진실하게 참구하고 수행해서 그 생사 없는 도리를 온전히 자기화하고, 마침내는 완전히 깨달아 거기 계합하여 하나가 되어야 한다는 말이에요. 그러나 그것도 끝이나 완성은 아닙니다. 우리의 본원本願을 돌이켜봐도 그렇고 법계의 이치에 비추어 보아도 그래요. 궁극에는 그 깨달음을 두루 회향하여 중생을 건져야 하는 것이죠. 그것이 생사 없는 이치를 요달了達하여 자재하게 쓰는 것입니다.

그리고 동산보살님. 보살님 연하장年賀狀엔 부적만 하나 그려져 있습니다. 하하. 부적이라 한 것은 농담이구요. 여기 잘 보면 가운데 입 구口 자를 네 글자가 공유하고 있어요. 나 오푬, 오직 유唯, 알 지知, 만족할 족足. 새겨보면, '나는 오직 만족해할 줄 안다'는 뜻이죠. 사실 세상에서 우리가 실제로 누리는 행복이란 지금 이 순간 무엇에든 지금 자기 처지에서 만족해하는 것뿐이에요. 잘 아시다시피 과거나 미래는 실재하는 시간이 아니고, 더구나 참행복이란 과거에도 미래에도 속하지 않습니다. 그러나 우리는 이 점을 흔히 망각하고 살죠. 시각이 잘못 맞춰진

채로 온종일, 혹은 한없는 날들을 지나도 제 시각이 맞는 때가 한 번도 없는 시계처럼요. 굳이 그런 시계와 우리가 다른 점이 하나 있다면, 그런 시계는 아무리 애써 똑딱거리며 가도 내내 과거의 시각만 가리키고 있거나, 오지 않은 시각만을 가리키고 있는 반면, 우리 마음은 과거로 미래로 더 정신없이 오락가락한다는 것 뿐이에요. 좀처럼 현재에 머물지 못하는 우리가 시계보다 더 엉터리고, 감정을 가진 우리가 더 고달프죠. 지금 우리를 둘러싸고 있는 조건들은 물론 좋고 나쁜 것들이 다 있지만, 만일 매사에 만족할 수 있는 사람이 있어, 불편하고 부족한 가운데도 너그럽게 관용하고 그 속에서 마음 돌이켜 지족知足할 수 있다면 그 사람이 순간순간 누리는 그 행복은 아무도 어쩌지 못해요.

사실은 그것만이 우리가 이 생에서 언제나 느끼고 향유할 수 있는, 실재하는 행복이랍니다. 올해는 그런 한 해를 여는 원년으로 삼으세요.

보현아, 네 카드엔 'I am……'이라고 적혀 있지? 'I am' 다음엔 뭐가 생략된 것일까? 아니면 뭐가 들어가야 할까?"

"……"

"그래. 그 안에는 아무것두 들어있지 않기도 하고, 그 무엇이라도 들어갈 수 있는 것이다. 진짜 우리가 그래. 나는 '김 아무개'라고 생각하는 사람이 있다면 그 사람은 그 이름에 갇혀 있는, 그냥 그렇고 그런 '김 아무개'라는 사람일 뿐이야. 자기를 못난이라고 생각하면 못난이에 불과하고, 죄인이라고 생각하면 정말 구원받기 힘든 죄 많은 사람이 되어버리고, 개떡이라고 생각하면 진짜 개떡 같은 사람일 뿐이지. 그러나 자신을 정말 선하고 좋은 사람이라고 생각하면 우린 그런 사람이 될 수 있고, 대단하다고 생각하면 대단한 것이고, 왕이라고 생각하면 자신의 인생에서 스스로 왕인 것이며, 자신의 참모습이 부처라고 생각하는 사람은 언젠가 진짜 부처를 찾아 성불할 거야. 그러나 무엇보다 좋은 것은 우리 스스로를 그 어떤 이름으로도 규정짓지 않는 것이지. 자기를 그 어떤 틀에도 가두지 않고 자유롭게 두는 것. 이렇게 아무것도 아닌 것, 텅 비어있는 것이 사실은 우리의 실제이고 본래 자기야. 본래부터 완성되어 있는 우리의 근원이고 우리가 마침내 이르러야 할 본연의 고향이지. 마음에 드니?"

"네."

"마지막으로 보원이에겐 이 단주를 하나 줄게. 말없는 구슬이 꿰어져 고요히 앉아 돌리면 돌고 돌아 그 끝이 없다. 오늘부터 이걸 돌리면서 네 화두를 참구해.

'보원아! 네! 보원아! 네!'

도대체 무엇이 이렇게 부를 줄 알고 대답할 줄 알면서도, 무엇인가 알아보려 하면 알 수가 없는 것이냐? 신기하지?"

"네."

"그래 진짜 신기한 물건이다. 애써 해가면서 익히다 보면, 계속 똑같은 되풀이 같고 전혀 뭐가 알아지는 것이 아닌데도, 무료하지도 않고, 오히려 마음에 마치 고요히 동이 터오는 것처럼 밝아지면서 마침내 진리의 태양이 떠오를 거야.

자, 가봐. 새해가 밝아온다."

모지 사바하 – 바람과 성취, 수행과 깨달음 사이

　새해가 오고 새봄을 맞으면서, 우리는 다들 자신과 이웃과 사랑하는 이들이 복된 한 해를 맞기를 빌고 축원합니다. '새해 복 많이 받으라'고 하죠.
　그렇지만 어떻게 해야 복을 받죠? 뭘 주든가 하면서 받으라고 해야지…….
　물론 그 의미는 지금껏 안고 있던 고뇌와 슬픔과 아픔이 있다면 곧 다 가시기를 바라는 것이고, 앞날엔 부디 그런 궂은 것들 대신 기쁨과 평온을 누리기를 축수하는 것입니다. 한마디로, 새로 오는 시간에 '행복하기'를 바라는 거죠.
　그런데, 우리와 이웃 생명들이 실제로 누릴 수 있는 행복이란 무엇일까요? 언제 어떻게 하여 우리는 행복을 느끼고 누리게 될까요?
　'행복幸福'이라는 말을 문자적으로 새기면, 복락을 실제로 만끽하여 누리는 것, 우리가 속으로 기쁨과 만족을 느끼는 심경을 뜻합니다. 분명 이것은 어떤 심리적인 상태를 의미합니다. 마음으로 느끼는 상태이기 때문에 겉보기와는 다를 수 있고, 무슨 동작이나 행동을 나타내는 말이 아니기 때문에 자기가 마음대로 즉시 그렇게 행할 수 있는 어떤 것이 아니라는 말이죠.

 말꼬리를 잡아 굳이 딴지를 걸자면, '친구야, 꼭 행복해!', '살아있는 것들은 다 행복하라.' 와 같이, 우리가 흔히 바람이나 기원의 뜻을 담은 표현을 명령문처럼 쓰는 문장이나 말 자체에 뭔가 문제가 있다고 볼 수도 있습니다. 자기가 행복하게 만들어주는 것도 아니고, 내가 당장 그렇게 할 수 있는 것도 아닌데, 그저 행복해지기를 바라는 것뿐이면, 그 마음은 감사하지만 실제로는 아무 도움이 안 되잖아요? 공허하고, 어쩌면 더 힘 빠지게 할 수도 있는 말이죠.

 품사로 따지면, '행복하다' 는 형용사입니다. 동작을 나타내는 '동사' 가 아니죠.

 동사는 명령문을 만들 수 있어도 형용사는 그렇게 하지 못합니다. "아, 행복해!" 하고 감탄하는 것은 가능하지만 "야, 너 행복해!" 하고 명령하는 것은 불가능해요. 누구한테서 갑자기 행복하라는 명령을 받으면 기분이 좋겠어요? '야, 네가 뭔데 행복하라 마라 해? 네가 당장 나를 그렇게 만들어줄 수 있어? 네가 신이야? 신도 그렇게 못 하는 것 같은데, 왜 그런 쓸데없는 소릴 해?' 하고 따지지 않으면 다행이죠.

 그런데 영어와 같은 서양 언어에서는 그렇게 말합니다. "Be happy!"라고 하죠. 그런데 그렇게 말하면 그 말 들은 사람이 고마워하지, 화내는 사람이 없어요. 신기하지 않나요?

"아, 나 행복해!"를 영어로 하면 "Ah, I am happy!"잖아요? 내가 행복하다는 데에 무슨 동작이 들어있어요? 그런데도 "Ah, I happy!" 하면 왜 안 되죠?

영어에서는 동사가 안 들어가면 문장 자체가 성립하지 않습니다. 5형식의 문장에 다 동사가 필수적으로 들어가야 하죠. 인간이 쓰는 말에는 동작이 나타나지 않고 어떤 것의 모양이나 상태를 기술하는 문장이 얼마든지 있을 수 있는데, 어떻게 이런 문장에도 꼭 동사를 쓸까요? 참 해괴한 문법입니다. 여러분도 영어를 처음 배울 때 이게 제일 희한하게 느껴졌을 거예요.

바로 이럴 때 쓰는 '가짜' 동사가 바로 'be동사' 죠. 'be'는 '있다' 나 '~하게 되다' 의 뜻을 내포하고 나타낼 때만 조금 동사적으로 쓰이는 것이지, '이다' 의 뜻으로 쓰일 때는 전혀 아니잖아요?

'행복은 만족이다.' 라는 문장이 있다면, 여기서 '이다' 는 보격조사이자 서술형 어미입니다. 어디에도 동사의 필요성은 없습니다. 그런데도 영문에서는 "Happiness is satisfaction." 하고 be동사를 버젓이 쓴다는 말이죠.

'있다' 나 '~하게 되다' 의 뜻일 때도 그것이 전적으로 동작만을 나타내는 것이 아닙니다. "너 여기 있어."라는 말은 '다른 데로 움직여 가지 말라' 는 말일 수도 있지만, '너는 다른 데 있는 게 아니라 여기 있다' 는 말일 수도 있죠. 하나는 움직임의 제한을, 다른 하나는 움직임 이전의 어떤 상태를 묘사하는 것입니다.

라마나 마하리쉬라는 20세기 초 인도에서 나타난 위대한 영적 스승의 대표적 어록은 영문 제목이 〈Be As You Are〉였는데, 이 책을 지산스님은 〈나는 누구인가?〉라는 제목으로, 대성스님은 〈

진아여여眞我如如〉라는 이름으로 각각 번역하셨습니다. Be as you are. 직역하면 '너 있는 그대로 존재하라.'는 말이겠죠. 이것은 깨달음의 상태를 그대로 가리킨 것이고, 정말 무르익은 제자가 듣는다면 그 한마디 끝에 바로 깨달음이 일어날 수도 있습니다.

'깨달음'이라는 것이 또한 말로 나타내기 어려워 참으로 불가사의不可思議하고 심심미묘甚深微妙한 것이라고 합니다. 그것은 이 모든 일들이 벌어지고 우리가 생각과 행동을 하며 살다 죽는 우리 안팎의 세계를 벗어난 다른 차원의 '개안開眼'인데, 그런 개안을 비로소 하고 나서 보면, 그 다른 차원이 어딘가에 따로 있는 것이 아니라 바로 여기에 무시무종無始無終으로 이미 있었던 것이며, 우리의 참존재가 진즉부터 그것이었음을 알아차리는 일이라고 하잖아요? 이와 같은 관점에서 마하리쉬는 Be as you are라고 한 것이겠죠.

예전에 누가 어떤 큰스님께 한국에 진짜 깨달은 사람이 몇 명이나 되느냐고 질문한 적이 있었어요. 그때 그 큰스님의 대답이 매우 인상적이었습니다.

"남한만 하면 4천 5백만이 넘고, 북한까지 하면 7천만이 넘지."

스스로 깨닫지 못했다고 생각하며 사는 자의 눈으로 볼 때에나 깨달음이라는 것이 이 세상 누군가의 내면에 벌어지는 일종의 대사건이지, 깨달은 눈으로 보기에 그것은 시간을 벗어난 참존재의 차원을 있는 그대로 일컫는 말에 지나지 않을 것입니다.

깨달음을 불가에서 쓰는 다른 말로 '한 소식'이라 하기도 합니다. 요즘 세상에서 '소식消息'이란 '안부를 전하는 말이나 뉴스'를 뜻하는 말로만 쓰이지만, 한자의 의미를 뜯어보면 '끌 소

消'에 '쉴 식息' 이니까 원래, '멀리 있는 사람의 안부 등이 궁금하여 안절부절못하던 마음을 편안히 쉬게 하는 전언'이라는 뜻이었을 거라 추측할 수 있습니다. 그러니까 '한 소식'이란 기멸하던 마음이 단번에 크게 쉬는 것을 의미합니다. '열반涅槃'의 뜻과 그대로 통하지요. 열반은 'Nirvana'의 한문 음차어이고 뜻으로 새긴 말은 적멸寂滅입니다. 적멸은 생멸멸이生滅滅已, 곧 마음의 생하고 멸하는 움직임이 아주 소멸하여 그친 상태를 이르는 것이죠. 즉, 이는 생각이나 행동이 일어나기 이전, 그것이 소멸한 이후, 혹은 그 기멸起滅 이전의 차원에 이르는 것이고, 그것은 사실은 기멸이 벌어지고 있는 시간 속에도 그대로 있는 것입니다.

이론적으로만 보면 깨달음에 이르는 가장 간단하고 쉬운 길은 '그냥 아무것도 하지 않는 것'입니다. 이미 깨달아져 있다는데 더 뭘 할 필요가 있겠어요?

하루는 약산스님이 자리에 우두커니 앉아있었습니다. 그때 스승 석두선사가 물었습니다.

"그렇게 앉아서 뭘 하는가?"

"아무것도 하지 않습니다."

"그러니까 그냥 한가하게 앉아있는 거로군."

"한가하게 앉아있다면 벌써 뭘 하고 있는 것이죠."

"그럼 아무것도 하지 않는다는 게 도대체 뭐란 말인가?"

"천 분의 성인이라도 이것은 알지 못합니다."

그러자 스승은 게송으로 제자를 인가하고 찬탄하셨습니다.

몰록 마음을 쉬어 무엇을 알려고도 하지 않고 안팎으로 어떤 움직임도 없게 되는 것이 바로 깨달음이자 열반이며, 그대로 진아眞我가 여여如如한 상태일 것입니다. 그러나 범부 중생이나 제자의 처지에서 자기 마음을 돌아보면 실제로 그렇게 잘 되지 않으니까, 보통은 그럼 어떻게 이 마음을 쉬어야 하는가, 도대체 무엇을 해야 하는가 하고 또 묻게 되는 것이죠. 이럴 때 흔히 스승이 쓰는, 그 움직임 없는 마음을 바로 가리키는 방편 아닌 방편이 바로, "이렇게 묻는 그것이 무엇이냐?" 하고 묻는 것입니다. 이런 맥락에서 'Be as you are.'를 '나는 누구인가?'로 번역할 수도 있을 것입니다. '나는 누구인가?' 하고 묻는 것은 라마나 마하리쉬가 제자들에게 권유한 아주 단순하고 직접적인 수행법이기도 했습니다. 우리 선가의 '이 뭔가?'와 매우 유사한 일종의 간화선看話禪이라고 볼 수도 있을 것입니다.

내면에 동사가 반드시 들어가야만 문장이 되는 언어적 틀을 가진 서양인들은 'Be as you are.'라는 명령문 형식의 말을 들으면 즉각, 혹은 이제부터 무엇인가를 해야 한다고 생각할지 모릅니다. 'Be happy!'라는 말을 들으면 행복해지려고 노력할지도 모르죠. 그러나 노력 속에는 도리어 휴식이 없고, 노력 없는 차원의 평온이나 충만감을 느낄 수 없습니다.

인간의 언행은 그 의식구조를 결정하고 반영한다고 할 때, 영어와 같은 말을 쓰는 서양 사람들이나 현대인의 의식은 언어적 차원을 벗어나 내면으로 돌아가기 전에는 아마도 쉴 틈이 없지 않을까요? 여백이나 평화가 별로 없습니다. 행복하다는 것이 뭘 하는 동작이 아니고 내면의 어떤 심리상태를 말하는 것이라면, 이것은 모종의 움직임이 정지된 내면의 존재감이나 행동 이전의 다른 차원을 가리키는 것인데, 현대인들은 언어적으로 생각하거나 말할 때 이것을 알기 어렵습니다.

지금은 동서양도 따로 없이, 사고와 행동 속에서만 바쁘게 경쟁하는 게 일상인 현대인은 본래의 자기로 돌아가거나 열반을 향해 나아가는 것은 고사하고, 행복하거나 복을 받을 겨를도 잘 없습니다. 시간 속의 행복이라 해도 진짜 행복은 오직 현재에 느낄 수 있는 것이지 미래에 있는 것이 아닌데, 어떻게든 남들보다 더 빨리 미래로 달려가 무지개 같은 허상을 먼저 잡으려고 질주하기만 합니다. 멈출 줄만 모르는 게 아니라 속도 조절도 못 하고, 지금 현재라는 시점에 타이밍을 맞추는 방법조차 배우지도 못했고, 배웠더라도 잊어버린 지 오래죠.

어떻게 해야 할까요?

먼저, 시간 속의 행복, 구하여 얻는 복락은 영원하고 완전한 것이 아니라는 통찰을 할 수 있어야 합니다. 영원성은 시간 너머에 있고 완전한 행복은 마음의 기멸 이전에 있습니다. 차원 안의 한계는 차원을 넘어서야 극복할 수 있죠.

시간 속에서 우리가 붙잡으려고 하는 행복이 어찌 영원을 기약할 수 있을까요? 과거 한때 나에게 왔던 행복감은 이미 지나가 버렸고 그것은 단지 현재에 없는 무엇인가에 대한 아쉬움일 뿐입니다. 미래에 올지 모르는 행복이란 공허하고 목마른 갈망일 뿐, 이솝우화 속 노새 앞에 매달린 풀다발 같은 거죠.

희망이 남은 곳은 지금뿐입니다. 그러나 현재 역시 미래로부터 흘러와 과거로 사라져가버리는 시간 속의 찰나들이라 여겨 마음이 거기 온전히 합치하지 못하면, 지금 얼핏 행복하다고 느끼는 순간조차 불안하고 공허하긴 마찬가지죠.

참으로 행복한 현재는 앞뒤가 끊어진 절대의 현재여야 합니다. 시간이 의식되지 않는, 자기 안의 다른 차원이어야 한다는 말이죠. 안팎도, 자타도, 시비도, 일체 존재의 기멸도, 심지어는 행·불행마저도 끊어진 본래의 자기여야 해요. 이것을 열반이라고도 합니다.

다음으로, 시간 속의 행복, 세간의 복락, 닦아서 누리는 즐거움과 기쁨에 대해서도 살펴볼까요? 이것을 어떻게 해야 얻을 수 있고 어떻게 누려야 할까요? 이 세상엔 아무도 어쩌지 못하고, 욕계欲界 색계色界 무색계無色界, 즉 삼계三界의 그 누구도 피하거나 벗어날 수 없는 유일한 법이 있으니, 그것은 바로 '인과因果의 법法'입니다. 그 어떤 인간도, 신도, 다른 어떤 육도六道 안의 중생도 거스를 수 없고, 심지어는 삼계를 벗어난 불보살이라 해도 이 세계에 몸을 나퉈 중생을 괴로움에서 건질 때는 이 인과의 법을 따릅니다. 진정한 '법 앞의 평등'이 있다면 바로 이 인과법 아래의 평등인 셈이지요. 불佛, 보살, 아라한, 연각緣覺, 신, 인간, 아수라, 축생, 아귀, 지옥의 십류군생十類群生이 그 원願으로든, 업業으로든 오직 이 인행因行과 제반의 조건인 연緣들이 합해지고 흩어지며 빚어내는 결과結果의 연속적 순환이라고 하는 연기연멸緣起緣滅의 시간 속에 나타났다 사라졌다 하는 것입니다.

모든 게 인과대로 되어갈 뿐이니, 착한 마음으로 내가 지은 것들이 나에게 결국 좋은 것으로 돌아옵니다. 좋은 결과를 복이라

한다면, 세상의 행복은 결국 자기가 지어 자기가 받는 것이지요.

그런데, 우리는 이 세간의 복을 무작정 구하고 탐하기에 앞서 이에 두 가지 종류가 있음을 잘 알아야 합니다. 한 가지는 맑지 않은 복이고, 또 하나는 맑고 깨끗한 청복淸福입니다.

부지런히 구하여 얻어 모으고 열심히 노력하여 무엇인가를 이루는 것 자체가 다 나쁜 욕심이라고만 할 수는 없습니다. 그 역시도 일종의 복 짓는 일, 복의 씨앗을 뿌리는 일일 수 있으니까요. 그런데 궁극에 그 선악을 가르는 관건은 그런 일을 무슨 마음으로 하는가에 있습니다. 타인에게 피해나 불편을 끼치는 일임에도 아랑곳하지 않고 자신의 쾌락만을 위해서 하는 일을 악업이라 한다면, 지혜롭게 인과를 헤아려 나와 남이 다 행복하기를 바라는 마음으로 하는 일이어야 진정한 선업이라고 할 수 있습니다. 이런 선을 실천한 결과로 받아 누리게 되는 것이 맑은 복, 진정 누릴 만한 행복입니다.

그러나 지금 누리는 복이 이기적인 탐욕의 결과로 온 것이라면 그것은 결코 맑지 않은 복입니다. 남들 겉보기엔 그것이 복으로 보이고 스스로 그렇게 여길지라도, 자신의 깊은 내면에서 우선 맑지 않은 복은 진실한 안락과 기쁨으로 느껴지지 않습니다. 또한, 종국에는 자신과 주위를 더럽히고 결국은 전복위화轉福爲禍가 되어 모두에게 고통을 가져오지요.

더불어 씨앗과 열매의 상관관계는 한 번으로 그치는 것이 아니라 열매가 다시 씨앗으로 되뿌려지듯 반복되고 순환하는 것이기 때문에, 한때의 좋은 복도 잘 회향되지 않으면 결국은 고통의 원인이 되고 맙니다. 아무리 좋고 복된 것도 이기심과 욕망으로 지금의 내가 잘 살리지 못하면 오히려 악업을 짓는, 그리하여 결국 나와 다른 사람들에게 고통으로 돌아오는, 좋지 않은 씨앗이 될 수도 있다는 말이지요. 이런 복을 맑지 않은 복이라 합니다.

어리석은 사람의 눈에는 남이 누리는 맑지 않은 복도 더러 부러워 보일 수 있지만, 지혜가 있는 사람에게는 그런 복을 차지하여 누리고 있는 사람이 사실은 전혀 행복해 보이지 않고 도리어 불쌍해 보이거나 천해 보이죠. 우리는 살면서 이런 경험을 심심치 않게 합니다. 지금 당장도 주변에서 너무 많이 보고 있죠. 모두의 진정한 행복을 찾는 길에서 깊이 타산지석으로 삼아야 합니다.

대부분의 중생은 뿌리 깊은 어리석음이 있어, 이렇게 맑지 않은 복으로도 행복해질 거라 착각하여 집요하게 이런 허망한 복을 구하는 경향에서 좀처럼 벗어나지 못합니다. 그리고 어리석음은 매우 자연스럽게, 좋다고 생각하는 것을 당장 얻어 놓치지 않으려고 하는 탐착과, 잠시 싫은 것도 감내하고 견디지 못하는 증오나 짜증, 분노 등으로 번지죠. 이것이 바로 중생이 짓는 악업의 원인입니다. 그리고 그 결과는 당연히 감당할 수 없는 고통일 수밖에 없죠. 선업과 마찬가지로, 인과의 밭은 거기 뿌려진 악업의 씨앗을 언제나 확대재생산 하기 때문입니다.

어리석은 사람은 행복을 구하면서 불행을 자초합니다. 어리석음이란 곧 인과에 대한 무지이며 불신입니다. 바른 씨앗을 심어 좋은 열매를 얻을 줄 모르므로, 어리석은 자가 구하는 것은 터무니없고 무모하고 우스꽝스럽죠. 단지 초월적인 힘에 의탁하여 빌고 기도하거나, 요행에 기대어 제 분에 맞지도 않는 것을 구하거나, 남의 것이라도 그저 빼앗고 차지하면 그만이라 생각합니다. 이 악업과 악한 과보果報의 굴레에서 벗어나지 못하면 모두의 행복, 영원한 열반의 세계로 나가는 길은 그 출구조차 찾지 못합니다. 세상의 암담함이란 바로 이것입니다.

그러나 그런 중생의 마음도 그 바탕은 본디 맑아 지혜롭고 선량하기 때문에, 스스로 이런 세간의 덧없는 복에 너무 탐착하는 자신을 돌아보게 되는 때가 있고, 그럴 때면 스스로 떳떳하지 못하고 그것을 부끄러워하게 됩니다. 이런 마음을 '염치廉恥'라고 할 수 있겠지요.

맹자님은, "사람이 염치가 없어지면 못 하는 일이 없어진다."고 했습니다. 오늘의 시대를 사는 사람도 지나치게 권력지향적이거나 돈밖에 모르는 사람들, 자기 쾌락밖에 모르는 사람들은 한번쯤 이 같은 옛 현인의 말씀에 진실로 귀 기울여 보아야 할 것입니다. 법, 제도와 같은 타율적인 규율 이전에, 사람 안에는 이런 염치가 있어 인간다움과 선의지가 지켜지고 길러집니다. 이것이 인간사회를, 탐진치貪瞋痴나 약육강식의 이치에만 지배당하는 삼악도三惡道와 차별화해주기도 하지요.

염치를 아는 사람이 구하는 복이 청복이요, 염치없는 사람이 분수없이 탐하는 복이 탁복濁福입니다.

적은 것으로 만족할 줄 알아 실세로 행복해하는 사람의 복이 청복이며, 끝없는 욕망의 물결에 휩쓸려 갈망의 나락으로만 떨어지는 사람의 허황된 복이 탁복입니다.

베풀고 나눌 줄 아는 사람의 복이 청복이요, 소유와 집착을 쉴 줄 모르는 사람의 복이 탁복이죠.

무상한 것들에 속아 잡고 놓지 않으려 하는 것이 탁복이요, 덧없는 것을 덧없는 줄 알아 차츰 여의고 무욕의 참마음으로 돌아가는 사람의 복이 청복 중의 청복입니다.

한반도의 오늘을 살고 있는 여러분은 이 땅에서 민주공화국 대통령의 딸로, 재벌의 아들로 태어나지 않은 것을 대단한 청복이라 생각하시고, 모두의 참행복을 위하여, 열반을 향하여 열심히 새봄 새날들을 살아가시기 바랍니다.

모지 사바하! 삼계 안 모든 존재의 본성을 깨달음으로써 삼계의 일체고를 벗어난 분이로되, 삼계 안 모든 일의 인과를 밝히 비추어 아시며, 무연無緣의 대자비심으로 삼계 안 일체중생을 고에서 건져 열반의 세계로 이끄시는 삼계도사三界導師의 본원으로부터, 생각이나 말이 되기 전의 음성으로 울려 나온 것을 주呪, 혹은 진언眞言이라 합니다. 그 끝마다 붙는 말이 바로 '사바하'죠. 모지 사바하는 '부처님의 보리도菩提道가 인연 따라 원만히 이루어지이다' 하는 뜻입니다.

이것이 진정하고 영원히 지속가능한 원이요, 그 원만한 성취입니다. 요행을 바라는 것도 아니고, 남이나 신에게 구차하게 구걸하는 것이 아닙니다. 이것이 바로 우리 모두의 길입니다. 길이 아니면 가지 말아야 합니다.

아침 차담

 부드러워 보이기만 하던 소백의 산자락들이 비껴드는 이른 햇살에 숨은 선들을 드러낸다. 옷을 벗은 남자처럼 겨울 산의 각진 골격이 더 장중하다.
 중도루 다실에는 난로가 타고 있고 사람들은 침묵 속에서 찻잔의 온기를 만진다.
 누가 소리 내어 웃는다. 조금 엉뚱한 파적破寂이다.
 "왜 웃어요?"
 "……"
 "말해봐요."
 "말해도 돼요……? 제가 최근에 영가장애가 생겼는데요, 얘가 뭐든 빨간색을 보면 도망가는 거예요. 여기 이것도 빨간색이고, 이건 우리 엄마랑이 어디 점 보러 갔다가 얻어다 주신 건데 이것도 빨간 고. 얘가 이렇게 빨간 걸 보고 도망가는 게 웃겨요."
 "그게 영가인지 아닌지 어떻게 알아요?"

"다 마음으로 그렇게 생각하는 거죠."

"아, 나도 봤어요. 저도 이 보살님이랑 같이 잤는데요, 제 눈에도 뭐가 보여서, '야, 저리 가!' 했는데. 보살님, 들었죠?"

"아뇨, 못 들었어요."

"귀신이나 영가들 보기엔 빨간 것들이 피처럼 무섭게 보인대요. 복숭아나무나 팥이나……. 그렇다고 빨간 것들로 그걸, 그게 영가든 아니든 무작정 쫓아버리려고 하는 것은 최선의 태도가 아녜요. 사람처럼 살아있든 다른 식으로 존재하든 괴로운 건 마찬가진데 불쌍하게 생각하고 도우려는 마음을 가져야죠."

"어떻게 도와요?"

"우리 수행으로 천도해야죠. 같이 마음이 밝아져 좋은 세계로 가거나 해탈하도록……."

"저도 예전에 현충원에서 일할 때 그런 일이 있었어요. 밤에 자려고 하는데 머리가 길고 소복 입은 여자가……."

"아고, 무서워."

"여자가, '아파, 아파!' 하면서 나타난 거예요. 보니까, 이렇게 쇠로 된 갈고리에 걸려있어요. 등에 네 개나 되는 쇠갈고리가……."

"그래서 어떻게 하셨어요?"

"가서 발로 차버렸어요. 그니까 그냥 없어져 버리데요. 지금 와서 생각해보니까 그럴 일도 아닌데……."

"그런 영가들이 왜 수행하는 사람한테 나타나는 거예요?"

"괴로우니까 도움받으려고 하는 거죠. 우리가 아플 때를 생각해보면 알죠. 엄마든 누구든 도와줄 수 있는 사람을 찾잖아요?

그런데 그냥 쫓아버리면 되겠어요?"

"그럼 어떻게 해요?"

"화두 들어야죠. 다 장애라기보단 수행상의 경계일 뿐이에요. 내 원력과 자비심을 완전하도록 길러주는 것들이고."

"얼마나 있으면 이런 경계가 지나가요?"

"빨리 없어지기만 바라면 오히려 잘 안 돼요. 일체중생을 제도하게 되기를 간절히 발원하고 열심히 수행하다 보면 어느결에 지나가요. 보살님은 당분간 집에 가지 말고 도반들이랑 스님들이랑 수행하며 지내는 게 좋겠어요. 보살님, 거기 커피 좀 갈아봐요."

"집에서 부모님이 걱정하시는데……."

"자주 전화라도 드리구요, 여느 때처럼 밝은 목소리로. 누가 저 난로 배출기 좀 끄죠. 불이 붙고 난 뒤에도 저게 계속 돌아가면 연료만 낭비되고 열이 다 굴뚝으로 빠져나가 버리잖아요? 보살님은 이따가 말하세요. 포트 끓는 소리 때문에 안 들리잖아요? 여기 커피 분쇄기 입자가 조금 곱게 갈아지게 조정해봐요."

"이젠 이 '모모라' 커피 외엔 못 마시겠네. 보살님, 아까 무슨 말씀 하려고 하셨어요?"

"스님 말씀 중에 제가 하려던 얘기가 다 들어있어서……."

"그래도 해봐요."

"저도 길상사에서 뭘 잘 모르고 처음 정진 시작했을 때 비슷한 일이 있었어요. 누구나 어려서부터 자기가 같이 살아온 마을 사람들이나 가족 혹은 아는 친척들 가운데는 뭔가 가슴에 맺힌 게 있거나 하소연하고 싶은 게 있는 채 죽은 사람이 있을 거 아녜요? 그런 사람들 영가인지 아닌지는 분명치 않았지만, 처음엔 생전 듣도 보도 못한 이야기나 형상이 떠오르곤 하더니, 곧 좌선하고 있으면 분명히 옆에 사람 아닌 무언가가 와 있는 느낌이 드는 거예요. 너무 생소하고 익숙지 않아서 스님께 여쭤보지도 못하고, 저 혼자 어떻게든 해보려고 말을 걸기 시작했죠. '자, 여기 옆에 같이 앉자. 내가 어떻게 해줄 수는 없지만 이 수행은 산 사람이든 죽은 사람이든 모두를 괴로움에서 벗어나게 해주는 길이야. 함께 수행하자. 그러고도 네가 원하는 것을 얻을 수 없거든 훨씬 수행을 많이 하셔서 도움을 주실 수 있는 분한테 가 봐.' 하고는 내 화두에 집중하려고 했어요. 그렇게 한동안 지내다 보니 언제 없어졌는지 모르게 그런 경계가 사라지고 더는 안 느껴지는 거예요."

"누가 난로에 장작 좀 더 넣어요. 한국 사람들은 원래 유전적으로 샤머니즘의 기질을 타고나는 것인가, 정이 많아 자아 너머에서 다른 존재와 즉각적으로 소통하는 영적 능력은 뛰어난데, 수행 안 하거나 잘못하면 죄다 미치거나 박수무당 되기 딱 좋은 것 같아요. 잠깐, 그 분쇄기 눈금을 조정해보라고 했지, 누가 더 갈랬어요?"

"갈지 말까요?"

"아니, 갈던 거니까 그냥 갈아요. 그런데 이번엔 입자가 너무 곱네. 아예 갈아 뭉갰군요. 조정할 땐 조금씩 세심하게 해봐야죠. 또, 저 배출기 좀 꺼요. 왜 켜놓고 잊어버리고, 꺼놓고는 잊어버리고, 이렇게 멍하게들 사는 거예요?

요즘 사람들은 마음 쓰는 게 온통 디지털 방식으로 움직이나 봐요. 마음이 습관적으로 이렇게 중심을 못 잡고 극단으로만 움직인다니까. 우리나라 선방 같은 데 와서 정진하는 외국 사람들이 수행하는 사람들을 보고 제일 먼저 배우는 말 중 하나가, '왔다 갔다' 또는, '왔다리 갔다리' 예요. 집 나왔다 집에 돌아갔다, 절에 왔다 갔다, 이리 왔다 저리 갔다……. 이쪽이 아니다 싶으면 저쪽으로 움직이고, 저쪽이 아니다 싶으면 다시 이쪽으로 움직이고. 중심점을 찾아 균형을 잡고 안정을 이룰 때가 잘 없어요. 불 켜고 끄고, 온도를 올리고 낮추는 것 등, 모든 일을 버튼 누르는 식으로 하다 보니, 그 과정을 살펴 파악하고 그것을 기초로 인과관계를 통어하고 조정하는 능력이 길러지질 않나 봐요. 불 때는 것 하나 제대로 못 해요. 아날로그적인 과정을 거쳐서 대부분의 세상일은 되어 가는데 아무 통찰도 없이 시행착오를 반복하면서 어쩌다 요행히 뭐가 맞아떨어져 일이 되기를 바라니, 뭐가 제대로 되고, 무슨 일을 제대로 할 수 있겠어요? 요즘 거개의 우리나라 사람들은 의식구조가 너무 서구적으로 변해서 조상들이 가르쳐주고 물려준 사고방식이나 생활양식을 거의 잃어버렸어요. 고도로 디지털화해서 대상 세계나 경쟁사회에서 겉으로 보이는 면모나 수치상으로는 빠르게 현대 문명의 첨단으로 앞서 나아가고 있는 것처럼 보일 수 있지만, 사람의 인격은 그다지 성장하지 않고 내면이 편안하고 행복하지도 않죠. 과학기술의 발전뿐만 아니라 신념, 사고의 체계나 이데올로기의 변화 또한 이렇게 서양적으로 극히 디지털화해서 그저 왔다리 갔다리 서성대고 있을 뿐, 진정한 성숙이나 내적인 심화가 일어나고 있지 않다는 말이에요. 지금의 미흡함과 불편에서 진정으로 벗어나고 이르러야 할 데 이를 수 있는 중도中道의 길을 놓아두고 왜 우왕좌왕해요? 이건 뭐 변증법辨證法도 아니고 그저 좌충우돌하는 거죠. 보일러 온도조절기를 장작불 때는 방 안에 달아놓으면 돼요? 보일러로 난방이 되는 거실에서 실내온도를 감지해서 적정 온도가 되면 보일러 물순환이 멈추게 조절이 돼야지."

"그거는 보일러 아저씨가 선이 짧아서 여기까지밖에 안 간다고……."

"수리공이 말해주지 않으면 그 방이 장작불 때는 방인지 보일러로 난방하는 방인지 알 턱이 있어요? 보살님이 알려줘야지."

"알려줬어요. 그래도 아저씨가 다른 방법이 없다고……."

"원래 우리나라 사람들이, 특히 우리 조상들이 직관이나 통찰력이 뛰어나서, 도구를 써서 측정하거나 논리적으로 생각해보지 않고도 가늠하고 조정하고 겨냥하는 데 특출한 뭔가가 있었던 것 같아요. 방구들 놓고 밥하고, 뭐든 그냥 그렇게 해보는 과정을 통해 배우고 자연의 순리를 터득하고 지혜를 얻고 뭐든 잘 다루게 되어온 거죠. 서양 사람들은 빵 하나를 만들어도 밀가루 몇 g에 다른 재료는 얼마, 물은 몇 ml, 다 미리 계량해서 정해진 기준대로 하잖아요? 그런데 우리 엄마들 밥할 때 봤죠? 누가 밥물 맞출 때 저울이나 계량컵을 써서 재던가요? 대충 적당히 눈썰미로 가늠하는 거죠. 이런 감은 통계나 실험을 통해 도출된 기준이나 이론에 의해 길러지는 게 아니에요. 되지도 질지도 않고 물기가 알맞아서 맛있게 먹을 수 있는 밥을 소중한 사람들에게 해 드리려고 일정량의 쌀과 일정량의 물이 합해져 끓다가 밥이 되는 과정을 통찰하기 위해 그저 노심초사 마음을 모으다 보니 얻어지는 안목이죠. 어설픈 시행착오 따위를 거쳐 공식이나 기준을 성급하게 얻어 디지털화하려고 하기보다는, 각양각색으로 벌어지는 우리 인생의 모든 경우를 바르게 직관하는 안목을 열어가는 거예요. 우리나라 사람들이 많은 면에서 이런 감으로 살아오다 보니, 궁도나 사격, 골프 같은 것에 능하고 손재주가 타의 추종을 불허하죠.

그러나, 모든 것을 이런 감만으로 하려고 해서는 안 돼요. 인생에서 더 중요한 것은 뚜렷한 목적의식과 바른 방향감각이죠. 감만 뛰어나면 한 분야의 '꾼'은 될 수 있을지 모르지만 만인을 이끌 스승이나 지도자가 되긴 힘들어요.

예전에 어느 한국 대통령이 중학교 때 자기 책상에다 '미래의 한국 대통령 김○○'이라고 써 붙여놓고 매일 그 야망을 키우면서 자랐다는 얘기 들어봤어요? 아닌 게 아니라, 그는 불과 스물다섯인가의 나이에 최연소 국회의원이 되고 나중엔 결국 대통령이 됐죠. 변절이라느니, 같이 민주화투쟁을 이끌면서 군부독재를 종식시키기 위해 고초를 겪어온 김ㅁㅁ 씨를 따돌리고 먼저 대통령이 되고 보려는 지나친 라이벌의식이라느니 하는 비난에도 불구하고, 어떻든 그는 대통령이 되었고 군부쿠데타로 집권했던 전직의 두 대통령을 청문회에 세우고 재판을 받게 만들었죠. 어떤 기자회견인가 대담에서 누가, 제3당의 대통령 후보로서 차기 집권을 노리자면 군부세력이 만든 여당과의 연정을 고려해야 한다는 얘기가 나왔을 때, 어떻게 전격적으로 연정 가지곤 안 된다, 합당을 해야 한다는 판단과 결행을 할 수가 있었느냐고 묻자, 그가 말했다고 합니다. "에, 지한테는 마 정치를 오래 해오다 보이 생긴 '감' 같은 기 있습니다."라고요. 그는 '감'으로 정치를 해온 것이에요. '감'으로 대통령이 되어 집권하는 데까지는 성공했을지 모르지만, 그러나 결코 훌륭한 대통령이 되진 못했죠. 청와대에서 목사님을 모셔다 놓고 예배를 보다 삼풍백화점이 무너지면, '우째, 이런 일이…….', 성수대교가 붕괴되었을 때도, '우째 이런 일이…….'를 연발할 수밖에 없었어요. 걷잡을 수 없는 IMF 위기가 닥쳐 나라가 무너지려고 하자, 아마 '우째, 이런 일이…….' 하는 말도 안 나왔을 거예요. 그에게는 들입다 목표를 향해 집요하게 돌진하는 야망과 야망을 쟁취하는 '감'은 있었을지언정, 그보다 더 중요하게 정치지도자에게 필요한 정치철학이나 리더로서 대중에게 명확한 비전을 제시하고 이끌어가는 능력이나 방향감각이 부족하지 않았나 하는 생각이에요."

"스님, 저는 칭찬 받으면서 절에서 살고 싶어요."

"누구 칭찬을 받고 싶으세요? 아, 향인보살님 칭찬을 받고 싶으신가 보네. 향인보살님, 자원보살님 칭찬 좀 해드리세요.

그런데, 보살님은 우리 인생에 많은 역리逆理가 있다는 거 모르세요? 리드하려고 하는 사람은 먼저 남을 따라야 하고, 존중 받기 위해서는 먼저 다른 사람을 위하고 섬길 줄 알아야 해요. 다른 사람을 짓밟고 무시하면서 스스로 잘난 척하려다가는 결국 손가락질당하고 웃음거리가 되거나 천덕꾸러기가 되기 쉽죠. 물론 보살님이 남을 위할 줄 모른다거나 사람들에게 따뜻하지 않다는 건 아녜요. 오히려 정 반대죠. 사람을 대체로 호의로 대하고 베푸는 걸 좋아해요. 그런데 보살님의 경우에는 어떤 때 그런 배려나 베풂이 과하거나 경우에 맞지 않는다는 게 문제예요. 마음 아픈 일을 당한 주월한테 술을 너무 먹여 다음날까지 정신을 못 차리고 할 일을 못 하게 한다든지, 자의식을 다듬어줘야 할

징월한테 잘한다 잘한다 하면서 만날 12시까지 퍼 자게 한다든지……. 이건 바보 같은 엄마들이 너무 잘해주기만 해서 애 버리는 식이잖아요? 우야든 많이 멕이기만 하고 해달라는 대로 다 해주기만 하는 건 애 장래를 망치는 첩경이죠. 진정한 자비심은 지혜에서 우러나야 해요.

유럽 침략자들이 아메리카 대륙을 강탈하고 원주민들을 얼마나 교활하게 도태시키고 제거해왔는지 아시죠? 영적으로 매우 진보한 문명이었고 낙원 같은 드넓은 대지에서 평화롭고 극히 건강하고 자연 친화적인 삶을 영위해오던 그들을 삶의 터전에서 분리시켜 소위 '인디언 보호구역'이라는 데 수용하고 의식주에 필요한 모든 것을 무상으로 제공하며 일하지 않아도 도박이나 마약 구입에 쓸 수 있는 돈을 마구 대준 것이었어요. 그 결과 어떻게 됐는지 아세요? 물론 다 도박꾼, 혹은 알코올이나 약물중독자 같은 폐인이 되어 더는 제거하거나 '보호'할 필요도 없이 역사의 무대 밖으로 사라져버렸죠.

낙원이란 과연 원하는 쾌락을 즉시 손에 넣을 수 있는 '에덴' 같은 곳일까요? 자원慈圓보살님! 자비심이 원만해진다는 것, 완전한 자비심이란 뭘까요? 우리가 믿듯이, 그런 완전한 자비심으로써만 이 숙명적으로 보이는 고통 속의 인간이 다 고통과 덧없음으로부터 구제받을 수 있을 듯한데……. 진정한 자비심은 무분별의 지혜와 무아의 통찰로부터 샘솟아납니다. 낙원이란 이러한 무분별지無分別智와 무자성無自性의 각성을 이룬 사람이 이르는 모든 곳이에요. '염념보리심念念菩提心, 처처안락국處處安樂國'이죠."

"스님, 전에 여기 한 번 같이 왔던 제 친구 앤드루Andrew 있잖아요? 제가 통화하다가 스님 생신이 양력으로 하면 12월 25일이라고 했더니, 혹시 스님 나이가 2천 살 넘지 않았느냐고 농담하던데요."

"출가 전에 제가 스스로 자호自號한 것이 뭔 줄 아세요? 무령無齡! 나는 생일도 없고 나이도 없어요. 앞으로 나에 관한 한, 생일의 '생' 자도 꺼내지 말라고. 정말 기분이 안 좋아서 하는 말이에요. 오늘이 무슨 날이에요?"

"……"

"날마다 좋은 날이죠.

성서 바이블은 진정한 지혜의 안목을 이룬 사람이 바로 새겨낸다면 상당히 진리성이 뛰어난 비유나 신화로 볼 수도 있을 것 같아요. 그러나 유감스럽게도 몇천 년의 역사 속에서 그것은 단지 신앙의 대상으로만 여겨졌습니다. 더구나 이리저리 편집, 번역되어 전승, 전파되어 오면서 정치권력이나 종교권력이 민중을 통치하는 도구로 이용된 측면이 많았고, 신앙인들에게도 눈을 열어 자유를 얻게 하는 진리로써 기능하기보다는 도리어 상당히 모호하고 불합리할뿐더러 다소 폭력적이고 위협적인 도그마를 그저 문자 그대로 맹신하도록 종용해온 감이 많아요.

부처님께서는 '외도의 가르침으로 교화하지 말라'고 하셨지만, 소가 물을 마시면 우유를 내고 뱀이 물을 마시면 독이 된다 하죠. 오늘은 날이 날이니만큼 한번 막 나가 볼까요?

성서의 시작은 태초에 신神God이 천지를 창조했다고 씌어있죠. 우리말 번역본에서는 이 신을 '하느님' 혹은 '하나님'이라

하고 있습니다마는. 이 첫 문장만 잘 뜯어봐도 이 세상의 종교라는 것이 뭔지, 여러 종교가 주장하는 진리가 왜 제각각으로 느껴지는지, 종교 간의 분쟁은 왜 생기는지, 그것을 어떻게 불식시킬 수 있는지 등이 자명해질지도 모릅니다.

우선, '태초太初'가 뭘까요?
시간의 처음이라구요? 아니면 시간 이전? 빅뱅Big Bang 이전 말예요? 빅뱅 이전에 시간이 있었을까요?
이것은 우리가 좀처럼 알거나 납득할 수 있는 것으로 보이지 않습니다. 혹은 있었다, 없었다 하고 말할 수 있는 성질의 것이 아니라고도 할 수 있죠. 논리나 표상表象 등에 의거한 인간의 언어나 사유로 도무지 묘사하거나 따라잡을 수 있는 무엇이 아닐지도 모릅니다. 아인쉬타인의 상대성 이론으로도 설명할 수 없는…….
이 '시간 너머'의 불가해성 때문에 천상과 천하에는 온갖 주장과 사상과 종교와 이데올로기와 신념체계와 설화나 전설, 신화 따위의 이야기가 존재하게 되었을 거예요. 어떤 일의 사실관계가 잘 드러나지 않으면 사람들의 온갖 추측과 유언비어가 난무하듯이요. 역설적이게도 이 많은 것들은 현실생활에서 우리로 하여금 이 시간 너머의 영원성에 가 닿도록 하기보다는 도리어 더 많은 혼란을 야기하고, 누구의 말을 따르고 뭘 믿고 살아야 할지 모르게 하고, 심지어는 진리를 향해 나아가려는 우리의 태생적 노력조차 좌절시키기도 합니다.
부처님께선 이런 쓰레기 같은 말들을 '희론戲論'일 뿐이라고 일축하셨습니다. 우리가 진정으로 이르고 싶어 하는 우리 자신과 모두의 영원한 행복 '열반'과, 완전한 대 자유 '해탈'을 향해 실답게 나아가는 데 전혀 도움이 되지 않는 남들의 장난말, 내지 헛소리에 불과하다는 거죠. 물론, 인간의 문명사란 온통 그런 것들의 역사이고, 현대를 사는 우리에겐 민주국가가 보장하는 언론, 사상, 종교의 자유가 있고, 문학적 예술적 창의성도 있고, 게다가 우리 혓바닥에 무슨 뼈가 있는 것도 아닌데, 대체 무슨 말인들 못 지껄일 게 뭐가 있겠어요?

신약성서의 요한복음은, '태초에 말씀Word이 계시니라. 이 말씀이 하느님God과 함께 계셨으니, 이 말씀은 곧 하느님이시니라.'로 시작합니다. 그러나 이것은 그 내용이 그대로 사실인가 아닌가의 여부를 따지기 전에, 어디까지나 하느님의 존재와 그의 천지창조를 믿었던 요한의 믿음 혹은 그로부터 비롯된 말에 지나지 않는다고도 할 수 있습니다. 우리가 그의 말을 그대로 믿을지 말지는 또 별개의 문제구요. 사실은 종교에 관련된 대부분의 텍스트들이 이런 도그마틱한 측면을 내포하고 있습니다. 심오하고 고상해 보일지 모르지만, 일단 대단히 모호하고 얼른 의미 파악이나 납득이 안 되죠. 더구나 이런 구술이나 기록들이 사람에 의해 이뤄졌다 해도 그 과정이 영계나 신적인 존재로부터 계시를 받아 이뤄진 것이라고 주장하기 시작하면 아예 논박이나 검증이 어려워지게 됩니다. 이렇게 되면 그 해석만 분분해지기 일쑤고 다른 언어로의 번역도 매우 불명확해지거나 많이 왜곡될 가능성을 배제할 수 없습니다. 그 때문에 이런 텍스트를 경전으로 삼는 종교들에는 자연히 무수한 아류나 이단, 분파가 생겨나지 않을 수 없죠.

학자들은 요한이 언급한 '말씀Word'이란 원래 히브리어나 헬라어에서 '로고스Logos'였다고 합니다. 그러니까 이것은 최소한 지금 우리들이 생각하는 '말씀'만을 뜻하는 것이었다기보다는, '이성적 원리나 철리哲理, 섭리', 또는 예컨대 유교의 성리학性理學에서 말하는 '이理'의 개념에 가까웠던 것으로 보여요. 그리하여, 태초, 즉 모든 것이 현상적으로 생겨나기 이전에 모든 것의 근원인 '그 무엇'과 그것의 구조적 이치가 하나로써 존재했다는 말이라고 보면, 이 요한의 말이 별로 이상할 것 없이 수긍이 가기도 합니다. 성리학의 '주리론主理論' 비슷한 얘기 아닌가요?

　우리가 쓰는 한자어 '신神'이라는 말도 어원적으로 한번 살펴보죠. 이 한자를 처음 익힐 때 '귀신 신神'자라고 배웠죠? 그러나 이 글자가 꼭, 산 사람 같은 몸을 갖지 않고 존재하는 것으로 여겨지는 귀신이나, 살았던 사람이 죽어서 된다고 믿어지는 영체만을 의미하지는 않았습니다. 또, 저세상이나 보통 우리 눈에 보이지 않는 다른 세계에 있다가 제사지낼 때나 '신들리거나' '신 내렸을降神' 경우 등에만 오는 영적 존재를 부르는 말이 아니었어요. 물론 '하늘의 조물주造物主'라는 개념이 없지는 않았지만, 처음부터 이 조물주만을 신이라고 부르지 않았음은 분명합니다. 오히려 그렇게 된 것은 서구 문물과 함께 들어온 서양적 신관神觀이 이 '신神'이라는 개념을 차용하면서부터라고 봐야 옳겠죠. 마치 우리에게 원래 있던 '하느님'이나 '하나님'이라는 개념을 근대 이후에 들어온 천주교나 개신교에서 빌려 쓰다가 지금은 거의 독점하다시피 사용하게 된 것과 마찬가지죠.

　보다 중요한 것은, 원래 '신神'이라는 글자가 '정신精神 차리다', '정신 나가다'나, '신나다', '신명 나다', '신바람 나다'나, '신기하다', '신비롭다', '신통하다', '신령스럽다'나, '혼신魂神의 힘을 다하다' 등에서 보이는 것처럼, 산 사람의 넋, 얼, 또는 물질이나 육체에 상대적인 개념으로써 정신적, 형이상학적, 영적인 것을 가리킬 때 쓰는 말이었다는 사실입니다. 이때의 신은 우리 밖의 물질적, 대상적 세계에 대한 상대적 개념으로써 내면에 있는 신령한 근원을 가리키는 말이죠? 이 점에 착안해보면 신이 천지를 창조했다는 말이나 우리 모두의 근본인 '마음'에서 이 존재계가 벌어졌다는 불법佛法의 이치나 별반 다름없어 보이지 않나요? 요즘의 양자물리학조차 대상 세계는 그것을 인식하는 자를 제외하고는 존립할 수 없는 것이라고 합니다.

그나저나, 성서의 하느님은 '누구'일까요? '하늘에 계신 우리 아버지'요? 아니요. 말이 그렇지, 단언컨대 모든 것의 근원인 그것은 결코 특정한 '누구'일 수 없는 존재입니다. 그렇다면, 하느님이란 무엇인가를 의인화한 것인가요? 하늘요? 천만에요. 우리가 쳐다보는 하늘은 빈 허공일 뿐이며, 다시 말해 요즘의 과학자들도 동의하듯이 단지 누군가가 볼 때만 그 대상으로 존재화하는 '안계眼界'일 따름이잖아요? 흔히 '이것'이 하늘에 있다고 말해지고 하늘에 빗대어 일컬어지는 것은, 이것이 마치 저 빈 공간처럼 그 안에 모든 것을 존재케 하고, 존재의 본질로써 존재하며, 존재가 사라진 뒤에도 존재하는 성질을 지녔기 때문입니다. 하늘이라는 것도 역시 비유일 뿐이죠. 공간이란 영원한 것이 아니니까요. 천체물리학도 공간 역시 절대적인 것이 아니라 휘기도 하고 블랙홀로 사라지기도 한다고 하잖아요?

공간, 시간을 포함해서 이 모든 것을 지은 '그 무엇'을 오해나 왜곡이 없도록 가장 적절하게 표현한다면, 그것은 오직 우리 모두의 참마음, 일심一心입니다. 다시 말하지만, 그것은 결코 개체적인 한 인격이나 신격神格이 아닙니다. 그것을 유신론적有神論的(더욱 정확한 표현으로는 신작위론적神作爲論的) 종교를 믿는 사람들처럼 경전에 나오는 이름을 가진 어느 한 신으로 특정하는 것은, 마치 우리가 잘 때 꿈을 꾸다가 그 꿈꾸는 사람을 꿈속에서 이 사람인가, 저 사람인가 하고 찾다가 어느 놈 말에 속아, '바로 이 사람이야! 바로 이 사람이 꾸고 있는 꿈이라고!' 하고 외치는 것과 같은 일일 수 있습니다.

이 모든 것을 꿈결에 지은 그것은, 더러는 자기가 지어낸 것들이 변화하고 사라져가는 것을 보고 듣고 경험하면서 꿈속에서도 일정 기간 존속하는 한편, 사실은 언제나 시공 밖의 제자리에 초연히 머문다고도 할 수 있는, 가히 불가사의한 존재죠. 선禪에서 흔히 말하듯, 결코 이름 붙일 수 없고, 도저히 형상으로 드러낼 수 없는, 불가칭, 불가사량, 불가형용의 존재입니다. 눈을 떠 형상의 세계를 보고, 귀를 열어 모든 소리를 듣는 것으로 착각하는 우리들의 자의식, 즉 수많은 '아담'과 그 후예들을 만들고, 그로 하여금 모든 것에 이름 붙여 제각각 개체성을 지니게 하지만, 정작 그 자체는 모든 형상과 우상을 초월하여 있으되, 스스로 형상을 지어 그것이 되기도 하고, 만물의 이름과 개체성을 벗어나 있으며 동시에 또한 그 모두 안에 스며있는 그 무엇입니다. 이 희한한 물건이 과연 뭘까요? 네? 뭘까요?

성서에서는 이것의 이름을 '여호와, 야훼'라고 기술하고 있죠. 그러나, 고대 히브리어에서 이는 이름이라기보다 '알려지지 않는 것', '이름할 수 없는 것'이라는 뜻이었다고 합니다.

출애굽기에서는 하느님이 "I am what I am."이라고 자기소개를 하고 있습니다. 남들이 아는 자기나 남들이 말하는 자기를 차치하고, 자기소개로 나타내는 자기보다 더 진솔한 자기가 어디 있을까요? 'I am what I am'을 제대로 번역하면, '나는 내가 그것인 바로 그 무엇이다. 즉 존재하는 그대로의 나다.'라는 뜻입니다.

이 말을 들으면 노자〈도덕경〉의 '인법지人法地, 지법천地法天, 천법도天法道, 도법자연道法自然'이라는 말이 생각납니다. 사람은 땅에 의거하고, 땅은 하늘에 의거하며, 하늘은 도에 의거하고, 도는 '저절로 그러한 것'에 의거한다! 여기서 '자연'이라 함은 요즘 우리가 자연이라 할 때의 뉘앙스보다 조금 더 문자적이면서도 훨씬 깊은 의미를 담고 있는 말이었을 것입니다. 가볍게 해학적으로 말해 보자면, 참하느님이란 이름이나 설명, 묘사를 떠나 있는 그대로의 '머시기'라는 말이죠. 그런데, 사실은 누구라도, 무엇이라도 있는 그대로의 '머시기' 아닌가요? 누가 "Who are you?" 하고 물을 때, "I am 홍길동." 하거나, "I am blah-blah-blah." 하는 것보다, "I am what I am." 하는 것이 훨씬 명쾌하고 당당하게 들리지 않나요? 이렇게 대답해도 아마 아무도, 지금 당신 스스로 신神이라고 주장하는 거냐고 반문하지 않을 듯하군요.

머시기를 또 '거시기渠是己'라고도 합니다. '머시기한' 그 것을 거시기라고 하는 거죠. 이 머시기는 많이 거시기하니까요.

많이 '뭣헌' 존재라는 뜻입니다.

　화두수행자들이 알 수도 볼 수도 없고, 말로 할 수도 없는 한 물건을 참구할 때, 그것을 그 무엇이라고도 지칭할 수 없으므로, '마음'이란 무엇인가, '참나'는 무엇인가, 내 '성품'은 무엇인가 하는 대신, 그냥 '이것이 무엇인가, 즉 이 뭣고?' 하죠.

　이 '머시기'가 '멋허다'는 것은 말로 뭐라 이름 붙이거나 설명하기 어렵다는 측면 말고도, 이루 말로 다 할 수 없이, 불가사의하게 완전하고 아름답다는 것을 암시하고 있습니다. 근세의 선지식 화봉스님의 설명을 빌자면, 우리말의 '멋'이라는 말은 '무엇'이 축약된 말이라고 합니다. '멋있다'나 '멋지다'는 우리말 표현도 각각, '알 수 없고 신비한 무엇인가가 있다', '불가사의하게 아름다운 무엇인가가 극히 많다'는 뜻이라는 거죠. 그러니, 부디 바이블의 하느님이란 곧 마음이라고 해놓고서, 이 마음이 매우 '거시기'하고 '뭣허다'고 하는 말을 신성모독으로 느끼지 않길 바랍니다. 성서에서 말하는 하느님과 지금 내가 '거시기'라고 말하는 것이 정확히 일치한다 해도, 사실은 이것이 심히 하느님을 찬탄하는 말입니다.

　언어적으로, 대명사나 의문사는 다른 낱말들과 좀 다른 특징이나 쓰임이 있습니다. 대명사代名詞는 어떤 것의 이름을 들추지 않으면서 그것을 지칭하는 말이죠. 그리고 의문사疑問詞는 어떤 것이 아직 불분명하지만 그 불분명한 무엇인가를 묻거나 지칭하고 거론해야 할 때 쓰는 말입니다. 바로 이 점이 종교적으로 대단히 중요합니다. 무슨 말이냐구요? 구도求道, 그러니까 신성神性이든, 부처든, 열반이든, 천국이나 에덴이든, 종교가 우리에게 약속하여 구하게 하는 그것을 찾아가는 길에서는, 우선 그것들이 말이나 이름 혹은, 경전 따위에 어쩌고저쩌고 하고 기록된 글줄에 있지 않음을 직시해야 한다는 뜻입니다. 말은 천 가지 만 가지로 다르게 할 수 있으나, 우리에게 진정으로 필요한 것, 그리고 우리가 진심으로 구하여 찾고 있는 그것은 오직 하나일 뿐입니다. 따라서, 어떤 종교가 참으로 진짜배기 가르침이라면, 그것은 엉터리 정치가나 장사꾼이나 사기꾼처럼 내 말이 진짜라고 말로만 떠들고 광고하여 우리를 세뇌시킴으로써 얄팍한 사이비 믿음을 갖도록, 그리하여 돈 내고, 말 듣고, 숭배하도록 종용할 것이 아니라, 우리로 하여금 참으로 이르러야 할 곳에 이를 수 있는 '길'을 제시하여 친히 그곳을 찾아 나서도록 해야 할 것입니다. 다시 말해, 참종교의 믿음은 검증에 열려 있어야 하고, 자신 있게 네가 지금 당장 몸소 검증해보라고 눈짓해야 합니다.

줄이고 줄이면 이런 가르침은 어떻게 제시될까요? 잡다한 설명문이 아니라 간명한 하나의 의문문이 되지 않겠어요? 바로 '이 뭐냐?'죠! 'I am what I am.'이나, 힌두교의 성전 마하바라타에 있는 'I am that.'이나, 어떤 성자의 말 'Be as you are.' 같은 표현도 자못 간결하고 강력하지만, 어떻게 선불교禪佛敎의 'What is this?'와 비교할 수 있겠어요?

우리의 근원, 일심一心인 진정한 창조주는 그 누구도 아니고, 있다 없다고도 말할 수 없지만, 그 오묘함에 취한 듯 지속적인 호기심을 가지고, '이게 과연 뭘까, 도대체 이놈 낯바닥 한번 보자.' 하고 덤벼들어 화두 삼아 묻고 묻다 보면, 어느 결에 묻는 그놈이 바로 그 '무엇'이 되어 있음을 깨닫게 될 것입니다. 깨닫는다는 것, '계합契合' 한다는 것, 들끓던 온갖 분별 망상이 일거에 쉬어 '한 소식消息' 한다는 것은 그런 것입니다.

어떤 것의 존재에 관한 증명은 이해나 인식의 차원에서는 원천적으로 불가능합니다. 온갖 억측과 오류, 논쟁을 낳을 뿐이죠. 앞서 말했듯이 부처님께서는 이를 희론이라 하셨는데, 특히 세상에 난무하는 아론我論, 세론世論, 신론神論이 그렇다고 하셨습니다. 사실 세상의 근원적인 진리로 여겨지는 것들은 모두가 이에 관한 주장으로 보이는데, 그렇다면 참진리에 이르는 바르고 직접적인 길은 과연 무엇일까요? 그것은 바로 그 상태에 이르는 것, 그것이 되어보는 것 아니겠어요? 엄마가 되어봐야 엄마 맘을 알게 된다고 하죠? 성불했을 때 비로소 부처가 무엇인지를 알게 된다고 할 수 있습니다. 신이란 어떤 존재인가? 이 문제 또한 신학에 의해서가 아니라 선정에 들어 선정천禪定天에 있는 신의 심경에 이르러 보아야, 신의 영이 되어보아야 비로소 자명해지겠죠.

우리말의 '되다'는 퍽 재미있게 풀 수 있는 낱말입니다. 어떤 상태, 수준 지위에 이른다는 뜻이죠. 제 생각엔, 그 어원이 곡물 따위의 들이를 재는 '되'였으리라고 봅니다. 팔려고 하는 사람과 사려고 하는 사람이 있지만 서로 가늠이 다를 때는, 되로 되어보지 않으면 시세에 맞게 기래할 기준이 없어 시비가 끝나지 않고 조정조차 어려울지 모릅니다. 이럴 때 간단하게 문제를 해결하는 방법이 뭐겠어요? 되로 되어보면 되죠. 신이 뭔지 부처가 뭔지도, 정말 우리가 그 상태가 되었을 때 확연해지지 않겠어요? 그 자리에 이르면 되어보기 전의 설왕설래나 가부간의 온갖 희론이 다 적멸할 것입니다.

불교는 부처가 되는 길로써 먼저 성불하신 부처님에 의해 제시된 가르침입니다. 일찍이 외도의 가르침을 따라 색계의 네 단계 선정을 지나 무색계의 네 선정에 이르러보았으나, 결국 그렇게 해서 갖가지 천상락天上樂을 얻고 단계 단계를 거쳐 최고신의 경지에 이르러보았음에도 그것이 결코 구하던 영원하고 진정한 열반이 아님을 확인했던, 그리하여 마침내 홀로 바른 선정의 길을 찾아내고 그 정도正道를 통해 멸진정滅盡定에 이르고 그로부터 근본 무명과 번뇌가 다하여 구경열반과 정각을 성취해 보이신 분이 바로 부처님이죠. 부처님은 인간세계에 화현하여 성불하시기 바로 전 생에는 일생보처一生補處보살로, 도솔천의 천신으로 계셨으나, 그 전의 무수한 생은 어떤 때는 인간으로, 어떤 때는 동물로, 또 어떤 때는 이런저런 천상에 신으로 몸을 나퉈 보살행을 보이시던 대 수행자였습니다. 그 광대한 보살의 원행 끝에 비로소 여래如來(진여의 세계에서 오는 바 없이 오고 진여의 세계로 가는 바 없이 가시는 분), 응공應供(삼계의 온 중생으로부터 공양 받으실 만한 분), 정변지正遍知(일체 모든 것을 바르게 아신 분), 명행족明行足(모든 것에 밝은 지혜와 바른 행을 갖추신 분), 선서善逝(열반에 온전하게 이르신 분), 세간해世間解(삼계의 일을 다 아시는 분), 무상사無上士(더할 나위 없는, 위없는 존재), 조어장부調御丈夫(일체를 다 이겨 조복 받으신 분), 천인사天人師(천상의 신들을 포함하여 인간계 이하 모든 중생들의 스승), 불세존佛世尊(삼계에서 가장 존귀하신 분, 부처님)으로 화현하신 거죠.

그 부처님께서 이르시기를, 색계 18천 가운데 초선천인 범천梵天(브라흐만 신)의 수명이 우주가 한 번 성주괴공成住壞空하는 시간인 1대겁大劫인데, 그동안 스스로가 우주를 창조했다고 하며 만심慢心을 낸다고 하셨습니다. 여기 비추어 보면, 어떤 외도의 경전에라도 만일 세상의 창조주를 자처하며 다른 중생들로부터 배타적인 복종과 숭배를 원하는 신이 있다면 바로 이 범천을 말하는 것일 수 있습니다. 성서를 바른 혜안으로 보지 않고 문자적으로 그대로 믿는다는 사람들이 많습니다. 이렇게 눈감고 믿는 어리석음 속에는 순종이나 겸손의 미덕보다는 오히려 독선이나 아만이 깔려 있기 쉽습니다. 그로부터 불신자에 대한 온갖 공격성과 배타성의 독성이 뿜어져 나오죠. 성서를 문자적으로 뜯어보면, 사실 거기 등장하는 신의 모습과 그의 태도와 온갖 결정과 행이 대단히 신성하지 못하죠. 그런 신을 믿고 따른다는 사람들의 소양과 처신도 알만합니다.

그러나 앞서의 부처님의 말씀 역시, 만일 무조건 믿고 안 믿고에 떨어져, 그저 그럴 거라고 수긍할 뿐, 그 자리에 주저앉아만 있다면 무슨 의미가 있겠습니까? 이런 사람은 자기가 믿는 신만이 최고의 유일신이라고 주장하며 주변에 종교를 빙자한 갖은 역겹고 무례한 독선과 폭력을 일삼는 신작위론적 종교의 근본주의자들과 별반 다를 바 없이, 그저 종교 간의 분쟁에나 한몫을 할지 모르죠. 불자는 단순한 신앙인이 아니라 성불을 향해 나아가는 수행인이어야 합니다. 이것이 바로 불법의 핵심이며, 온갖 무지와 혼란, 부질없는 논쟁이나 다툼을 넘어 온갖 시비득실과 자타의 분별이 다한 참적멸, 진리에 이르는 길입니다. 또한, 불교는 단지 절대자에 대한 믿음에 안주하여 그저 구세주의 구원이나 내세에 신의 나라에 태어나 누릴 복을 소망하고 빌고 기다리고 있는 것이 아니라, 바른 믿음을 발판 삼아 스스로 보살도를 나아가 종국에는 부처가 되어 모두를 다시 부처의 구경열반에 이끄는 길입니다. 동서고금을 통해 나타난 어떤 종교나 사상, 철학, 이데올로기 가운데서 가장 주체적이고 앞뒤가 명확한 가르침이라 하지 않을 수 없습니다.

'What I am'에 대한 오해되기 쉬운 기존의 통상적인 번역은 '스스로 있는 자'라는 것입니다. 이런 관점은 신을 피조된 인간이나 천지만물에 상대적인 존재로서, 인격신인 타자로서의 하느님만을 창조주로서 이분법적으로 국한시키고 있죠. 매우 유감스럽게도 이와 같은 신관神觀이 몇천 년 동안이나 이어져 오면서 수많은 사람들의 이성을 옥죄고 인권이나 민주주의의 발전을 저해하면서 부당한 권력과 전근대적인 체제를 비호하는 데 이용되어 왔습니다.

그러나 다시 말하거니와, 바로 보면 모든 '거시기'가 그 이름이나 타인의 인식이나 평판을 떠나 있는 그대로의 거시기 아닌가요? 있는 그대로의 모든 것이 말과 인식 이전의 본래 그것이며 그대로 하느님이라는 말입니다. 우리가 자기를 의식할 때 다른 모든 거시기들과 상대적인 존재로서 자기를 나누어보는 것이 바로 원죄이며, 스스로 죄인이 되는 길이며, 낙원 밖으로 쫓겨나 세세생생 탄생과 사망 사이에서 울고불고 헤매는 심판에 들게 되는 씨앗입니다. 그 '거시기'를 등지는 순간 우리는 유한자가 되어 의미 없는 생사의 고통에 빠져들게 되는 것이며, 반대로 '거시기'가 과연 무엇일까, 묻고 묻기 시작하면서 다시 생사고에서 벗어나 그 '거시기'의 자리에 나아가 피조된 존재로 여겼던 자아의 공성空性을 깨닫고 다시 진짜 '거시기'가 되게 됩니다.

　창세기에 기록된 바를 보면, 하느님이 엿새에 걸쳐 천지만물을 창조하고 이레째는 쉬었다고 하죠. 이것은 원래의 마음이 꿈결의 시공을 지어내고 보고 듣고 느끼고 분별하기 시작하면서 마침내 자아감을 가지게 된다는 비유로 보면 좋을 것입니다. 구체적인 성서의 기술은 별로 앞뒤가 맞지도 않고 전혀 과학적이지 않은 옛날이야기 수준이지만, 꿈보다 해몽이 좋으면 좋잖아요? 마음이 안이비설신의眼耳鼻舌身意의 여섯 문을 통해 대상 세계를 나툰 다음, 자신은 '나'라는 의식, 자아의 존재감 속에 편안해지고자 함을 비유한 거죠.
　그러나 꿈꾸는 자로서의 '거시기'가 아니라 꿈결의 '나'가 되어버린 이 자의식은 본래적으로 존재하는 것이 아니라 피조된 것이며 망집妄執된 허깨비여서 실재하지도 않고, 유한해서 영원해질 수 없는 것입니다. 그럼에도 미망 속에서 한번 일어난 마음의 움직임은 멈추지 않아 허깨비 같은 자아가 영원한 존재감과 같은 불가능한 헛것을 구하게 되니, 이것은 불가피하게 갈애의 고통을 낳습니다. 꿈 밖에서 보면 전혀 실제가 아니지만, 꿈속에서 보면 너무나 현실감이 분명한 갈애의 고통을 자아는 필연적으로 짊어지게 됩니다. 스스로 피조된 것으로 인식하는 인간의 자의식은 불가불 낙원에서 벗어나 덧없고 고통스럽게 살다 죽는 유한자가 되고 마는 거예요.
　그래도 엿새에 걸쳐 성서의 창조주는 이것저것을 지어놓고 보면서 흐뭇해합니다. 이것은 안이비설신의眼耳鼻舌身意의 여섯 문이 열려도 선악의 분별심을 내기 전에는 그 여섯 문으로 각각 보이고 들리고 맡아지고 맛보여지고 감촉되고 알아지는 것들이 그런대로 다분히 '멋지다'는 말입니다.

 여섯 번째 문이 열린 날 하느님은 자신의 최고의 역작인 사람을 만듭니다. 구체적으로는 신이 '우리의 형상대로' 사람을 만들자고 해서 만들었다고 나오는데, 먼저 왜 '내' 형상대로가 아니고 '우리의' 형상대로였을까요? 당혹스럽게도, 구약의 전반부를 뜯어보면 등장하는 신이 유일신이 아닌 듯한 뉘앙스를 주는 부분이 군데군데 발견됩니다. 이것은 성서의 편찬사와도 연관이 있겠지요. 단적으로, 로마신화의 다소 비신적非神的이고 오히려 인간적人間的인 색채가 농후할뿐더러 산만하게 많기도 한 신들이 등장하는 다신교적 체계로는 확장일로에 있는 로마 사회를 통합하기 적절치 않아, 테오도시우스나 콘스탄티누스 대제가 유대 땅에서 건너온 바이블의 유일신 신화를 통치 이데올로기로 삼으려 했을 때, 니케아 종교회의에서 '삼위일체설三位一體設'을 정통의 교리로 만들면서 황권의 필요에 따라 성서를 가감하여 편집하게 했던 것을 상기해보면, 익히 짐작이 가는 일입니다. 역으로, 로마의 성서 편찬이나 교리 확립 이전의 원래의 구약 기록이나 예수의 가르침의 본류는 훨씬 덜 권위적이고, 누구나 자신 안에서 신성神性을 회복하도록 이끄는 영지주의적靈知主義的 관점에 입각해 있었음을 짐작해볼 수 있죠.
 신약을 살펴보면, 예수가 자신을 하나님의 유일한 아들이라고 믿고 부르며 추종하는 제자들에게 스스로를 오히려 사람의 아들, 인자人子라고 낮추며, 뭇사람들을 오히려 신의 자녀들로 존중하고 사랑하려 했던 사실도 이와 맥락이 닿습니다. 예수가 '하늘에 계신 우리 아버지'라고 불렀던 그 하느님과, 그 이후 인류 권력의 역사에서 재편되어 오늘날까지 잘못 개념 잡혀 있는 '만들어진 신' 사이에는 좁혀지기 힘든 큰 괴리가 있음을 간과하지 않을 수 없습니다. 그것이 '계시'에 의한 것이었든, 존재계에 대한 고도의 영적 통찰의 결과였든 초기에 성서를 기술한 사람들이 창조주로 묘사한 신의 개념 또한 그들의 의도와 다르게 변질되어 왔을 가능성이 농후하고, 그중 대표적인 측면이 우리가 지금 살피고 있는 '신이 단수인가 복수인가'의 문제와 잇닿아 있습니다. 구약의 여기저기엔 아랫사람이 그 부모나 스승, 존귀한 어른을 호칭할 때 흔히, '주여!'라고 하는 것을 볼 수 있습니다. '주'는 보통명사에 가까운 존칭이었을 뿐입니다. 유일한 신 여호와만을 혹은, 뒷날처럼 그의 독생자이며 동시에 일체로 간주되는 예수만을 '주主'라고 부르지 않았던 거죠.

불경佛經에 의하면 겁초劫初에 지상에 처음 존재하게 된 것은 색계色界의 두 번째 선정천禪定天인 광음천光音天의 '신들'이었다고 합니다. 그리고 그들이 세상의 물이나 음식을 탐하여 취하게 되면서 무거워져 더는 하늘을 날지 못하고 땅 위에 정착해 사는 인간이 되었다는 것입니다. 불교에서 말하는 불성이나 열반, 해탈의 경지는 엄밀히 말하면, 신성神性이나 천국, 혹은 대상 세계를 벗어난 의식의 세계 등과 결코 동일시할 수 없습니다. 중생의 존재계를 무색계, 색계, 욕계의 삼계로 나눌 때 이 윤회계輪回

界를 다 벗어난 것이 열반, 해탈, 성불의 경지니까요. 세상의 만물뿐만 아니라, 세계 자체도 프랙탈 구조를 가지고 있으므로 한 부처님 세계의 모양대로 여러 층의 천상세계도 존재하고, 또 그 모양대로 인간세계나 동물의 세계나 미생물의 세계까지가 존재한다고 보면, 어느 차원의 세계에도 총체적이고 궁극적인 불법의 원형이 반영되어 있다고 할 수도 있겠지만, 모든 세계가 다 똑같다, 모든 종교가 위아래 없이 하나라고 말하는 것은 궁극의 진리를 향해 나아가는 길에서 큰 오류를 범하는 것이 아닐 수 없습니다. 나뭇잎 한 장을 들고 이것이 나무라고 말하는 것과 같은 일이죠.

좌우간 진도를 좀 더 나가보자면, 성서에는 신들이 신의 형상대로 인간을 만들었다고 묘사하고 있습니다. 이것은 일견 성서의 신이 인간과 같은 형상이 있는 신임을 전제하고 이르는 말로 보입니다. 그런데 또 요한복음에는 '하느님은 영靈이시니' 하는 표현이 나옵니다. 이 둘을 또 어떻게 조화시켜야 할까요? 삼위일체설을 동원하면 될까요?

성부聖父인 하느님과, 그 아들인 성자聖子와, 하느님의 영인 성령聖靈 혹은 성신聖神 이 셋이 하나라는 삼위일체설은 오늘날까지도 예수이즘의 근간에 해당하는 교리죠. 로마제국의 '니케아 종교회의'도 이 설을 내세우는 아타나시우스 학파와 부정하는 아리우스 학파가 첨예하게 대립하자, 사실은 그에 종지부를 찍기 위해 열린 것이었습니다. 그 경과와 결론은 어떻게 되었을까요? 짐작하듯이 이런 문제야말로 장님 코끼리 만지기 식의 갑론을박 아닌가요? 회의는 지지부진하고 좀처럼 결론을 도출하지 못하였습니다. 결국은 테오도시우스가 황제의 직권으로 아타나시우스 학파의 삼위일체론을 정통설로 하도록 종용함으로써 끝났습니다.

그러나, 어떻게 아버지가 한 사람인데 또 그 아버지가 자신의 아들과 동일인이라는 것을 사람의 머리가 납득할 수 있을까요? 이것은 당시의 아타나시우스 학파도, 이후 중세 신학의 아버지들도, 오늘날의 어떤 예수이즘 신앙인도 아예 돌거나, 바보나 '어린아이같이' 되지 않는 한, 머리와 말로는 풀기 어려운 난제일 것입니다. 유일신의 유일성이나 절대성을 고집할수록 더욱 헤어나기 어려운 자기모순에 빠지고 말죠.

어떻게 천지창조 이전에 유일한 α로 존재하던 신이 바로 그 시점에, 4천 년이나 175억 년(과학자들이 얘기하는 우주의 나이) 이후 자신이 나은 타자 β인 예수와 함께 하나로서 동시적으로 있을 수 있죠? 어떻게 예수가 자기 자신한테, '하늘에 계신 우리 아버지!' 하고 기도할 수 있을까요? 왜 십자가에 달린 예수가 또 자기 자신한테 엘라 엘라 라마 사박다니(주여, 어찌하여 나를 버리시나이까?) 하고 절규했을까요? 또, 어떻게 승천했다는 예수가 하늘에 올라가 바로 자기 자신인 하나님의 우편에 앉을 수 있죠?

신의 아리우스 학파들은 곧 '이단'으로 낙인찍혔지만 결코 승복하지 않았습니다. 결국은 교리논쟁에서 패했기 때문이 아니라 황권에 의해 역사의 뒤안길로 사라졌을 뿐이죠.

인격신을 절대시하는 신작위론的神作爲論的 종교의 교리구성상의 이런 자기모순은 그것을 추종하는 사람들을 반이성적으로 만들기 쉽고, 흔히 그들은 반이성적이기 때문에 이성 너머의 것을 신앙하는 거라고 자기변명을 할지 모르지만, 그러면 그런 도그마를 받아들이지 않거나 다른 신앙을 가진 사람들과는 필연적으로 대화나 공존을 불가능하게 할 소지가 농후합니다. 뿐만 아니라, 심리적으로는 그런 신앙 자체가 매우 불완전하고 불안한 것이기 때문에, 자연히 더욱 폐쇄적이고 분파적이고 공격적인 행동으로 드러나게 됩니다.

근본적으로 삼위일체설의 이러한 비합리성은 어디서 오는 것일까요? 신의 참존재란 무엇인가를 직접 탐구해보지 않고, 그저 경전에 기록된 문자 그대로 혹은, 누군가가 계시받았다는 말만 믿고, 개체성을 가진 '나 밖의 타자로서의 인격신人格神'을 상정하기 때문입니다. 그리고 그 신만을 유일무이의 절대적 존재로 믿고 싶어 하기 때문이죠. 예수의 신성을 결코 받아들일 수 없었던 유대의 제사장들이나 유대교도들, 혹은 예수가 보인 기적이나 그의 가르침을 접하고 예수야말로 신의 유일한 아들이거나 아니면 신 자신이라고 믿었던 당시의 제자들, 수 세기가 지나 마호메트가 나타나 예수 역시 그 이전 구약 역사 속의 많은 선지자들과 마찬가지로 지난 시대의 한 선지자에 불과하며 자신이 가브리엘로부터 새 성전 코란을 계시받았노라고 하면서 이슬람교를 일으켰을 때 그의 말을 믿고 또 마호메트를 특별한 신의 사자로 여기느냐 마느냐의 문제로 갈라진 순위파와 시아파의 이슬람교도들, 니케아 종교회의 전후의 아타나시우스파와 아리우스파의 예수의 제자들, 삼위일체설을 믿고 예수만을 하느님의 독생자이며 동시에 하느님이라고 믿는 구교, 신교의 기독교인들, 종교지도자들, 루터나 칼뱅 같은 종교개혁가들, 삼위일체설을 부정하고 독자적인 예수관을 내세우는 온갖 기독교 '이단'들, 바로 자기가 하느님이거나 재림한 예수이거나 예수의 동생이라고 주장하는 온갖 부류의 사이비 기독교 교주들과 그 맹신자들……. 그들 누구도 예수가 말한 '하느님'을 본 적도 없고, 안 사람도 없고, 예수 자신이 '하느님의 아들'이라고 말한 그 의미조차 제대로 이해하지 못했을 수 있습니다.

그럼 삼위일체설은 전혀 근거 없고 말짱 황당한 교리일까요? 아닙니다. 오히려, 바른 안목으로 볼 수 있다면 기독교 전체나, 성서 속의 진리, 참하느님의 존재, 예수의 존재, 모두가 진정한 구원에 이르는 길을 동시에 파지하는 열쇠를 얻을 것입니다.

결론부터 말하자면, 삼위는 일체이면서 동시에 아니기도 합니다. 제대로 깨닫고 한 말 같지는 않지만, 앞서 요한이 말한 대로 '하느님은 곧 영'이라는 데 착안해야 합니다. 그러나 이것이 말에 사로잡혀 이리저리 연결 짓거나 통찰 없이 그저 맹신하는 것이어서는 아무 의미가 없습니다. 세상의 모든 것을 섭리하고 있는 그것이 과연 무엇인지, 누구나 자신 안에서 끊임없이 작용하는 신령한 그것이 무엇인지를 스스로 참구하여 깨달아야 합니다. 유감스러운 것은 예나 지금이나 그놈의 '말씀'에 사로잡혀, 기존의 성서 해석이나 기독교 계통 신앙의 울타리에 갇혀있어서는 그 가능성이 참으로 희박하다는 점이지요. 그보다는 차라리 불교의 무아연기법無我緣起法이나 부처님의 삼신三身(법신法身, 보신報身, 화신化身 또는 응신應身)에 대해 공부해보는 것이 큰 도움이 될지 모릅니다. 제일 바르고 정확하고 완전한 깨달음에 이르는 길은 물론 '이 뭣고?' 화두를 들고 끝까지 나아가보는 것이구요. 돼지 목걸이에 걸어주는 진주목걸이가 아니기를 간절히 바랍니다.

그리하여, 하느님이란 바로 명상名相 이전, 곧 개체의식과 모

아침 차담

든 형상의 세계가 나타나기 이전의 신령한 근원이라고 보면, 그것은 바로 우리 모두의 신령한 본성이며, 우리 모두의 아버지이며, 이것이 시간적으로만 이 현상계가 생겨나기 이전 어느 시점에만 존재하는 것이 아니라, 지금도 우리 안에서 봄으로써 보이는 세계를 나투고, 들음으로써 들리는 세계를 나투며, 정신작용을 통해 지정의知情意의 온갖 뜻과 말과 행동을 낳는 로고스Logos라 아니할 수 없습니다. 하느님도 그러하고, 하느님이 그러하므로 인간들도 다 그러하죠.

이런 관점에서는, 하느님이 자신의 형상대로 인간을 창조했다고 하는 말이 하나도 이상하지 않으며, 저 동학의 인내천人乃天, 사람이 곧 하늘이라는 말도 과장이나 실없는 말이 아니게 들릴 것입니다. 성성 가운데 이理가 있고 그로부터 음양오행陰陽五行에 따라 인간과 우주 만물이 벌어져 형성, 소멸해간다고 한 성리학의 근본 교의도 그러하고, 노자가 '인법지人法地, 지법천地法天, 천법도天法道, 도법자연道法自然'라고 설파한 것도 하나로 꿰어지는 말이구요. 천지도 사람도 결국 '저절로 그러한 그것'으로부터 나왔으며, 천지와 사람 그대로가 바로 '저절로 그러한 그것'이라는 말이니까요.

이쯤에 제가 직접 들은 두 스님의 이야기를 끼워 넣어 볼까요?

어떤 스님이 충북 제천 어느 시골 마을 위 집을 하나 고쳐 토굴로 삼고 수행하고 있었습니다. 그런데 얼마쯤 후, 그보다 위로 길이 나더니 기독교 기도원이 하나 생겼답니다.

그때부터 시골 마을의 평화로움도 수행하는 스님의 고요한 일상도 깨어지기 시작했습니다. 왜냐하면, 그 기도원은 사람들이 '다락방에 모여 몰래 기도하는' 곳이 아니었기 때문입니다. 누가 그렇게 가르친 것인지, 거기 오는 사람들마다 시도 때도 없이, "주여! 주여! 주여! 주여!" 하고, 하늘이 떠나가게 소리 지르는 것이 그곳의 기도법이었나 봐요.

참고 참다못해 그 스님이 하루는 기도원에 찾아갔습니다. 사람들은 마당 여기저기에서 하늘을 향해 고래고래 소리를 질러 그들의 '주主님'을 부르고 있었습니다. 다들 제정신이 아닌 듯 그러고 있는 꼴을 보다 스님이 물었습니다.

"지금 여기서들 뭐하는 거요?"

"기도하는 중이오."

"그런데 웬 기도를 그렇게 요란 뻑적지근하게 하시오?"

"하느님이 저 하늘에 계시니까 큰 소리로 불러야 하지 않겠어요?"

정말 그들은 그들이 하는 짓이 무엇인지 모르는 것 같았습니다. 그 스님은 포기하고 돌아서며 말했습니다.

"겨우 그렇게 작게 소릴 질러서야 동구 밖까지나 나가겠소? 하늘까지 가 닿으려면 너 크게, 아주 훨씬 더 크게 소리 질러야 쓰겠소."

그런데 겨울이 되어 가끔 눈이 내리자, 그때마다 기도원 사람들은 기도원 가는 경사진 찻길 눈을 치우고 내려오다 스님 토굴 앞을 지나면서는 구시렁대기 시작했습니다.

"여그 스님은 워째 자기 집 앞 눈을 자기가 안 치운댜? 번번

아침 차담

이 우리가 치워주면 댕기기는 잘 댕김서."

그 전에 그 스님 집은 기도원이 들어서기 전엔 마을 맨 윗집이라, 자가용이 없는 그 스님이 일부러 눈을 치우지 않아도 별다른 불편함도 없고, 딱히 다른 사람들에게 피해 주는 일도 없었습니다. 사실은, 이제 와서 결국 기도원 사람들이 자기들 쓰자고 길 눈을 치우는 터에, 중간에 있는 스님 집 앞을 안 치울 수 없으니까 내키지 않지만 할 수 없이 생색내면서 불만스러워하는 거였죠. 스님은 모른 척하고 앉아 있었습니다.

그런데 어느 날은 눈 치우고 내려오던 기도원 사람들이 스님을 밖으로 불러내는 것이었습니다.

"왜 그러세요?"

"아니, 스님! 자기 집 앞이 쌓인 눈은 자기 책임 아녀유? 왜 넘들헌티 떠냄겨유?"

스님이 웃으며 받아쳤습니다.

"주께서 내리신 것은 주께서 치우시겠죠."

다른 스님 한 분이 대구역 앞에서 열차 오기를 기다리고 있었습니다. 그때 그런 데 잘 나타나는 사람이 하나 다가왔습니다.

"스님, 예수 믿으세요."

스님은 귀찮기도 하고 어이없기도 하여 상대하지 않고 잠자코 있었더니, 이내 그 작자는 애초의 무례를 지나 급기야 예수를 안 믿다가는 머지않아 단번에 지옥에 떨어질 것이라는 공갈협박 수준으로 넘어가 있었습니다. 참다못한 스님이 돌연 주먹을 불끈 쥐고 그자의 눈앞에 디밀었습니다.

"야, 너 이거 보여?"
"예."
"이게 뭐야?"
"……"
갑작스런 선禪의 반격에 가여운 신앙인의 얼굴은 사색이 되어 있었습니다.
"차렷!"
영화를 많이 봐서 그랬을까요, 군부정권 당시의 군사문화에 길들여진 탓이어서였을까요? 가진 것이 알량한 믿음밖에 없는 그 남자는 그동안의 열정적인 선교를 일거에 중단하고, 일순간에 주먹 쥔 자의 법에 따라 움직이고 있었습니다.
"뒤로 돌앗!"
명령대로 돌기는 돌지만, 도는 순간은 극도로 불안했겠죠?
"앞으로 갓!"
그는 걸었습니다. 대구역 앞 광장 저 끝까지 걸어가더니 뒤를 한번 돌아보고는 시야에서 부리나케 사라져버렸습니다. 주여, 지옥에서 살려주셔서 감사합니다, 했을까요?

사람은 하느님이 자신의 형상대로 만들었으므로 하느님을 탁했습니다. 하느님이 형상이 있는 존재든 없는 존재든 관계없습니다.
'탁하다' 라는 말 아세요? 사전에는 '닮다' 의 방언이라고 나오는데, 본래 옛사람들이 예사로 쓰던 말이고 전혀 지방스런 말이 아닌데, 단지 현대의 서울 사람들이 많이 쓰지 않게 돼서 촌스런 방언으로 낙인찍힌 말들이 더러 있습니다.

탁본拓本이 뭔지 아시죠? '탁拓'은 박아서 찍어낸다는 뜻이고, '본本'은 본뜬다는 의미입니다. 원본을 똑같이 카피copy해서 비주얼라이즈visualize하는 것이죠. 이게 바로 인쇄술의 기본원리이고, 컴퓨터 모니터링이나 홀로그램, 3D 복사의 과정이며, 인간 신체나 두뇌활동의 모든 것이며, 이 현상계 성주괴공의 전모라고도 할 수 있습니다.

"오매, 너 니기 아부지 엄니 영락없이 탁해부렀다, 잉!"

사람은 다 자기 아버지 어머니를 '탁拓'했죠. 부모에게서 물려받은 유전인자를 탁했고 지상에 생멸한 모든 생명체의 유구한 생명활동에서 진화되고 걸러진 유전정보들을 탁했고, 그보다 우선적으로 자신의 과거 업습業習을 탁했으며, 최종적으로는 모든 것의 근원인 '거시기'를 탁했습니다.

부처님께서는 이를 매우 쉽고 간결하게 노래하셨습니다.

　마음이야말로 만유의 근본
　모든 것은 마음이 주인이며 마음으로 이루어지나니
　마음 가운데 악한 생각 일으켜
　함부로 말하고 행동하면
　죄업과 괴로움이 뒤따라온다
　수레바퀴가 수레 끄는 자의 발길을 따라오듯이
　마음이야말로 만유의 근본
　일체는 마음의 지은 바요, 마음으로 이루어지나니
　마음 가운데 착한 생각 일으켜

선한 말을 하고 바르게 행동하면
행복과 기쁨이 뒤를 따르리라
물체의 그림자가 그 형상을 따르듯이

- 법구경

잔년殘年 우리에게 남은 시간

2쇄 발행 2019년 4월 25일
지 은 이 덕현스님
펴 낸 곳 도서출판 법화
등   록 2012년 8월 24일 제447-2012-02호
주   소 충북 음성군 삼성면 덕호로 335-14
전   화 070-4149-7789
이 메 일 beophwabook@naver.com

ISBN 978-89-969665-4-8